苏州市社科联重点委托项目研究成果

苏州运河资源价值与利用研究

尹占群 戈玉兰 周 敏 著

苏州大学出版社

图书在版编目(CIP)数据

苏州运河资源价值与利用研究 / 尹占群, 戈玉兰, 周敏著. -- 苏州：苏州大学出版社, 2023.9
(江南文化研究丛书)
ISBN 978-7-5672-4475-7

Ⅰ.①苏… Ⅱ.①尹… ②戈… ③周… Ⅲ.①大运河—文化遗产—利用—研究—苏州 Ⅳ.①K928.42

中国国家版本馆 CIP 数据核字(2023)第 156701 号

书　　名 /	苏州运河资源价值与利用研究
	SUZHOU YUNHE ZIYUAN JIAZHI YU LIYONG YANJIU
著　　者 /	尹占群　戈玉兰　周　敏
责任编辑 /	刘　舟
助理编辑 /	朱雪斐
装帧设计 /	吴　钰
出版发行 /	苏州大学出版社
地　　址 /	苏州市十梓街1号
邮　　编 /	215006
电　　话 /	0512-67481020
印　　刷 /	苏州工业园区美柯乐制版印务有限责任公司
开　　本 /	700 mm×1 000 mm　1/16　印张 16.75　字数 266 千
版　　次 /	2023 年 9 月第 1 版
印　　次 /	2023 年 9 月第 1 次印刷
书　　号 /	ISBN 978-7-5672-4475-7
定　　价 /	88.00 元

图书若有印装错误, 本社负责调换
苏州大学出版社营销部　电话: 0512-67481020
苏州大学出版社网址　http://www.sudapress.com
苏州大学出版社邮箱　sdcbs@suda.edu.cn

课题承担单位：

苏州亚太文化遗产研究院

课题合作单位：

苏州市计成文物建筑研究设计院

课题组成员：

尹占群　苏州市文化广电和旅游局(文物局)研究员
　　　　国家文物局专家库专家
　　　　苏州市古迹遗址保护协会理事长
　　　　研究方向：文物遗产保护管理

戈玉兰　苏州亚太文化遗产研究院执行院长
　　　　英国伦敦大学硕士
　　　　曾供职于清华同衡规划设计研究院
　　　　研究方向：历史街区保护、城市更新、建筑活化利用

周　敏　苏州市计成文物建筑研究设计院副院长、高级工程师
　　　　国家文物保护工程责任设计师
　　　　曾供职于中国文化遗产研究院、清华同衡规划设计研究院
　　　　研究方向：文化遗产保护规划、预防性保护、文物影响评估

目 录

001　导论

023　第一章　苏州大运河遗产

025　第一节　列入《世界遗产名录》的项目
037　第二节　建筑物、构筑物
045　第三节　运河节点古镇
056　第四节　运河关联的非物质文化遗产

077　第二章　苏州运河水资源

079　第一节　苏州运河主要水源
082　第二节　苏州古代河道水系研究
093　第三节　水生态研究

103　第三章　运河与苏州古城

105　第一节　阖闾城与早期人工运河
108　第二节　建在运河上的城市
115　第三节　苏州古城的保护与发展

131 第四章 运河与江南市镇

- 133 第一节 运河与江南市镇的孕育与繁荣
- 136 第二节 江南市镇的特点及价值
- 141 第三节 江南市镇的保护与发展
- 147 第四节 代表性市镇：申遗进行时

181 第五章 苏州运河价值

- 183 第一节 大运河的遗产价值
- 188 第二节 苏州运河的历史价值
- 193 第三节 大运河保护的当代价值

199 第六章 苏州大运河文化带建设

- 201 第一节 大运河文化带建设的战略背景
- 203 第二节 苏州大运河文化带建设
- 211 第三节 大运河国家文化公园苏州节点研究

221 第七章 苏州运河资源价值挖掘与利用

- 223 第一节 苏州运河资源价值挖掘
- 226 第二节 苏州运河新经济培育
- 235 第三节 江南文化的叙述、传播与引领

251 **主要参考书目**

261 **后记**

导论

一、研究缘起

"苏州运河资源价值与利用研究"课题酝酿开始于2019年3月，其时苏州筹备召开首届江南运河文化论坛，在讨论会议主题策划、议程设计时，苏州市社科联主席刘伯高提出一个学术问题：苏州运河的突出价值是什么？在江南运河中有何特殊地位？希望相关同志作一些思考研究。这是一个很有意义的基础性课题，与我们从事的工作和研究方向有一定的关联。我们有做这个课题的想法，并在原来的基础上作了新的拓展，最终确定了课题题目：苏州运河资源价值与利用研究。

随着研究工作的逐步展开，我们意识到这个课题的难度远比我们想象的要大。苏州是中国古代人工运河开凿的发源地，是江南运河的中心。中国大运河是古代国家南北沟通的大动脉，具有重要的政治、军事、经济、文化战略意义。以苏州为中心的江南地区，因运河而兴，繁华富庶，地灵人杰，为国家提供了大量财富和人才，对国家政权巩固和社会发展作出过重大贡献。运河对于江南如同血脉对于人，是江南社会生生不息、持续发展的基础。运河孕育塑造了中国江南，江南的一切都与运河休戚相关、血肉相连，研究江南的人文历史、社会经济、民风民俗，运河是根脉，是灵魂。苏州运河的价值还体现在它的资源禀赋上，苏州运河资源是一个系统性资源，涵盖人文与自然、有形与无形、过去与未来。苏州运河资源研究不仅有重要的学术价值，更有重大的当代意义。

做好这个课题需要拥有丰富系统的资料，跨学科综合研究能力，世界遗产保护利用的前沿理念和方法，深厚的理论功底，统筹协调应用转化的能力……这些对我们来说显然是有难度的。我们最终承担了这一课题研究主要是基于以下几点考虑：

（一）申遗之后的思考与责任

中国大运河是世界上开凿时间最早、规模体量最大、使用时间最长、科技含量最高、对国家政权巩固社会发展影响最大的巨型遗产。大运河无可比拟的突出普遍价值得到了世界遗产委员会肯定，2014年6

月被正式列入《世界遗产名录》。大运河申遗成功，给我们带来了喜悦和自豪，也给我们带来了思考和责任。中国大运河作为世界遗产还有不少缺憾，还存在不少问题，大运河文化保护传承利用刚刚起步，任重而道远。

首先，大运河遗产是不完整的。中国大运河（含京杭运河、隋唐运河、浙东运河）全长近3 200千米，列入遗产的河段只有1 101千米，约占三分之一，是分段的，不连贯的。大运河是一个超大规模的系统，河道水系异常复杂，沿线区域社会基础、文化背景、经济条件、遗产保存现状、群众认知程度不尽相同，为了确保申遗成功，国家采取分段遴选的策略，成熟的予以申报，不成熟的暂缓。从申遗策略上看，这一技术路径是可行的，但从学理上、从实践上看是有缺陷的。大运河是一个连贯的南北交通大通道，也是古代国家政治、军事、经济、文化的神经中枢，不能分割。如何"修复"，让大运河遗产完整起来，这是申遗之后需要认真思考的一个重大课题。

其次，大运河遗产点是有局限性的。沿线八省（市）水工遗存、运河故道、名城名镇等物质文化遗产超过1 200项，国家级非物质文化遗产450余项，世界文化遗产85项，主要包括河道遗产、水工遗存、附属遗存及相关遗产。由于时间所限、研究不够，相当多的遗产未能列入，特别是一些新型的复合型遗产没有引起关注。比如江南运河沿线的塘浦圩田。塘浦圩田是运河治理过程中的产物，从唐代到宋代，古人不懈努力，通过修筑塘路，把运河水系与太湖水系分开，保证运河航道稳定畅通，结束了河湖不分的历史。同时，古人利用太湖流域丰沛的水资源和原有塘浦水系，进行人工修筑改造，建立遍布全域的塘浦圩田系统，保证农作物在旱涝时节的稳定丰收，体现了古代劳动人民的智慧，也为江南地区成为"天下粮仓"奠定了基础。因此，列入遗产名录的只是代表，要让大运河遗产真正形成科学完整的体系，还有大量的基础工作要做。

最后，大运河遗产尚未建立统一的管理体系。跨地区、跨部门管理中实际的和潜在的问题还比较多，针对水质治理、空间管控、遗产监测、运河生态保护等问题，需要加强研究，从制度层面进行规范管理。

（二）遗产认知和保护理念有待更新提升

申报世界遗产对中国的大多数地方来说是把双刃剑，一方面有借此扩大美誉度和影响力，带动区域经济社会发展的现实诉求，另一方面又有管控太严，影响经济建设的顾虑和担忧。

世界遗产因其具有突出的普遍价值，超越地区、民族、国家界限，是全人类的共同财富。保护世界遗产，维护世界遗产尊严，使之永续传承，惠及后世，是全人类的共同责任。但同时，世界遗产保护与社会发展、人的生活有时会存在一定的矛盾，如何协调平衡是一个全球性问题。德国易北河谷世界文化遗产，因修建一座跨河大桥，被世界遗产组织除名[1]，这一事件在国际社会及学术界引发讨论和反思。保护世界遗产的最终目的是什么？遗产保护与社会发展、人的生活到底是什么关系？遗产评估应当建立怎样的合理公正机制才能兼顾各方利益？

2015年11月，世界遗产缔约国大会第20届会议审议通过《将可持续发展观纳入〈世界遗产公约〉的政策文件》，明确提出将世界遗产的保护管理范围进一步扩展到遗产所在的环境、社会、经济等方面，从一种较为单纯的专业和技术性体系拓展为一种通过保护文化多样性而促进人类和平安全，并与人类生存、生活、发展权益相适应的国际治理方法；强调遗产具有与特定历史文化传统密切相关的具有社会效益和经济效益的资源属性，强调得到科学保护的遗产应当作用于社区发展及民众生活品质的提高，强调遗产在改善经济、创造就业、提供教育和社会整体福利方面的重要性。[2]

世界遗产前沿理念对我国遗产保护利用，特别是协调遗产保护与社会发展、经济民生之间的关系有十分重要的借鉴意义。

---

[1] 易北河谷位于德国德累斯顿市，河谷长18千米，沿岸是18—19世纪城镇田园风光和巴洛克风格王宫、教堂、城堡等建筑。2004年被列入《世界遗产名录》。2006年德累斯顿市考虑到市民出行，计划建一座跨河大桥，该计划引起世界遗产组织的高度关注。世界遗产组织专家认为大桥会破坏易北河谷的历史景观，并据此发出预警，如果大桥建成，易北河谷将有可能被除名。该市市长决定全民表决，大部分市民投票支持建桥，最终大桥建成，易北河谷遗产在2009年第33届世界遗产大会被除名。

[2] 李雪、赵云：《可持续发展视野下的国家文化公园主体功能区研究——以大运河为例》，《中国文化遗产》2021年第5期。

在传统的认知上，我国的文物价值主要是文化价值，功能主要是教育功能，受这一理念影响，相当长的一段时间，重保护轻利用的现象比较普遍。文物的功能单一，活力不足，有些文物资源资产长期空关闲置。文物有文化价值，还有经济价值；有教育功能，还有其他使用功能。积极借鉴吸收国际遗产保护利用的先进理念和方法，统筹协调保护与建设、保护与发展、保护与民生之间的关系，真正让文物活起来，发挥文物的综合价值，是中央深化文物保护利用改革提出的重要工作要求，也是我们必须重视和努力践行的工作任务。

（三）大运河文化带建设带来的新课题

大运河文化带建设是党中央、国务院作出的重大决策部署，旨在深入挖掘大运河丰富的历史文化资源，保护好、传承好、利用好这一祖先留给我们的宝贵遗产，打造宣传中国形象、展示中华文明、彰显文化自信的亮丽名片，以大运河文化保护传承利用为引领，统筹推进大运河沿线区域经济社会发展，立意高远，意义重大。大运河文化带建设是一个综合性、系统性、探索性工程，高质量做好大运河文化带建设，需要做大量专题研究工作，特别是基础性研究工作。

首先，要对大运河遗产资源进行研究，这是大运河文化带建设的工作基础。保护是前提，保护什么，怎样保护，必须深入研究，梳理甄别，钩沉稽古，摸清家底，为大运河文化带建设提供翔实可靠的基础资料。

其次，要对大运河遗产资源的价值进行研究，这是保护传承利用的依据。大运河遗产资源是系统性资源，类型多样，价值表现不完全一致。对大运河遗产资源价值进行分类研究评估，有利于更精准地服务大运河文化带建设。

最后，要对大运河遗产资源进行应用性研究，这是大运河文化带建设一项重要的探索性工作。运河资源蕴藏巨大的文化、经济潜能，在系统梳理研究的基础上，加强运河资源应用性研究，让运河资源潜能激发出来，进一步推动运河沿线经济社会发展，具有重要的时代价值和积极的示范意义。

二、研究背景与意义

中国大运河2014年被列入《世界遗产名录》，2017年国家启动大运河文化带建设工程。大运河沿线8个省（市）、34个地级市和150个县（区）高度重视，积极开展相关研究工作，取得了一系列成果。总体来看，这些成果资料性强、学术性不够；基础性研究较多，应用性研究不够；研究的角度局限在地方，国家层面的意义关注不够。2021年苏州市委市政府提出"江南文化"品牌塑造三年行动计划，以"江南文化"品牌建设推动苏州文化高质量发展，进一步提升城市文化软实力和核心竞争力，着力在江南文化挖掘与研究、展示与呈现、转化与发展、传播与推广上下功夫，使苏州"最江南"的文化特质更加凸显，人文内涵更加厚重，精神品格更加突出，使苏州成为"江南文化"的核心叙述者、传播者和引领者。

本课题是把苏州运河资源基础研究与应用研究相结合的一个尝试，基于运河，关注江南，立足苏州，服务国家战略。课题意义如下。

一是本课题为大运河文化带建设的一项重要基础工作。大运河文化带建设是党中央、国务院作出的一项重大战略部署，要求高、难度大，各地都在积极地推进实施，要高质量做好大运河文化带建设，必须做好基础性研究工作，从专业的角度对区域运河资源进行全面、系统的挖掘、整理、研究，这是大运河文化保护传承利用的工作基础，对大运河文化带建设有重要的支撑作用。

二是有利于助推苏州"江南文化"品牌的打造。江南文化的形成发展与大运河开凿贯通密切相关，可以说大运河是江南文化的血液、是灵魂，加强大运河资源禀赋研究对江南文化的源流追溯、内涵挖掘、视域拓展以及苏州"最江南"独特价值的阐述有积极意义。

三是为展示、阐释苏州运河突出普遍价值、讲好苏州运河故事、演绎"最精彩的一段"提供专业支持。苏州是大运河沿线唯一以古城概念申遗的城市，是大运河城市景观遗产的典范。如何让苏州运河故事立足苏州，又跳出苏州，有地方特色，又有国家意义，有中国表达，又有世界语境，真正成为"最精彩的一段"，需要有世界遗产的专业视角和理念。

三、研究方法

承接课题以后，课题组就课题的框架结构、研究方法和技术路线进行多次讨论，主要研究方法如下。

（一）文献资料研究法

本课题涉及的内容较多，文献资料是研究工作的基础。经过检索，共收集相关图书资料80余种，研究论文120余篇，主要包括：各类地方志、专志，运河类专著，江南市镇类专著，水利水工类专著，历史考古类专著，非遗类专著，文化遗产类专著，经济类专著以及相关研究论文，此外还有规划设计、政策文件、内部资料等文献资料。通过借阅、复印、购买等方式对这些基础图书资料进行全面收集、整理，在阅读、消化后，系统了解既有成果，分类编写资料卡片，为课题研究提供翔实的基础资料。

（二）历史研究法

课题研究的时间跨度长、空间范围大，涉及多个领域。我们依据历史研究的基本方法，即辩证唯物主义和历史唯物主义的研究方法，坚持以史实为依据，把研究对象放到特定的历史环境之中考察，用史实说话，避免主观臆造，用发展的眼光分析问题，力求客观公正。

（三）调查研究法

根据课题的不同情况采用多种调查研究方法，对情况不清的，采用实地调查研究的方法，课题组先后调查踏勘了浒关、震泽、平望、山塘历史文化街区、古纤道以及浙江湖州塘浦圩田系统等；对资料缺失的部分采用口碑资料调查和专家访谈方式，先后口碑调查和访谈相关专家20多人次；需要采集相关信息的采用问卷调查和座谈方式，共发放调查问卷100多份，召开专题座谈会3次。

（四）跨学科研究方法

本课题涉及多个学科，跨学科研究是完成本课题研究任务的重要手段。以遗产学和历史学研究方法为基点，综合运用社会学、经济学、考古学、民俗学、工程学、水利学、规划学，以及哲学、历史心理学等多学科的理论、原理和方法，围绕苏州运河资源开展研究考察，并按课题框架设计形成相应研究成果。

（五）其他研究方法

除上述研究方法外，根据课题研究需要还运用了概念分析法、比较研究法、个案研究法等研究方法。

四、成果提要

本课题重点梳理苏州运河资源构成，研究各类资源的价值特征和应用前景，并对重要节点古城、江南市镇、江南文化以及大运河文化带进行关联研究，相关成果简述如下。

（一）关于苏州运河资源构成

研究认为，苏州运河资源是系统性资源，包括文化与自然资源、物质文化遗产和非物质文化遗产资源以及其他新型的和潜在的资源。主要资源构成：① 列入中国大运河《世界遗产名录》的遗产；② 重要建筑物构筑物；③ 重要运河节点古城古镇；④ 相关非物质文化遗产；⑤ 运河水资源。

（二）关于苏州大运河遗产表述问题

大运河申遗成功之后，相关部门对苏州大运河遗产一直表述为"五条水系七个点段"。课题组研究了中国大运河申遗文本以及其他权威资料，结合苏州实际，认为苏州大运河遗产应该是"七条水系七个点段"，七条水系包括：苏州段在用运河、山塘河、上塘河、胥江、护城河、平江河以及觅渡桥至宝带桥段运河（简称"觅宝段运河"），后六条河段为运河故道。此前表述的"五条水系"，可能忽略了平江河和觅宝段运河，应当表述完整。建议相关部门能作调整纠正。

（三）关于苏州大运河非物质文化遗产

苏州现有非物质文化遗产项目300多项，课题组根据功能、属性、类型、与大运河的关联度以及应用价值,对现有非遗项目进行遴选研判,确定22个项目为苏州大运河非物质文化遗产核心项目,其余为拓展项目。遴选核心项目的目的主要是便于在大运河文化保护传承利用过程中抓住重点,更好寻找保护利用的切入点。这是一个探索性做法,有待进一步研究、讨论、完善。

(四)关于苏州水资源问题

苏州是水资源丰富的地区,农业生产、人民生活、城市气质都与水密切相关,水是苏州的生命之源。同时苏州又是严重缺水的地区。据水利部的统计资料,苏州共有河道21 084条,河流总长度1 457千米,水域面积50亩(1亩≈666.7平方米)以上的湖泊384个,其中10平方千米以上湖泊8个,总水域面积3 609平方千米,占苏州市域总面积的42.5%。

太湖是苏州地区最主要的水资源,按常年平均水位3米测算,太湖的水容积量为48.7亿立方米,而苏州一年生产生活用水约85亿立方米,也就是说,苏州一年要用掉1.75个太湖的水量。

另据《苏州市水资源公报》数据,2020年全市入境水量为236.1亿立方米,出境水量为258.0亿立方米。苏州人均占水量为1 800立方米,是全国人均占水量的3/4,世界人均占水量的1/5,加上水污染、湿地减少、水生生物多样性受到破坏,水系自净能力下降。苏州可用水资源形势严峻,被国家列为水质型缺水地区之一。

加强苏州水资源保护刻不容缓,要抓紧研究立法,精准解决问题,控制污染源,修复水生态,倡导节约用水。同时,切实加强对地下水资源的管控。地下水资源为公共资源,要坚决禁断无序超量私采,为后代留下宝贵的生命之水。

(五)苏州运河资源特点

苏州运河是中国运河开凿最早的河段。苏州段河道开挖于春秋时期,公元前506年,伍子胥为调遣水军与楚军作战,也为了从太湖给吴国都城补充更多的水源,率众开凿了胥溪(今胥江),这是中国古代最早开凿的人工运河,比吴王夫差北上争霸,于公元前486年在扬州开凿的邗沟要早20年。

苏州运河是世界内河货运强度最大的河段，每年货物运输量在1.8亿吨左右，居世界第一位，远超同样负有盛名的荷兰阿姆斯特丹运河（每年货物运输量8 787万吨）。苏州运河在古代、近代、现当代保持发展活力，持续繁荣，给区域经济带来强劲拉动力。

苏州是中国大运河沿线唯一以古城概念申遗的城市。苏州大运河遗产地图勾勒了苏州古城与大运河独一无二的依存关系。大运河通过山塘河、上塘河、胥江等河道经盘门、阊门等水城门与苏州古城水网连为一体，城内"三横四直"骨干水系是运河的支流河道，联结古城千家万户。苏州有七条河道（苏州段在用运河、山塘河、上塘河、胥江、护城河、平江河、觅宝段运河）、七个点段（盘门、平江历史文化街区、全晋会馆、山塘历史文化街区、虎丘云岩寺塔、宝带桥、古纤道）被列入《世界遗产名录》。古城苏州历史文化遗产是大运河文明的重要载体，水城苏州是大运河城市文化景观的独特代表，是古代建筑与水利技术融合的杰出典范。

（六）关于《苏州大运河文化保护传承利用规划》

《苏州大运河文化保护传承利用规划》是纲领性文件，是苏州大运河文化带建设的依据。《大运河文化保护传承利用规划》涉及文化遗产保护、城乡建设、国土空间利用、水利资源管控、生态环境保护、经济社会发展等多个方面，不能按照一般城市规划体系来做，要在城市规划的基础上融合文化遗产保护利用规划、国土空间利用规划、城乡发展规划、水利资源保护利用规划、生态环境保护规划、旅游发展规划以及经济社会发展规划，是一个战略性规划与综合性策划的结合。

《苏州大运河文化保护传承利用规划》编制要依据上位规划，既要有较高站位，又要深入研究苏州运河的资源特点，既与上位规划有效衔接，又能体现鲜明的地方特色，形成亮点，真正将苏州大运河文化带建设成"最精彩的一段"。

各层次规划编制路径是自上而下，省级规划依据国家《大运河文化保护传承利用规划纲要》编制，市级规划依据国家和省级规划编制。这一编制路径无疑是正确的，但还需要有一个自下而上的过程，这个过程主要解决两个问题：一是合规性审查，三级规划是一个完整的系统，既要环环紧扣，又要各司其职；二是质量管控，由于各地社会状况、经济基础、文化背景、人才条件等各不相同，对大运河文化带建设认识存在差异，规划编制的水平很难整齐划一，不平衡在所难免，需要从国家层面进行综合管控，防止各行其是，偏离主题目标。

实施项目首先要有国家站位，要遴选确定既有地方特色又有国家意义的项目，既要避免"小而不亮"，又要防止"大而不当"。

大运河文化带建设是一个系统性工程，涉及文化遗产、水利交通、生态环境、城乡发展等多个方面，实施项目要有系统性安排，兼顾各方，统筹研究，系统设计，突出重点。

要量力而行，顺势而为。苏州大运河文化带建设涉及相城区、高新区、姑苏区、吴中区、吴江区五个区和望亭、浒关、枫桥、横塘、松陵、平望、震泽、盛泽八个沿河镇或街道，各地情况不一，项目确定应根据自身条件量力而行，顺势而为。

"共抓大保护、不搞大开发"，保护是前提，是第一位的。但也不能简单理解"不搞大开发"为不开发。大运河文化带建设适度的建设开发是需要的，关键是合理控制开发强度，优化项目配置。要依据国家、省、市各级规划和《大运河江苏段核心监控区国土空间管控暂行办法》的相关要求，紧扣保护与发展主题，围绕生态、民生、社会就业、文旅融合、经济转型、产业结构提档升级等重点领域，适度开发建设，优化项目配置，形成特色亮点，带动文化遗产保护与经济社会协调发展。

鉴于项目的重要性，应先评估后实施。规划建设的项目必须进行评估公示。由上一个层级组织实施，重大项目可直接由国家相关部门组织评估。评估人员应包括相关专家、政府人员、社会人士以及利益相关者等。

（七）大运河国家文化公园内涵解读

建设"大运河国家文化公园"是中央全面深化改革委员会第九次会议作出的重大决定，是大运河文化带建设国家重点项目，有战略示范引领作用。大运河国家文化公园是一个新命题、新概念，空间跨度巨大，跨区域、跨领域，加上运河沿线资源禀赋、社会条件、经济基础不平衡，大运河国家文化公园建设具有一定的复杂性和探索性。

国家文化公园是国家基于保护重要文化资源、展示国家文化精华，并以为历史研究、文化传承、公众教育和人们休憩提供服务为目的，依托重要文化遗产，由国家划定、管理并向公众开放的公共文化区域。"国家""文化""公园"是它的三个关键词。国家是主体属性，表现为由国家主导、体现国家意志；文化是内涵属性，也是本质属性，强调国家文化的标识性和引领性；公园是空间属性、公共属性，表达的是全民共享的公益性质。国家选择具有突出意义、重要影响、重大价值的文物和文化资源，实现保护传承利用，发挥文化教育、公共服务、旅游观光、休闲娱乐、科学研究功能，形成具有特定开放空间的公共文化载体，集中打造中华文化重要标识，具有重大意义和时代价值。

国家文化公园是国家重大文化工程，空间跨度巨大、时间维度漫长，跨区域、跨领域、跨文化，高质量建设国家文化公园必须具有国家高度、历史维度、国际角度。

（八）大运河国家文化公园苏州节点

大运河国家文化公园是国家重要文化工程，具有重大示范引领意义。苏州应抓住机遇，研究提炼既有地方特色又有国家意义的节点，将节点纳入大运河国家文化公园体系之中，成为其重要组成部分，这对苏州经济社会可持续发展、乡村振兴、城市影响力提升意义重大。

大运河国家文化公园是在文化遗产学理逻辑下的系统集成，是一个巨系统，由若干个子系统（节点）支撑，这些子系统不是简单的文物、遗产点的罗列，而是意义重大、主题明确、不同类型、不同区域的重要项目的集成。文化公园应既有区域层面的特色，又有国家层面的意义，具有辨识度、经典性，成为大运河文化的国家标识。

基于上述学理逻辑和苏州运河遗产资源禀赋，可以"江南水乡城镇聚落（苏州古城古镇群）"为主题，积极争取将其纳入大运河国家文化公园体系之中，使之成为独具特色、意义重大的重要节点。

大运河国家文化公园苏州节点——江南水乡城镇聚落，学理上符合国家文化公园的相关标准，主题鲜明、意义重大；实践上有较好建设基础。江南水乡古镇申遗已推进多年，遗产保护、环境整治、基础设施建设已具备良好基础，苏州古城是住建部设立的国家唯一历史文化名城保护区，又是国家文物局公布的国家文物建筑保护利用示范区，示范意义重大；战略层面，与国家乡村振兴战略相契合，有利于进一步激发苏州运河沿线城镇巨大的经济潜能，推动区域经济社会全面高质量发展，使苏州成为新时代的诗意江南、人间天堂，成为大运河文化遗产保护利用的中国样板、世界典范。

（九）江南鱼米之乡生态博物馆建设

根据国家文物局《大运河文化带文物保护利用专题研究报告》，建设生态博物馆，展示古村镇历史生活场景，是留住农耕文明记忆，表达古代人民对美好生活向往的有效手段，也是促进区域经济发展，造福百姓的重要举措。作为鱼米之乡代表的江南水乡古镇，已被列入国家申报世界文化遗产预备名单，目前正在由苏州牵头积极推进申遗各项工作。建设的江南鱼米之乡生态博物馆，作为大运河国家文化公园苏州节点"江南水乡城镇聚落"的一个重要组成部分，对展示江南水乡历史文化、传播世界城镇类文化遗产价值、助推江南区域经济社会发展有重要意义。

江南鱼米之乡生态博物馆，将依据保存较好的稻田、桑基、水网、城镇等农耕时代人类遗存，全面保护、展示江南农耕文明，重点突出教育、生态、休闲、产业和文旅融合特色，探索以古镇为核心的国家文化公园模式，创新生态博物馆建设新方式，力求成为国家大运河文化带的亮点工程。

江南鱼米之乡生态博物馆拟以"1+N"为基本架构："1"指一个核心展示区，拟选址运河之畔、太湖之滨的吴江戗港作为生态博物馆的核心展示区，保护展示江南水乡自然风貌和人文生态，推动农业创意产业发展，促进文化与旅游结合，探索没有围墙的生态博物馆建设新模式。"N"是以相关水乡古镇为分馆，结合各自特色，设立生态体验区。可先选择一批较成熟的古镇作为生态博物馆体验区，作出示范，形成具有推广价值的经典案例，逐步复制到其他水乡古镇，形成运河聚落生态博物馆片区，对江南水乡城镇聚落独特的布局形态、诗意的人居环境、众多的遗产遗存以及非物质文化遗产进行全方位展示利用。

（十）苏州运河新经济培育

苏州运河资源禀赋独特，集漕运、商贸、经济、文化于一体。经济中有文化，文化中有经济。经济文化融合发展是大运河的历史传统，也是一大特色。苏州运河流域蕴藏着巨大的发展潜能，运河新经济、城市新文化、旅游新业态的培育打造，商机无限，前景可期。苏州应紧紧抓住大运河文化带建设契机，依托苏州丰富的运河资源，加快培育运河新经济、新业态，实现新旧动能转化，打造新的经济增长极。

（十一）文化遗产旅游研学产业

文化遗产是苏州旅游的核心资源，文化遗产地是中外游客重要的旅游目的地。苏州拥有园林遗产、大运河遗产、江南水乡古镇遗产以及昆曲、古琴、宋锦、缂丝等世界非物质文化遗产，是名副其实的世界遗产城市。这一独特的资源禀赋，加上国家正在积极推动的大运河文化带建设工程，给苏州文化遗产旅游研学寻求新突破、迈上新台阶提供了新的契机，苏州应抓住机遇，乘势而为，创造性转化，创新性发展，实现文化遗产旅游研学业的新跨越。

应打造打响新的旅游品牌。文化遗产是全球旅游热点，诗意江南是东方人的精神家园，世界遗产典范城市是苏州的金字招牌，大运河是中华文明的亮丽名片，这些有核心竞争力的品牌优势叠加，给苏州赋能，这是苏州的幸运，也是苏州发展旅游研学产业的底气。

应设计新的景点、新的项目。旅游强调新、奇、特。苏州有不少经典的传统旅游项目，如园林游、"三古一湖"游（古城、古镇、古村落、太湖）等，要在原有项目基础上，根据游客新的需求，着力设计开发新的旅游项目，紧扣大运河遗产主题，融知识性、思想性、趣味性于一体，讲好苏州运河故事，更好地服务广大游客。

应精心策划以大运河遗产为主题的研学线路。旅游是多层次、多需求的，从游览观光到休闲体验，再到研学教育，随着游客对旅游主题性、知识性、教育性要求越来越高，研学旅游作为一种新的旅游形式，越来越受到市场欢迎，加上受国家"双减"政策影响，研学旅游刚刚起步，有巨大的市场拓展空间。苏州应超前谋划，抢占先机，以大运河为纽带，串珠成线，以点带面，统筹大运河遗产资源，开发培育世界文化遗产研学游、大运河故事特色专题游、诗意江南体验游、运河村镇人家参访游、非遗项目传承游、江南文化研学游、水文化研学游、吴文化研学游等,以及个性化设计、私人定制的专题旅游项目,汇聚形成各具特色的精品线路,充分满足广大人民群众不断增长的精神文化消费需求。

(十二) 传统经典(工艺美术)产业

苏州传统工艺富有浓厚的人文底蕴,也有巨大的市场潜能。苏州传统经典产业应抓住大运河文化带建设契机,跳出传统的思维模式和经营方式,与时俱进,在创新转型上下功夫,实现传统经典产业的新突破,再现苏州传统工艺美术的新辉煌。

要创新产品类型,拓展多元化市场。打破以生产艺术欣赏品为主的现状,根据不同产业自身特点,创新设计产品类型。要特别重视生活日用品以及有原创特色的旅游产品的设计研发,使传统产业与大众生活及苏州旅游发展紧密结合,为产业化发展奠定市场基础。

要创新产品题材,适应现代生活。突破传统工艺题材,结合苏州地域特色,鼓励各门类传统工艺,继承传统,推陈出新,积极寻找具有时代感和表现力的新兴载体,运用现代美学原理,以时尚化、艺术化为方向,合乎文化与传统工艺发展规律进行创新,满足更多人群特别是年轻人的文化消费需求。

要创新经营模式,重视营销策略。改变过去埋头制作,轻视研发设计、营销和售后服务环节的状况,抓好全产业链、高附加值环节管控,由被动等客上门变为主动营销推介,掌握市场主动权,积极寻求新的消费市场,拓展传统产业的生存发展空间。

(十三) 水上运动体育产业

积极利用运河、太湖等丰富内水资源,大力发展水上运动体育产业,把苏州建成内河内湖水上运动目的地,促进体育与旅游、体育与文化、体育与经济的深度融合发展,不断满足国内外人士日益增长的体育健身需求。做好水文章,形成新品牌,打造新业态,苏州既有条件也有能力。

苏州内水资源十分丰富,水上运动有较好基础,亦有良好的政策扶持。

苏州制定的《苏州市体育产业发展"十四五"规划》提出，到2025年，全市体育产业总规模将达1 500亿元，应积极打造体育产业新业态，拓展体育产业新空间，依托苏州自然生态资源，强化全市体育产业资源整合和产城融合，合理布局足球、冰雪、山地、水上等运动项目产业，形成"一核三带一集群"的体育产业发展新格局。

苏州水上运动产业项目有较大发展空间，需要进一步重视、培育和提升，应把本土性与国际性结合起来，公众普及与名人效应结合起来，赛事项目与关联产品展示展销结合起来，政府引导与市场运作结合起来，水上运动与苏州水文化阐释、传播结合起来，打响苏州水上运动产业新品牌。

（十四）休闲农业产业

休闲农业是传统农业发展到一定历史阶段的产物。休闲农业以农村、农业生态资源为基础，以参观、体验、休闲等方式，让来访者游览田园景观，熟悉农业事项，品尝农家美食，了解民风民俗，从而获得新的知识，身心愉悦。苏州休闲农业产业做大做强有得天独厚的条件和巨大发展空间。

应强化规划引领，合理布局，有效监管，防止无序扩张。苏州休闲农业点开办大多是自发的，相互模仿，功能单一，整体水平不高。应从乡村振兴、可持续发展战略高度，强化规划引领，合理布局，均衡发展，防止低端雷同、无序扩张。应制定相关政策，实施有效监管，设置准入门槛，制定公布正、负面清单，加强从业人员培训，建立常态化考核机制，促进苏州休闲农业在规划指导下均衡有序健康可持续发展。

应挖掘内涵，精准定位。休闲农业不同于传统农业，也不同于传统旅游业，更不是简单的"农家乐"。休闲农业是在传统农业的基础上，根据现代人精神文化生活新需求形成的一种新业态，应加强研究，深入挖掘休闲农业内涵要义，摸索这一新兴业态的内在规律，精准定位，行稳致远。休闲农业应以农村农业原有生态系统为依托，阐释传播农业农事常识、乡村民风民俗、文物掌故等知识，让来访者品尝本土原味美食，体验农家生活，在愉悦身心的同时获得新的知识。要紧紧围绕"看什么""听什么""吃什么"三个重要环节，正确定位，丰富业态内涵，完善业态结构。

应塑造特色品牌，坚守"原真""原味"乡村本色。苏州休闲农业是农民适应旅游市场新需求自发形成的，由于旅游的流动性强，不少项目，特别是餐饮项目，特色不明显，品牌意识差，满足于一次性消费。休闲农业要做强做优、可持续发展，关键是要有特色品牌。特色品牌的根本是体现"原真""原味"的乡村本色。景观是原来的，食品是有机的，价格是公道的，人是纯朴的。要能让游客看到农村真实的生活，听到新鲜有趣的故事，吃到记忆中的饭菜味道。品牌不是广告做出来的，是消费者口碑塑造起来的。

应立足本土需求，兼顾域外市场。苏州休闲农业应首先立足于本土市场需求。苏州现有人口超过1 300万，有450多万个家庭，这是很大的一个消费群体。本土需求中，要重点关注中小学生群体。一方面，中小学生需要学习乡土知识、农业知识，学校也有社会实践课程安排；另一方面，一个学生能带动一个家庭，进而拉动休闲农业本土市场快速发展。本土市场做好了，自然会辐射出去，带来域外市场需求，由内而外，良性发展。

应资源共享，利益兼顾。休闲农业产业开发主要利用的是乡村公共资源，先行开发的、区位优势好的（如沿街、临水、交通便捷、资源独特等）获利相对较多。应当建立必要的补偿机制，平衡村民之间利益关系，防止因公共资源分配利用不公而产生新的社会矛盾。

（十五）乡村康养产业

乡村康养产业是依托特定资源，运用自然、技术等多种手段，以服务人的健康为主要目的的新兴产业，它是经济社会发展到一定阶段的必然产物，有广泛的社会市场需求。

苏州乡村康养产业资源条件得天独厚，在乡村振兴、健康中国、大运河文化带建设等多重利好政策叠加的大背景下，有望成为乡村经济发展一个新的增长极。

根据《"健康中国2030"规划纲要》，到2030年我国健康服务业总规模将达16万亿元，乡村康养有万亿级市场预期。

苏州乡村康养产业目前处于培育期，要研究制订中长期产业发展规划。准确定位,明确目标,合理布局,盘活存量资源,制定产业引导指南,研究政策保障措施,促进苏州乡村康养产业健康有序发展。

要充分利用独特资源优势,提升产业品牌价值。苏州乡村是"梦里水乡""醉美乡村",既有山、林、湖、田等多种自然资源,又有古镇、古村、名胜、古迹等历史文化遗产资源,既有充沛的自然养生要素,又有丰富的文化养心要素,自然与人文合二为一的独特资源,是苏州乡村康养产业的金字招牌。

要重视差异化集聚,坚持特色发展。苏州乡村康养产业是一个大课题,应研究各地资源特点和条件,坚持差别化特色发展,避免产业项目重复单一,缺乏竞争力。有发展潜质的项目如三山岛湖岛康养、东西山茶道康养、太湖湿地康养、金鸡湖运动康养、张家港凤凰温泉康养、大阳山山居康养、阳澄湖美食康养、吴江田园康养等。

要注重一、二、三产业融合发展。乡村康养产业是一个多元化集聚型产业,立足的是一产,支撑的是二产,运作的是三产,实现一、二、三产业高度融合是乡村康养产业的内在要求,必须打破传统产业的技术边界、市场边界、资本边界,创新融合发展,打造以乡村康养产业为核心的产业集群,实现集聚裂变效应。

要重点关注老年康养市场,积极培育中青年康养市场。不同年龄段有不同的康养需求,苏州康养产业应在重点关注老年康养刚需市场的同时,积极培育中青年康养市场,一方面中青年工作压力大,亚健康现象普遍,有内在的康养需求,另一方面,中青年有康养消费的习惯和能力,而且能带动家庭康养消费,这是一个有待培育开发的潜在市场,应当积极地加以引导和拓展。

(十六)关于江南文化研究

江南文化是一个独特的地域文化,它植根于太湖流域水乡平原,融合吴越文化特质,赓续绵延,生生不息,至今仍焕发勃勃生机。重视和加强江南文化研究,有较高的学术价值,更有重大的时代意义。

江南文化研究应当坚持广视域、多维度的学术原则,把它放到特定的时空范围,综合运用历史学、地理学、经济学、社会学、文化学、民俗学等多学科方法进行系统考察,提炼概括内在的逻辑关系。要辩证全面地分析江南文化的价值特质,既要重视对积极的核心价值的研究,又要能看到它的时代局限性,通过客观理性研究,找到存在的消极因素,积极扬弃规避,有利于江南文化更好更健康地传承赓续。同时要用发展的眼光研究江南文化,激发江南文化的时代活力,用江南文化赋能区域经济社会新发展、新跨越。

(十七)江南文化核心价值

1. 超越时代的财富观念

粮食是人类赖以生存的基础,直接影响国家政权巩固。历代统治者始终把农业放在首位,"重农抑商"是封建王朝基本国策。在我国古代,农业能解决生存问题,未必能解决发展问题,社会的进步和人的发展需要一定的财富作基础。

江南人依据人和社会的现实需求,创造性地确立了超越时代的财富观念,坚持农工商虞多业并举,产业多元,经济结构合理,使社会财富和家庭(个人)财富有了较好较快的积累。

农工商虞在江南经济中是一个相互联系的整体,逻辑起点是农业,手工业与农业相伴而生,随着手工业发展,特别是丝织业普遍使用机器后,工业产品量增质优,为商品贸易繁荣发展奠定了基础,虞业本身就产出高度商品化的产物,农工商虞在江南良性贯通,相互依存,相互激发。

2. 崇文重教的文化取向

崇尚文化重视教育,使之成为一种社会风尚是江南文化的一个显著特点。勤劳智慧的江南人多业并举,建立了一定的财富基础之后,便把关注点转向文化教育,这种转变有经济社会发展的内在逻辑,更是江南人的一种"心智觉醒"。

一个区域的特质是由该区域民众的整体性特征决定的,是由一定的社会背景和递延传统决定的。春秋时期,吴地言偃北学归来,开始在南方传播孔子学说,史称"道启东南,文开吴会"。宋代名臣范仲淹在苏州首创"庙学合一"新体制,进一步推动文化教育的繁荣。明清之际,苏州是全国的经济中心,也是文化中心。清人汪琬曾说,苏州有两样特产:一是梨园弟子,二是状元。这是对苏州崇文重教文化传统带有诙谐性质的诠释,反映出苏州与其他城市不一样的气质。

3. 精致优雅的生活方式

一般来说，生活方式是由社会经济状况和文化普及程度决定的。苏州人的生活方式与社会经济发展水平相适应，加之地域文化、习俗、风尚的传承影响，形成了独具特色的苏式生活方式。苏式生活主要特征是精致优雅，这种精致优雅体现在生活的方方面面：

第一是园林。苏州园林是苏州人的一种生活方式，大有大的做法，小有小的安排，实在没有空间，普通人家也会在小院、天井放置些石头，挖个水池或打口水井，种些花木或盆景，山（石）、水、植被这些园林基本要素是必须要有的。

第二是工艺。无论是居住的建筑，还是居家的陈设，抑或是使用的器物，无一不精致考究，文气不俗。

第三是评弹。评弹融入了苏州人的生活，鼎盛时期，书场茶馆遍布城乡，听书成为苏州人的一种生活方式。一杯清茶，闭着眼睛，苏州人便听得出曲调流派、水平高低。在中国很少有一座城市像苏州那样，让一种雅俗共赏的曲艺如此深入千家万户，融入生活之中，影响苏州和苏州人的整体文化素养和生活品质。

第四是美食。饮食是一种习惯，也是一种文化，更是一种生活方式。苏州的饮食堪称美食，十分讲究，强调时令性，不时不食，讲究选料做工，讲究色香味形意。品尝苏州美食不仅是味觉的满足、视觉的愉悦，更是心灵情感层面的文化慰藉。

4. 持续强大的传承活力

文化具有一定的延续性、传承性，江南文化的延续传承超乎寻常，千百年来赓续延绵，持续强大。

一是有持续繁荣发展的经济支撑，这是江南文化赓续传承的物质条件。文化属于意识形态、上层建筑，它的传承发展需要一定的经济基础。从魏晋南北朝江南开发，到唐宋明清社会经济的持续繁荣，以苏州为代表的江南地区是天下粮仓、赋税重地、商贸重镇，是中国古代经济中心，为江南文化赓续传承提供了雄厚的物质条件。

二是江南文化自身具有强大的传承优势。文化传承有一个"去粗存精"的过程，在这个过程中，作为"精华"的部分必定是作为具有强大生命力的基因被传承复制。江南文化中超越时代的财富观念、崇文重教的文化取向、精致优雅的生活方式是人类心智的觉醒，超越时空，具有强大的生命力。

三是江南文化在传承过程中不断创新发展的能力。文化传承向来不是无条件的，更不是一成不变的，取其精华、去其糟粕是人类社会发展进步的基本法则。江南文化在传承发展过程中，始终秉持"因地契时"的灵活态度和融入当下的创新精神，既能赓续江南文化优秀文脉，又能放下包袱，面对现实，面向未来，创造性转化，创新性发展，不断丰富自身内涵，赋予自身以时代性，体现了强大的创新能力。

江南文化也有一定的时代局限性，主要表现在：

分散性。江南是典型的农业社会，随着农业的发展，有了传统手工业和商业，农业、手工业和商业生产过程中的分散性特征，必然会对整个社会层面带来影响。人们习惯于依据经验，强调个体力量，合作精神相对缺乏，个体发展相对较好，整体力量表现薄弱。

偏安性。基于江南优越的自然条件、殷实的经济基础和昌明的人文环境，江南人有较强的偏安意识，安于本土，安于现状，自我满足，自得其乐。大多不愿"跳高摘桃"，更不愿离开故土创业发展，相对保守，缺乏进取精神。

自娱性。江南人有自己的活法，有自己的乐趣。这作为一种个体生活方式无可厚非，但个体身为社会人，如果过于陶醉于个人生活，自娱自乐，就一定会有害无益。兴趣和爱好是成就专业的基础，但视角过低、脱离实际生活的自娱性，不仅影响个人发展进步，也会给社会带来人才资源浪费。

研究江南文化价值特征，目的是博古通今，古为今用，为当代服务。本课题旨在通过研究寻找以苏州为中心的江南地区社会发展历史逻辑和精神谱系，从中获得历史启示和文化滋养，取其精华，去其糟粕，立足当代，面向未来，积极叙述传播江南文化，并在江南文化传承发展中留下有价值的当代印记。

第一章 苏州大运河遗产

苏州运河资源是系统性资源，最核心的是文化遗产资源。根据中国大运河申遗文本以及与运河的关联程度，苏州大运河遗产主要包括：列入《世界遗产名录》的项目、相关建筑物构筑物、运河节点古镇以及关联非物质文化遗产。

第一节 列入《世界遗产名录》的项目

一、河道遗产

（一）苏州段在用运河

苏州运河位于江南运河中段，地理位置优越，北起与无锡接壤的望亭五七桥，南至吴江桃源油车墩。全长96千米，约占江南运河总长度的四分之一、京杭大运河总长度的4.5%。全线水深2.5米，航道宽约40至150米，共有35座跨河桥梁。

苏州是中国大运河的发祥地，苏州运河最早开挖于春秋时期，是江南运河的雏形。7世纪初，隋炀帝开凿大运河，江南既有河道得以重新疏浚和拓宽，苏州运河被纳入大运河水系，到唐中期基本定型。此后，苏州运河历经修筑、疏浚和改造，保持运河的基本走向和原始路线，一直是江南运河的主要航道。

苏州境内的运河分为三段：西段自望亭五七桥至枫桥，为苏锡段（长约18千米）；中段从白洋湾至宝带桥，为古城段（长约14千米）；南段自宝带桥至王江泾，为苏嘉段（长约50千米）。其中，古城段水道情况相对复杂，与苏州古城的联系最为密切。历史上古城段由北向南通过山塘河、上塘河、胥江，与护城河相连，经城东南觅渡桥南下，直达浙江。1986年，随着苏南乡镇工业发展，运河沿线货运量不断增长，为适应现代经济、交通发展需求，苏州实施运河改道工程，运河改经澹台湖，至宝带桥北堍与苏嘉运河相接。自此，这条线路成为大运河苏州市河段主航道，而山塘河、上塘河、胥江等则不再通航，成为运河故道。

大运河开通后,苏州成为运河沿线重要枢纽和繁荣工商业城市。迄今为止,苏州运河仍然是货流强度最大、航运效益最好的航道之一,在运输、旅游和交流等方面发挥重要作用,为当代经济社会发展作出积极贡献。

苏州运河段文化遗产密布,数量众多,类型丰富。沿线有超过600项国家登记保护的物质文化遗产,其中有60项遗产点与大运河紧密相关。此外,昆曲、评弹、苏绣、香山帮传统建筑营造技艺等非物质文化遗产与京杭大运河有着深厚渊源。苏州运河段可以说是独具特色的大运河文化遗产宝库。

(二)运河故道

1. 胥江

胥江位于苏州古城西南,古称胥溪,又名胥河,流经姑苏区、高新区与吴中区。底宽10~20米,水位2.8米时,河宽约20~40米,水位4.0米时,河宽可达60米。胥江是太湖东南方向的主要泄水通道,也是大运河苏州段及古城的重要水源。

胥江是一条与苏州古城同生共长的人工运河。周敬王十四年(公元前506年),吴王阖闾欲"安君治民、兴霸成王",出于伐楚的便利,命伍子胥开凿胥溪。古胥溪自苏州胥门外城河起,通太湖,经宜兴、溧阳、高淳,在安徽南部芜湖注入长江,全长约225千米,是中国最早的人工运河。

2. 山塘河

山塘河位于苏州古城西北,自唐代以来一直是大运河苏州段的主干航道之一,是运河水网的重要组成部分。山塘河西起白洋湾,由西北向东南流经新民桥,流入阊门护城河。望山桥至阊门护城河,全长约3.5千米,河宽20~50米。

山塘河开挖始于唐宝历元年(825年),据明代《长洲县志》记载:"至唐白公居易来守是州,始凿渠以通南北而达于运河,由是南行北上无不便之,而习为通川,今之山塘是也。"为加强运河与苏州古城的联系,时任苏州刺史的白居易对古城外西北河道进行疏浚,利用自然河浜开挖成直河，即山塘河，并沿河筑堤为路，称武丘路，后人又称"白公堤"。

《苏州山水志》记载，山塘河沿岸名胜古迹众多，有全国重点文物保护单位云岩寺塔，江苏省文物保护单位五人墓、葛成墓和玉涵堂；此外，有数量众多的古桥梁，山塘桥、通贵桥、新民桥、星桥、万福桥、半塘（彩云）桥、普济桥、虎阜桥和望山桥等。

山塘河是大运河连通苏州古城的重要通道之一，是漕运、南北货运的主要水路，它的开凿带动了山塘街、阊门一带的繁荣与兴盛。沿岸会馆林立，店铺众多，商贸发达。受太平天国战争影响，许多建筑在战后占河重建，故山塘河呈西阔东窄状。

3. 上塘河

上塘河位于苏州古城西侧阊门外，又称阊门运河、阊门塘，直接连通京杭运河与苏州护城河。河道全长 4.3 千米，河面宽 7~15 米，水深 1~2 米，共跨桥 9 座。

自隋朝开凿大运河起至中华人民共和国成立初长达 1 400 多年的时间里，上塘河一直是大运河沿线的一条黄金水道，由西北来的船只均是从枫桥经上塘河到达阊门护城河，然后绕城经胥门、盘门，从觅渡桥南下，上塘河沿岸也被称为"十里枫桥塘"。旧时，上塘河商肆林立、会馆栉比，沿线汇集了潮州会馆、汀州会馆、新安会馆和武林会馆等，老字号有吴馨记茶庄、仁记茶食店、沈干泰米店、天昌油坊和宝泰衣庄等。上塘河与山塘河汇集了阊门南来北往的贸易，带来的是盛世阊门以及辐射到整个苏州的繁华。明清时期阊门一带曾是全国最为繁盛的商业街区之一。

太平天国战争时期，阊门地区被毁，上塘河因两岸废墟填塞，河道变窄，通航能力减弱，运河由枫桥寒山寺南下，经胥江入护城河，由上塘河经阊门入护城河的路线成辅线。2002 年环城河整治工程启动后，上塘河不再是航道，而成为游客参观体验"夜泊枫桥"的旅游专线。

4. 平江河

平江河是苏州古城内最古老的河道之一，系主干河道"三横四直"中的第四直河，通过东西向的大柳枝巷河、胡厢使巷河和大新桥巷河等河道与运河（东护城河）联通。

平江河南自葑门十全河起，北接东北街河，全长2.85千米，河宽8~10米。跨河桥梁共19座，是城内桥梁最密的河道。近八百年来，平江河是古城景观风貌保存最好的一段水系。

平江河位于古城轴心，与运河关系密切，在交通运输方面具有较大优势。江南的漕粮、丝绸和其他手工艺品经平江河再通过大运河被源源不断地输送到都城和全国各地，促进了苏州商品经济的繁荣。明中期，这一地区成为古代粮食的仓储中心。平江河所在的平江历史文化街区现为苏州古城风貌保存最完整、文化遗存最密集的地区，是古城苏州的缩影。

5. 护城河

苏州护城河位于古城外侧周围，又称外城河、环城河。护城河最早可追溯至春秋时期，曾为苏州重要的水运通道和古代军事防御体系。

护城河环绕苏州古城，其上游水源河道位于古城西侧及西北侧，有胥江、上塘河和山塘河等。下游出水河道位于城东及东南侧，有娄江、相门塘、葑门塘和江南运河等。全线长17.48千米，内侧岸线长15.5千米，河道宽度平均50~150米，河底宽15~40米，枯水时平均水深2.8米。

苏州护城河历史悠久，自阖闾元年（公元前514年）建城，至今已有2 500多年历史。吴王阖闾命大夫伍子胥建城，同时引太湖水入城，筑内城河，开八座水陆城门，东为娄门、匠门，西为阊门、胥门，南为盘门、蛇门，北为齐门、平门。

苏州护城河在古代除了有抵御外敌的军事功能外，还有汛期防洪、旱期供水的作用，也是古代城市的水利设施。护城河与大运河相连，与城内纵横交织的水系沟通，成为苏州古城水上交通的重要枢纽。

6. 觅宝段运河

觅宝段运河区间从觅渡桥到宝带桥，是大运河从东南出苏州城去往杭州的起始段，全长3千米。觅宝段运河原为大运河主航道，1986年大运河改道，从胥江向南至横塘向东，经澹台湖于宝带桥北与原运河汇通，向南直达杭州。改道之后，觅渡桥至宝带桥段运河不再是运河航道，成为运河故道。觅宝段运河沿线是近代遗存较集中的河段。觅渡桥附近有始建于1896年的苏州关税务司署旧址和水文观测站，南侧东岸有近代美孚油库，西岸有民国时期的面粉厂等工业遗存。

二、水工遗产

1. 盘门

盘门为中国大运河遗产点之一，第六批全国重点文物保护单位，位于苏州古城西南部，是连接大运河与古城的重要节点。其功能，战时守城防御，汛期防洪，平时水陆通行。

盘门始建于阖闾元年（公元前514年），吴国修筑都城，设八座水陆并行的城门，盘门为其中之一。因城门上刻有木作蟠龙，古称"蟠门"。后因水流萦回交错，改称"盘门"。盘门历代虽有修缮，但无大的变化，一直沿用至南宋。元朝初年为防止地方势力发展，朝廷命各地城墙全部拆除，盘门也被拆毁。元至正十一年（1351年），为防范农民起义，朝廷重新修复启用阊、盘、葑、娄、齐、胥六门。至正十六年（1356年），张士诚入据苏州，于六门修筑月城。明清沿用六门并几度修缮加固。

现存盘门为元代遗构，由水陆城门、瓮城和城楼组成。两侧与城墙相连接，总占地面积约为1.28万平方米。陆门依北，水门傍南，总平面呈曲尺形，朝向东偏南10度。水路由运河通过水关桥，南折向西穿过水门入城；陆路由吴门桥跨越运河，折向西通过陆门进入城内。盘门是国内保存最完整的水陆城门，与邻近的瑞光寺塔、吴门桥共同构成著名的"盘门三景"，为运河沿线独特文化景观。

盘门水陆城门是古代重要的城防设施，是古代军事城防技术的一大创举，也是现存同类建筑遗存的孤例。苏州地区多雨，四周江河湖泊众多，深受汛情影响。盘门水陆城门结构独特巧妙，为苏州古代防洪的重要水利设施。此外，盘门也是大运河与苏州古城水上联系的重要枢纽，承载着重要的水上交通功能。

盘门遗产区范围为水陆城门及两侧城墙本体，面积1.26万平方米。

缓冲区范围：东至东大街西侧，西至盘门路东侧，北至新市路，南至外城河南岸，面积30.46万平方米。

2. 宝带桥

宝带桥为中国大运河遗产点之一，第五批全国重点文物保护单位。位于苏州古城葑门外约3千米，建于大运河与澹台湖水口相接之处，是大运河沿线现存桥身最长、桥孔最多、结构最轻巧的连拱古石桥。

宝带桥南北走向，与运河平行。全长约317米，宽4.1米，桥孔53孔。北端引道23.4米，南端引道43.1米。桥堍呈喇叭形，两端宽6.1米。桥体用料以花岗石为主，间有青石和武康石。桥南有青石狮一对，桥北存青石狮一只。桥北堍有花岗石碑亭和宋代石塔各一座，第27孔与28孔之间水盘石上有石塔一座。

宝带桥始建于唐元和十一年至十四年（816年至819年）。当时为发展漕运，加快运送粮食及贡品进京，保障航行安全，苏州刺史王仲舒在运河西侧修筑塘堤并筑桥，因桥形长若玉带，故名宝带桥。明正统年间（1442年至1446年）重建为53孔连拱石桥，形制、规模基本沿袭至今。

宝带桥以桥代堤，沟通陆路；53孔设计既有利于太湖洪水宣泄，又保证运河航道稳定，对漕运的顺利畅通起到重要作用。宝带桥与大运河及澹台湖融为一体，构成了运河沿线独特的文化景观。宝带桥营造采用软地基加固法、柔性墩和刚性墩等方法，凝聚了古代造桥匠师的聪明才智，具有独特的科学技术价值。

宝带桥遗产区范围为桥四周20米，面积1.38万平方米。缓冲区范围：东、西至遗产区范围外200米，南、北至遗产区范围外100米，面积24.92万平方米。

3. 古纤道

古纤道为全国重点文物保护单位"大运河"附属文物点之一。位于吴江松陵镇运河西岸，是太湖东岸界定运河堤岸的纤道和驿路。古纤道是大运河苏州段唯一保存的古堤岸工程设施，被誉为江南的"水上长城"。

现存古纤道由纤道本体、三山桥、南七星桥和北七星桥组成。全长约 1.8 千米，除去基础高约 1.59 米，宽 3.1 米，现存的巨型青石驳岸为元代遗存。纤道上曾有九座三至七孔纤桥，今仅存两座古桥，均由花岗石砌筑。其中，三山桥为梁式五孔，南七星桥为梁式六孔。1995 年修复的北七星桥为拱形三孔桥梁，花岗石砌置。

古纤道旧称"九里石塘"，唐元和五年（810 年），苏州刺史王仲舒"堤淞江为路"，在苏州和吴江之间太湖东岸用石料筑成长堤。北宋庆历二年（1042 年），苏州通判李禹卿又筑长桥"界于淞江、太湖之间，横截五六十里"，沟通了吴江至平望的陆道。自此，太湖东沿形成一条南北贯通、水陆俱利的湖堤，史称"吴江塘路"。元至正六年至七年（1346 年至 1347 年）以巨石重修，并设置向东泄水的涵洞共 136 个。

古纤道是我国古代水利工程的范例，修筑历时多年。其建成标志着江南运河作为独立水利工程体系的最终完成，为运河河道的治理维护打下基础，促进了漕运系统进一步发展。古纤道为江南古塘路中最重要的一段，其构筑的科学性、实用性和美观性，成为后世塘路修筑效仿的典范。

古纤道保护范围东至大运河，西至 227 省道，南至南七星桥南 325 米，北至北七星桥北 800 米。

三、相关遗产

1. 平江历史文化街区（含全晋会馆）

（1）平江历史文化街区

平江历史文化街区是第一批中国历史文化名街。位于古城东北隅，东起外环城河，西至临顿路，南起干将路，北至白塔东路，面积约 116.5 万平方米。该区域是古城迄今为止保存最具规模、最完整的地段，堪称苏州古城缩影。

平江历史文化街区以平江路与平江河为主脉，道路两侧有许多小巷向外延伸，有一巷沿河、二巷夹河、一街一廊夹一河等多样的城市格局。平江历史文化街区现存的整体布局已历经千年之久，街区内河道、街巷、桥梁的位置和格局仍保存良好，展现"小桥流水、粉墙黛瓦"的江南水城风貌，沉积深厚的历史文化底蕴。

平江历史文化街区有极为丰富的历史遗存与人文景观，包括 1 处世界文化遗产（耦园），3 处全国重点文物保护单位（耦园、全晋会馆和卫道观前潘宅），近 20 处省市级文物保护单位，40 余处控制保护建筑和 70 处新发现的文物点。另有众多古井、古桥梁、古牌坊和古树名木散落其间。

12 至 13 世纪，苏州先后更名为平江府、平江路，主街"平江路"由此得名。15 至 19 世纪中期，官府加强漕粮管理，平江路东侧逐渐成为苏州的仓储中心，"仓街"由此得名。

平江历史文化街区是 16 至 18 世纪江南重要的漕运集散地和起运地，明清两代有大小粮仓百余处。作为"双棋盘"格局的典型地区，平江历史文化街区堪称苏州古代独特城市规划典范，也是人与水、环境与生活和谐相融的宜居之地，为研究古代城市规划和建设提供了重要范本。街区内最大程度地保留了原始风貌，是苏州古城传统民居、历史环境、生活方式最集中、最完整、最原生态的核心区。

平江历史文化街区遗产区范围为平江路河两侧 3~40 米（以街巷和建筑单元为自然分界线），第一横河（东段）、胡厢使巷河、大柳枝巷河、大新桥巷河、中张家巷河至环城河，面积 9.8 万平方米。缓冲区范围为遗产区范围外 3~350 米（以街巷和建筑单元为自然分界线），面积 45.3 万平方米。

（2）全晋会馆

全晋会馆是第六批全国重点文物保护单位。位于平江路中张家巷 14 号，占地面积约 6 000 平方米，建筑面积 5 616 平方米。整体坐北朝南，布局严谨，主次分明，分中、东、西三路。中路为轴，系迎宾、祭祀和演戏酬神之所，建筑为庙堂殿宇式，宏伟庄重，具有山西建筑特色。东路共四进，面阔三间，依次为门房、厅堂和前后楼。西路有门房、桂花厅（鸳鸯厅）和楠木厅等，两厅之间为庭院。

全晋会馆原址在阊门外山塘街，为清乾隆三十年（1765 年）山西钱业商人所创建。清咸丰十年（1860 年），因太平天国战争，全晋会馆被毁。后因沪宁铁路修筑及苏州商业中心转移，山西丝茶商人为便于联络乡情、集会和议事，于光绪五年（1879年）在平江路重建。民国后其会馆功能日益衰弱，先后被用作工厂、学校和民居。

全晋会馆是苏州地区现存规模最大、保存最完整的会馆建筑，是古代大运河南北经济文化交流的实物见证。会馆集山西富丽堂皇与苏州精雕细刻的建筑风格于一体，古戏台将声学技术与建筑艺术完美结合，具有较高的科学研究价值。全晋会馆现为苏州戏曲博物馆、中国昆曲博物馆，是物质遗产和非物质遗产相互结合、合理利用的典范。

全晋会馆的遗产区范围南至中张家巷，北至横巷，东、西至界墙（包括现戏曲博物馆及东部、北部原会馆所属房屋），面积0.56万平方米。缓冲区范围已划入平江河水系及街巷缓冲区。

2. 山塘历史文化街区（含虎丘云岩寺塔）

（1）山塘历史文化街区

山塘历史文化街区是第一批中国历史文化名街。位于苏州古城西北，东连"红尘中一二等富贵风流之地"阊门，西接"吴中第一名胜"虎丘。山塘街依托山塘河而建，由于其独特的地理位置和优越的水陆交通条件，自古以来就是繁华市井之地，全长3.6千米，约7市里，因而被称作"七里山塘"。

山塘历史文化街区集居住、商贸、旅游、民俗和工艺等功能于一体，具有浓郁的吴地文化特色。街区整体呈一河一街、河路并行格局。建筑精致典雅、粉墙黛瓦，前门临街，后门临河。山塘街可分为东、西两段，通过一条蜿蜒荡漾的山塘河相连。东段从阊门渡僧桥起至半塘桥，以商业街区为主，汇集了大量的会馆、祠堂、名人故居以及老字号店铺。西段从半塘桥至虎丘山，以农田、村舍为主，水面疏朗宽阔，一派郊野风光，有普济桥、野芳浜等胜景。

山塘历史文化街区现存文物古迹类型丰富、数量众多，有会馆、寺庙、祠堂、戏楼、牌坊、园林、义庄和宅第等多种建筑类型。街区内共有4处江苏省文物保护单位（五人墓、葛成墓、玉涵堂及普济桥），7处市级文物保护单位，12处控制保护建筑和大量传统民居。此外，还有十余座形态各异的古桥，或高或低，或平或拱，或单孔或多孔。另有古牌坊8座，多建于清代，主要表彰节妇（符合旧时道德要求）和孝子。

山塘历史文化街区始建于唐宝历年间（825年至826年），时任苏州刺史的白居易组织百姓凿河筑路，以利水利与交通，遂有山塘河街。宋代，因商业文化繁荣，山塘街沿线修建了许多桥梁和寺院，人口日益增多，商业往来频繁，增建了民居、店铺、茶苑和酒肆等。明清是山塘街发展的鼎盛时期，商业高度繁荣，为当时苏州的经济中心，大量店铺、会馆和庙宇汇聚于此。

山塘街历史文化街区自然与人文景观相互辉映，作为运河的组成部分，形成了独特的运河景观。街区内文物古迹密集，门类丰富，是山塘地区千年历史进程以及经济、文化繁荣的实物见证。此外，山塘街区非物质文化遗产丰富，传统节日文化活动繁多，保持了持续的文化活力。

山塘街历史文化街区的遗产区范围：望山桥以东，河、街两侧30~100米（以街巷和建筑单元为自然分割线），望山桥以西，河两侧迎水坡范围，面积40.5万平方米。缓冲区范围：望山桥以东，遗产区范围外20~600米（以街巷和建筑单元为自然分界线），望山桥以西，遗产区范围外20米，面积105.1万平方米。

（2）虎丘云岩寺塔

虎丘云岩寺塔是第一批全国重点文物保护单位。位于城北阊门外虎丘山顶，是山塘河沿线的重要文化遗产。虎丘占地面积320余亩，水面面积40余亩，有30多处文物古迹遗存，史称"三绝九宜十八景之胜"，自然和人文景观融为一体。云岩寺塔是我国现存最早的大型八角七层楼阁式砖塔，每层均施以腰檐平座。塔身自下而上逐层收敛，外轮廓呈抛物线形，造型美观、装饰繁丽、规模宏大。其精巧的筒套式结构使云岩寺塔历经千年斜而不倒。塔内出土有10世纪的铜佛像、银镀金镂花锁、越窑青瓷莲花碗等珍贵文物。

虎丘历史可追溯到2 500年前，相传吴王阖闾葬于虎丘剑池之下，因山形似蹲虎而得名。魏晋南北朝时期，虎丘开始成为佛教名山和游览胜地。云岩寺塔于五代末后周显德六年（959年）动工兴建，北宋建隆二年（961年）建成。北宋至道年间（995年至997年），改称"云岩禅寺"。南宋，高僧绍隆到此讲经，一时众僧云集，声名大振，遂形成

"虎丘派"。清代为虎丘云岩寺极盛时期，香火鼎盛，声名远播。据《虎阜志》记载，康熙和乾隆南巡期间共十四次登临虎丘，题写匾额楹联数十处，吟诗二十余首。

云岩寺塔地理位置优越，建筑形制独特，为大运河重要的地理坐标，也是苏州古城的标志性建筑。云岩寺塔的排水系统通过环山河水系与山塘河连接，汇入大运河。运河虎丘段及其沿岸是阊门商市的延伸，促进了虎丘山塘地区的繁荣。云岩寺塔是江南运河沿线现存最早的建筑遗存，出土的珍贵文物是唐宋时期工艺的杰出代表，见证了苏州作为运河城市经济文化的高度繁荣。

虎丘云岩寺塔的遗产区范围为环山河以内，南沿山门轴线两侧各5米至照墙，东西环山河南延至山塘河，面积19.5万平方米。缓冲区范围：东至蒲庵路，西至无名河道，南北均已划入山塘河缓冲区。

四、遗产表述

相关部门一直将苏州大运河遗产表述为"五条水系七个点段"。课题组研究了中国大运河申遗文本以及其他权威资料，结合苏州实际，认为苏州大运河遗产应该是"七条水系七个点段"。七条水系包括：苏州段在用运河、山塘河、上塘河、胥江、护城河、平江河以及觅渡桥至宝带桥段运河（简称"觅宝段运河"），后六条河段为运河故道。此前表述的"五条水系"，可能忽略了平江河和觅宝段运河，建议相关部门调整纠正，完善表述。

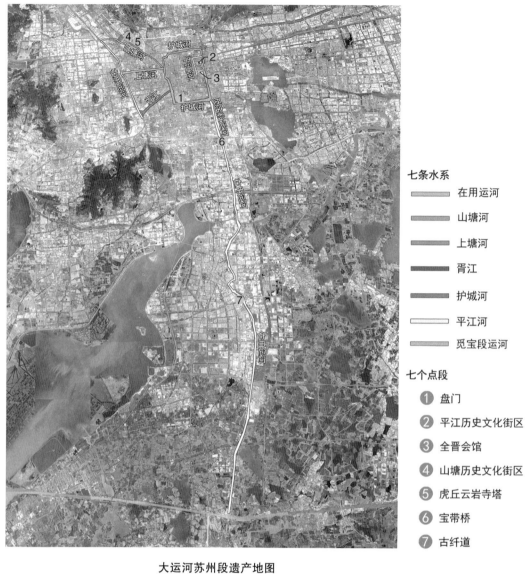

大运河苏州段遗产地图

第二节　建筑物、构筑物

一、桥梁

1. 上津桥

上津桥为苏州市文物保护单位、全国重点文物保护单位"大运河"附属文物点之一。位于阊门外枫桥路，跨上塘河，东与广济桥相望，西与永津桥相对。相传因"津""京"读音相近，古人进京赶考前必走上津桥，考生金榜题名后亦会重走此桥庆贺。

上津桥始建年代无考，明末重建，根据桥身金刚墙上刻的"丙寅年河道会重建""上津桥口北口公埠"等字，推测应为清同治五年（1866年）重修。桥南堍有碑亭一座，石碑为清光绪三十年（1904年）吴县知县李超琼所立。

上津桥为半圆拱单孔石桥，南北走向。全长42.45米，中宽3.7米，净跨12.2米，矢高5.9米。赭色花岗石拱券分节并列砌置，桥面石刻轮回纹。两坡共有踏步60级。桥栏为青砖，间有石望柱，上覆石条。桥南堍碑亭为歇山顶，平面方形，四角有石柱。亭内两碑相背而立，南碑即"故明郝将军卖药处"，北碑镌刻《上津桥重修记》。

旧时货船多从运河折向东，经上塘河过上津桥入护城河进苏州城。此处桥券宽大，河面宽广，登桥遥望，河道与沿河民居组成富有水乡特色的运河景观。

上津桥保护范围为桥四周10米以内，北至上津桥下塘。

2. 下津桥

下津桥为苏州市文物保护单位、全国重点文物保护单位"大运河"附属文物点之一。位于阊门外枫桥路西段，上津桥与枫桥之间，临近西园寺。下津桥意为上塘河下位过渡之桥，又名通津桥。

其址原为古运河重要渡口，江南运河开通后，周边商业繁荣，水运发达，商船往来如织，摆渡不能适应过往行人需要。明成化十八年（1482年）始建此桥。清康熙四年（1665年）、道光二年（1822年）两次重修。

下津桥为南北走向单孔石拱桥。全长36.7米，净跨12.2米，矢高6米，中宽4.8米，桥堍南宽6米，北宽6.5米。拱券用青石并列砌置，桥身其他部位均为花岗石，石雕实腹桥栏。南北踏步共59级，条石栏板。清康熙至嘉庆年间，古运河为官河放生河道，不准捕鱼，因此桥孔南侧青石上刻有"官河放生"字样。下津桥拱券高大，外观苍古，贯联上津桥与枫桥，横跨运河，蔚为壮观。

下津桥保护范围为桥四周10米以内。

3. 吴门桥

吴门桥为江苏省文物保护单位、全国重点文物保护单位"大运河"附属文物点之一。位于古城西南盘门外护城河上，南接盘门横街，北至盘门大街。吴门桥为陆路出入盘门的必经之道，是苏州现存最高的石拱桥。

北宋元丰七年（1084年），郡人石氏出资修建"新桥"，由北岸两座相接的木桥加南岸的石桥组成，北宋末年毁于战火。南宋绍定年间（1228年至1233年）重建三孔石拱桥，改名"吴门桥"，以显苏州门户之意。现存石桥为清同治十一年（1872年）江苏省水利工程总局重建，由三孔改为单孔。

吴门桥为南北走向单孔石拱桥，主要以金山石砌成，亦有少量宋代旧桥遗留的武康石。全长66.3米，净跨16米，中宽4.8米，矢高9.85米。共有拱券石10排，长系石11根，纵联分节并列拱券。条石桥栏凿成凹凸状，犹如通长靠背椅，可供路人小憩。桥南北两坡各铺设条石踏步50级，桥面中央刻轮回纹浮雕。吴门桥外形古朴典雅，颇具江南水乡特色，与邻近的盘门、瑞光塔共同组成"盘门三景"。

吴门桥保护范围为桥四周10米以内。建设控制地带：东至东大街以东50米，南至南门路，西至盘门路，北至新市路。

4. 觅渡桥

觅渡桥为江苏省文物保护单位、全国重点文物保护单位"大运河"附属文物点之一，又称灭渡桥。位于古城东南葑门外，横跨京杭大运河，西接南门路，东连杨枝塘路，北通葑门西街，是苏州跨度最大的单孔拱桥。

觅渡桥始建于元大德二年（1298年），该处为水陆要津，原设有渡船，因旅客常受舟人把持敲诈，昆山僧人敬修发愿募集资金修建此桥。大德四年（1300年）建成，历时一年有余，取名"灭渡"，方便两岸百姓来往。

觅渡桥为薄型单孔拱式，东西走向，通长81.3米，净跨19.3米，矢高8.5米。原两坡各设53步石级。桥身用武康石、青石和花岗石混砌，留下多次重建大修的历史痕迹。觅渡桥采用增大跨度而非多孔设计，以适应水流湍急的情况及过往船只体量大、往返频繁的需要。在拱顶与面石间不加填层，并尽量增加桥身坡长，使大桥平缓易行，高而不峻。

觅渡桥以跨度宽大、结构轻巧著称，整体稳重大方，堪称江南造桥史上的经典之作。觅渡赏月是苏州人的传统习俗，月圆之夜，丹桂飘香，觅渡古桥与月之倒影相映成趣，构成运河一处独特的人文景观。

觅渡桥保护范围为桥四周10米以内。

5. 彩云桥

彩云桥为苏州市文物保护单位。位于苏州横塘，地处胥江、越来溪和运河交界处，是京杭大运河重要运转之地。

彩云桥始建年代无考，相传为明洪武年间（1368年至1398年）姚贵捐千金建成。因跨彩云港（又称枫江，今大运河枫桥至横塘段），故名彩云桥。明嘉靖末倾圮，万历年间（1573年至1620年）重建。民国十六年（1927年）由于"水程孔道日久倾危"，由济生会出资拆除重建。

彩云桥为三孔石拱桥，东西走向。两端桥堍循路转弯，东端引桥折北，与长堤相接，经驿亭去胥门；西端引桥南北落坡，向南步入市镇。全长38米，中宽3.7米，中孔矢高5.6米，净跨8.5米。桥身由花岗石构筑，中孔南北两侧镌有对联。因大运河拓宽，1992年迁建于胥江之上，桥身两端加上引桥，长度增至56.61米。彩云桥是江南古桥的典型代表，是苏州运河重要的文物遗存。

彩云桥保护范围为桥四周10米以内。建设控制地带：东、南、西各至河，北至保护范围外50米。

6. 安德桥

安德桥为苏州市文物保护单位、全国重点文物保护单位"大运河"附属文物点之一。位于吴江平望镇东南司前街，亦名平望桥，跨京杭大运河与荻塘河，是吴江记载最早、形制最为壮观的石拱桥。

唐大历年间（766年至779年）始建，后几经坍塌。南宋淳熙十二年（1185年）重建，是时"一境之内，桥之高峻无逾此者"。明成化十九年（1483年），知县陈尧弼重建，并立碑亭、建迎秀楼在桥旁，后圮。现存安德桥为清同治十一年（1872年）江苏省水利工程总局重建。

安德桥跨度大，桥孔高，形制壮观，气势雄伟，为全镇35座桥中最高的一座。该桥南北走向，由花岗石砌置，拱形单孔。桥面宽约4.5米，全长54米，矢高9.3米，跨径11.5米。北堍有石阶28级，南堍有石阶31级。两侧置有栏石，桥顶有靠背栏石，供过往行人小坐歇息。桥面石上刻有佛教轮回图案，与南堍的小九华寺相呼应。

安德桥地理位置绝佳，桥下商贾舟船，昼夜不息，见证了平望镇的繁荣。作为江南古桥的代表，安德桥曾是平望镇的制高点和地标。唐代颜真卿、南宋杨万里等诗人游平望时，都曾登桥远眺，留下佳句，盛赞石桥雄伟。

安德桥保护范围为桥四周10米以内。

7. 垂虹桥

垂虹桥为第八批全国重点文物保护单位。俗称长桥，位于吴江松陵东门外。以"江南第一桥"闻名遐迩，其桥身之长，孔数之多，修葺之频繁，在中外建桥史上是极其罕见的。

宋庆历八年（1048年），由知县李问和县尉王廷坚始建，初为石墩木桥结构。全长200丈[1]，有64孔，取名"利往桥"，取有利商旅、百姓交通往来之义，被誉为"三吴绝景"。元至元十二年（1275年）重建，为85孔，有"垂虹"二字悬匾于亭，故改称"垂虹桥"。元大德八年（1304年）增至99孔。泰定二年（1325年）由判官张显祖易木为石，改建为62孔石桥，桥中有三大孔可通巨舟，两块建"底定""汇泽"二亭，后在亭前镇以石狮。之后历经明、清两朝近十次修建，垂虹桥孔数增至72孔。后因吴淞江下游淤塞、太湖水口出水不畅等原因，大部分桥孔逐步被泥沙淤塞。

垂虹桥现仅存东西两端桥洞共16孔（显露在外），桥长约88.07米。东端现存9孔，桥长49.3米，桥宽4.3~4.63米，跨度4.3~4.52米。拱券及金刚墙为元、明时期遗构，材质以青石为主，夹杂部分武康石和花岗石。西端现存为7孔，桥长38.77米，宽4米，跨度约为4.11~4.55米。桥墩为薄型墩，三孔桥洞的拱券为元代遗构，武康石砌筑。

垂虹桥环如半月，长若垂虹，壮美秀丽，是吴江标志性人文景观。一代又一代的名人雅士在此创作众多书画诗词等传世名作，成为珍贵的文化遗产。

垂虹桥位于东太湖出水口与大运河交汇处，它的修建消除了苏杭驿道最后一个重要渡口之险，连接了南北交通运输。此桥在我国古代桥梁史上地位重要，其桥墩厚仅50~60厘米，泄水面积达86%，为研究古代薄墩连锁拱桥及桥梁史提供了典型实例。

垂虹桥保护范围：东遗址，东距西端河边80米，西至河边，南至长桥仓库办公楼，北距桥10米；西遗址，东至河边，西距东端河边53米，南至街道，北至公园路。建设控制地带：东遗址，东距长桥河100米，西同保护范围，南至长桥仓库围墙15米，北距桥25米；西遗址，东至河边，西距长桥170米，南至街道，北至公园路。

---

[1] 因不同时期"丈"等单位的换算尺度不同，本书中涉及相关单位均不换算为国标单位。

二、路标

1. 三里亭

三里亭为苏州市文物保护单位。位于浒墅关文昌阁南,运河西岸董公堤侧,是古代供行人、纤夫憩息的路亭。

清乾隆年间(1736 年至 1795 年)邑人陈玉林捐资建造,同治六年(1867 年)里人集资重建,以憩行道及迟舟者。据《浒墅关志》记载,三里亭因距浒墅关镇三里故名。后因大运河拓宽,将三里亭向西移建 50 米。

三里亭为单檐歇山顶,整体用花岗石砌成,坐西朝东,面对运河。平面呈方形,宽 3.2 米,进深 3.25 米。立有四根方形石柱,四面皆有踏步。亭东临运河面上刻有"三里亭"匾额,左右石柱刻有"桥垂柳荫名继苏公""亭爱棠甘人思召伯"楹联,另有"同治元年"字样。亭内置有高约 0.48 米的长条石凳,供人憩息。

三里亭作为大运河苏州段路标及清代石构建筑样本,有一定的研究价值。

三里亭的保护范围:东、南至大运河,西、北各至亭外 10 米。建设控制地带为保护范围外 20 米。

2. 十里亭

十里亭为苏州市文物保护单位、全国重点文物保护单位"大运河"附属文物点之一。位于高新区长江路,大运河西侧射渎口,是古代行人纤夫歇脚所用的石亭。

十里亭渡口是浒墅关古时重要渡口之一,古称"射渎渡口",下塘有渡口亭,即十里亭。该亭始建于明代,毁于清乾隆四十八年(1783 年)六月暴风雨。清乾隆五十一年(1786 年)由里人朱崎发、朱高湄等发起捐资重建。后为配合大运河拓宽,将亭西移 33 米,置于现址。

十里亭坐西朝东,整体由花岗石砌成,屋顶为单檐歇山式。平面呈方形,面阔 3.5 米,进深 3.82 米。亭四角立石柱,边长约 0.44 米。内立有《浒墅关修堤记》青石碑一块,碑高 3 米左右,为明中极殿大学士申时行撰，江西巡抚杨成书，翰林院侍读学士韩世能篆额，现已难以辨认。

十里亭是大运河苏州段沿线保存不多的路亭之一，为研究明清时期仿木结构石亭建筑提供了重要实物资料。明清时期，路亭不仅是一座有遮蔽风雨作用的建筑，还是经济商贸往来、行路休憩与邻里交流的重要窗口。

十里亭保护范围：东至大运河，南、西至亭外5米，北至亭外10米。建设控制地带为保护范围外10米。

三、驿站

横塘驿站为江苏省文物保护单位。位于苏州西南部横塘境内运河与胥江交汇处，三面环水，东有彩云桥。横塘驿站是大运河苏州段唯一保留下来的邮驿遗迹，也是我国仅存的五处古驿站建筑之一。

横塘驿站始建年代不详，原是古代用于传递官府文书及为往来官吏提供食宿和交通工具的一处水陆驿站，现仅存驿亭，楼、庑、台等建筑损毁。现存驿站是清同治十三年（1874年）由各方善士捐款重新修造的。1993年驿站实施全面维修工程，扶正倾斜梁架，翻修屋顶，重砌粉刷墙壁。

驿站为亭式建筑，面南背北，占地面积266.6平方米，建筑面积40平方米。平面略呈长方形，面阔4.6米，进深5.5米，高4.7米。四角有石柱4根，南北各有木柱2根，歇山卷棚式板瓦顶，九脊飞檐，古朴规整。驿亭东西两面以砖砌墙，其上各开一窗，南北两面无墙，置黑漆木栅栏，中央辟有前、后门。南面两旁石柱镌刻楹联一副："客到烹茶旅舍权当东道，灯悬待月邮亭远映胥江"，边题"同治十三年六月"。

古代横塘是苏州城西南的水路要道，是江南贡赋北上的必经之路。横塘驿站伫立在运河畔，见证着百年来苏州的繁华与发展，是研究我国古代邮驿的宝贵实物资料。

横塘驿站保护范围：东、南、西至河，北至亭外10米。建设控制地带：东、南、西至河，北至保护范围外50米。

四、水文观测设施

觅渡桥水文观测站为全国重点文物保护单位"大运河"附属文物点之一。位于苏州东南隅葑门外护城河上，是苏州地区最早的水文站，已有一百二十多年历史，其水位数据收集时间长、代表性高，具有重要的历史和科学研究价值。

清光绪二十六年（1900年），苏州海关在觅渡桥东北堍设置水尺，成立吴县水文站。民国十三年（1924年），水文站由北洋政府督办，苏浙太湖水利工程局主办，后隶属太湖流域水利委员会、扬子江水利委员会。1949年，吴县水文站由苏州行政公署建设处接管，改名为苏州水文站。其后，水文站数次易址，于1962年迁回觅渡桥原址，一直沿用至今。

现存觅渡桥水文观测站是2004年由江苏省水文水资源勘测局苏州分局在原址重建。重建的水文站为六角石塔样式，仿照清代原样设计。主要监测项目有水位、流量、降水等，记录着百年来运河水位的变迁。

觅渡桥水文观测站为大运河沿线一处重要的近代水文站，采用西方先进的标尺测量，科学记录。水文站积累了数万组珍贵的运河水文资料，揭示了苏州地区水情变化规律，有利于及时应对水旱灾害，并为当地工程建设、农田整理、航道管理等提供重要科学依据。

觅渡桥水文观测站保护范围为本体四周10米。

第三节　运河节点古镇

一、望亭

望亭镇[1]位于苏州市西北部,是大运河由无锡流入苏州市域后经过的第一个运河大镇。地理坐标：北纬31°27′,东经120°26′。镇域面积44平方千米,总人口62 896人(2017年)。

望亭历史悠久,早在新石器时代就有先民在此生活。春秋时期,吴王在此建长洲苑,是古代享有盛名的皇家苑囿。三国孙吴建御亭,遂成集镇。隋代建御亭驿,唐代改御亭为望亭,望亭之名沿用至今。

望亭水资源丰富,境内河港纵横交错,湖塘星罗棋布。据2000年统计,境内有大小河道25条,总长66千米,浜77条,总长60.33千米,池塘42个,水面总面积2.34平方千米。主要河道有大运河、望虞河、月城河、沙墩港、牡丹港、河渎港、仁巷港、普安泾等。大运河河段长6.5千米。

望亭地处太湖平原,土地肥沃,雨量充沛,是著名的农业产区,盛产优质大米、三麦(小麦、大麦、元麦)、油菜、菌菇、西瓜。

望亭水陆交通便捷,南来北往客商云集,自古为草席、刺绣、蚕茧交易集散地。运河两岸街铺林立,商贸兴盛,是苏州阊门外重要商贸集镇。老字号米行有潘恒生、吴聚兴、万大升、裕和、协盛等,席行有德丰、锦华、协记、泰丰、恒隆等。手工业以编织业、刺绣业为特色。

望亭文化底蕴深厚,见于文献记载的遗址遗迹众多,主要有：

---

[1] 望亭镇现为望亭街道,为保留历史,文中仍用旧称,下同。

长洲苑遗址，长洲苑为吴王阖闾营建的宫廷苑囿，地域甚广，遍植佳木，豢养珍禽异兽，又有朝夕池等景胜，是吴王游猎休憩之地。史称"修治上林，杂以离宫，积聚玩好，圈守禽兽，不如长洲之苑，游曲台，临上路，不如朝夕之池"，可见，吴国的长洲苑比之汉代的上林苑略胜一筹。长洲苑晋代毁于战火，确切遗址待考。

望亭驿，位于古鹤溪（江南运河）畔，古代运河重要驿站之一。始建于隋开皇九年（589年），明洪武《苏州府志》收录宋平江府境图十八中，有望亭驿位于运河西岸南面。望亭驿规制较高，有供养土地500亩，马匹71匹。1913年裁撤。

夏禹奠，位于望亭太湖村，俗称下圩田（吴音同）。"长洲县五都四图夏禹奠"，相传为纪念大禹治水有功而设的祭奠场所。确址待考。

二、浒关

浒墅关镇简称"浒关"，位于苏州古城西北，踞京杭大运河东岸。地理坐标：东经120°29′、北纬31°23′。镇域总面积约30平方千米，截至2019年末，户籍人口为40 670人。

早在新石器时代，就有先民在浒关生息繁衍。秦朝开始设乡，相传秦始皇南巡时"求吴王剑，发阖闾墓"，追逐蹲于虎丘的白虎未果，故名"虎疁"。后因避讳几经改名，唐称"浒疁"，五代改为"浒墅"。明宣德四年（1429年）户部在此设钞关，景泰元年（1450年）又建关署，为全国七大钞关之一，遂名"浒墅关"。民国时期，浒关为吴县第一区。

浒关横跨京杭大运河，全镇河道纵横，水网密布。镇域内共有河流175条，总长度167千米，其中运河西（上塘）25条，运河东（下塘）23条。主要河道有江南运河、浒光河、浒东河、东塘河等。

浒关气候温和，物产丰富。主要农作物有水稻、三麦、油菜、慈姑、茭白、菱等。

作为水陆交通要津，浒关自古以来就是商贾骈集、贸易繁盛之地。明代前，浒关已是"吴中一大镇"，经济繁荣。清代时号称"十四省货物辐辏之所",交通便捷,商旅繁忙,沿运河两岸店铺作坊多达百余家,是驰名全国的繁华市镇。草席业和蚕桑丝绸业是浒关传统特色产业,产品畅销各地。

有着千年历史的浒关,留下了丰富的名胜古迹,主要有:

文昌阁,苏州市文物保护单位,位于兴贤桥南侧董公堤畔,是浒关标志性建筑。始建于明万历三十二年(1604年),为当地人捐款修建,取土筑基建阁于丘上,祀奉文昌帝君。阁丘高十余米,四面环水,形似"水晶盘中一青螺"。相传乾隆南巡时,登临文昌阁,见河中樯帆排列,劈波斩浪,发出"昌阁风桅"的赞叹,称其为"浒关八咏"之首。后因军阀战乱,古阁失修,今遗址尚属完整。

董公堤,位于上塘街之南,是一条长10千米的运河西塘路。明嘉靖二十二年(1543年)榷关主事董子策见运河堤岸年久失修,捐资营筑长堤。万历二十四年(1596年)关官董汉儒重筑修堤,使其更坚实耐用。为纪念两任为民造福的董姓官员,遂名"董公堤"。后经多次兴修,为过往船只、纤夫和行人提供便利。

三、枫桥

枫桥镇位于苏州古城西部,占地约34.6平方千米。枫桥面山靠水,枕漕河、俯官道,是苏州城西的重要门户。截至2015年9月,枫桥共有户籍人口6.1万人,流动人口超17万人。

枫桥历史久远,早在五六千年前的新石器时代就有先民在此生产生活。春秋战国时期,枫桥先后属吴国、越国和楚国,秦汉时成为会稽郡辖地。隋大业六年(610年)开凿江南运河,形成枫桥集镇。唐朝诗人张继的一首《枫桥夜泊》使枫桥之名流传天下,引无数文人墨客来此寻觅"江枫渔火"。

枫桥境内河道密布,水域面积达2.03平方千米,呈东西向河流为主,南北向河流为辅的水网格局。东西向主要河道有枫金河、枫津河、马运河和前桥港;南北向主要河道有大运河、金马河、马阳河及北港河,其中位于镇东的大运河是枫桥镇运输物资的主要河道,宽约55米。

枫桥四季分明，气候温和，耕地肥沃，特别适合水稻、三麦、豆类、玉米和油菜的生长。枫桥西部为低山丘陵，林木茂密葱郁，主要有香樟、刺杉、槐树、柏树等。

枫桥作为连接苏州城区与西部乡村的水陆要冲，其繁荣的商业经济前后延续了一千余年。唐中期，枫桥集镇舟船林立，商业兴旺。明清之际达到鼎盛期，商旅如织、水运繁忙，为当时全国闻名的米豆集散中心。枫桥传统手工业主要有石雕和竹编。

枫桥镇有丰富的名胜古迹，吸引历代文人来此创作大量诗词作品，主要有：

寒山寺，江苏省文物保护单位，位于阊门外枫桥，坐东朝西，西临河。始建于南朝梁天监年间（502年至519年），原名妙利普明塔院。相传唐贞观年间（627年至649年），高僧寒山子曾在此居留，改称寒山寺，又称枫桥寺。寒山古刹历经五次火灾，现存殿宇为清末重建。寺内古迹众多，有俞樾所刻的张继诗碑、岳飞题词石刻、文征明所书碑文残片等。主要建筑有大雄宝殿、藏经楼、钟楼、碑廊、枫江楼等。

铁铃关，江苏省文物保护单位，位于枫桥镇西，又名枫桥敌楼，是江南古关隘的典型代表。明嘉靖三十六年（1557年），巡抚御史尚维持为抵御倭寇而建。铁铃关下垒石为基，四面甃砖，中为三层，上覆以瓦，旁置多孔，与关前的大运河和枫桥组成完整的防御体系，为扼守苏州城西的重要关隘。1986年至1987年重修，大体恢复清代规模。

枫桥，横跨上塘河，是一座东西向单孔石拱桥。始建年代待考。现存枫桥重建于清乾隆三十五年（1770年），同治六年（1867年）重修。桥长39.6米，宽5.7米，跨度约10米。据《大清一统志》记载，枫桥为水陆要道，每到夜晚就要封闭，旧时亦称"封桥"。张继有诗《枫桥夜泊》千古流传，杜牧、范成大、陆游等诗人对枫桥亦有题咏。

四、横塘

横塘镇也称横溪，位于苏州城西南隅，北纬31°～31°15′，东经120°31′～120°35′。京杭大运河南北向纵贯全镇。横塘镇域面积12.66

平方千米，2021年人口数为 6.53 万。

春秋时期，伍子胥建造阖闾大城，横塘为城西南水源要冲之地。周敬王二十九年（公元前 491 年），吴王夫差将横塘建为城外的欢娱禁地，后成为吴越争霸的古战场。三国期间，建横塘古渡，形成市镇。隋开皇十一年（591 年），苏州郡邑曾一度迁移至横塘镇，建新郭城，是时横塘成为苏州城外的文化商业重镇。宋元明时，横塘归吴县治，是当时文人雅士的消闲之地。横塘因宋代词人贺铸一句"凌波不过横塘路，但目送，芳尘去"而闻名。

横塘为水乡地区，大运河、胥江、越来溪三水贯穿全镇。境内水资源丰富，河道纵横交叉，共有河流、港、浜 160 条，全长 38.6 千米。其中南北向河流 23 条，东西向河港 29 条。石湖为横塘境内唯一的湖泊，属横塘地域的约 900 亩。

横塘气候温和，土地肥沃，农耕发达。东部为平原，为种植水稻、三麦、油菜等提供了天然有利条件。低洼田种植的藕、茭白、水红菱等水产品也十分著名。

自古以来，横塘就是通衢之地，商贸兴盛。早在春秋战国时期，就已形成酒城和鱼城。三国时期，镇周物产充足，发展出越来越多的坊市。隋朝建立的新郭城进一步促进了横塘商业繁荣。横塘镇是苏州肉食品和水产品的集散地，区域内有潘万成酱油作坊、万丰米行、潘官宝鱼行、福珍斋等多家老字号商铺。此外，酿酒业、制镜业、木板制造业和陶瓷业都十分发达。

横塘素有"吴中胜景"的美称，山水风光秀丽，文物古迹众多，主要有：

横塘驿站，江苏省文物保护单位，位于横塘镇北段彩云桥堍、胥江和大运河交界处，为苏州城西的水陆要隘。苏州历史上拥有颇多规模恢宏的名驿，包括姑苏驿、望亭驿、横塘驿等，其中只有横塘驿亭被保存下来，是大运河江南段沿线仅存的邮驿遗迹。横塘邮驿始建年代无考，重建于清同治十三年（1874 年）。作为一处水陆两用驿站，它为古代传递官府文书者以及往来官吏提供食宿游憩之处，备有舟船和马匹等交通工具。横塘驿站曾多次遭到毁坏，现存的遗迹仅剩一座驿亭，为原驿站第一进门厅，其余馆、楼、庑、台已无迹可寻。

行春桥，江苏省文物保护单位，位于横越路，跨石湖北渚，是一座东西向薄墩九孔连拱长桥，全长54米。始建年代不详，南宋淳熙十六年（1189年）赵彦贞下令重修，明洪武、成化及嘉靖年间屡有修建。清乾隆皇帝六次南巡，必游石湖，共作行春桥诗五首。至今苏州仍保留农历八月十八日行春桥观赏"石湖串月"习俗。范成大《重修行春桥记》云："石梁卧波，空水映发，所谓行春桥者……往来憧憧，如行图画间。凡游吴中而不至石湖，不登行春，则与未始游无异。"

五、松陵

松陵镇位于苏州吴江北部，北接吴中，东邻同里，南连平望，西濒太湖。地理坐标：东经120°38′~120°40′、北纬31°04′~31°09′。全镇行政区总面积约148平方千米，户籍人口14.76万（2019年）。

梅里村邓家桥文化遗存证实，松陵民迹始于新石器时代。汉高祖元年（公元前206年），为保障闽越贡赋的运输安全，置为军镇，松陵由此发源。自后梁开平三年（909年）吴江建县起，松陵一直为县治所在地。

松陵全境无山，京杭大运河纵贯南北，境内河港如织，湖荡星罗棋布。全镇河道总长300.69千米。松陵历史上依靠水上交通与外界交流，主要航道有大运河、古塘河、吴淞江、大窑港等。大运河由吴中流入吴江境内，流经松陵河段长21.55千米，河宽约60米。

松陵自然环境优越，土地肥沃，农家世代种植稻米、油菜。此外，莼菜、莲藕、茭白、水蜜桃等果蔬也是当地传统名产。因濒临太湖，水质优良，利于各类水产品生长，松陵盛产鱼虾河蟹，种类丰富，以鲈鱼最为闻名，有"鲈乡"美称。

大运河便捷的交通给松陵带来了经济发展机遇。随着宋室南渡，中原士民流入，松陵人口激增，贸易日盛。垂虹桥两岸商业繁荣，酒楼茶肆比肩而立，热闹非凡。明清时期，松陵商贾集聚，货物腾涌，形成了盛家库、北门外和小仓桥头三处商业区。松陵镇传统手工业发达，有多家铁、木、竹作坊及裁缝铺、铜匠铺。著名商铺有张万茂、吴祥兴、宣家鱼行等。

松陵历史悠久，文化积淀深厚，区域内有丰富的人文古迹，主要有：

垂虹断桥，全国重点文物保护单位，位于镇东门外吴淞江上，素以"江南第一桥"而闻名。始建于宋庆历八年（1048年），初名利往桥，俗称长桥，为石墩木桥结构，全长200丈。因水患、战乱，长桥屡遭毁坏，多次重建维修，桥孔也时有增减。元泰定二年（1325年），吴江州判官张显祖以石易木，将其改建为连拱石桥。因桥"三起三伏，环如半月，长若垂虹"而得名垂虹桥。每当皓月当空，碧水东流，此地别有一番意境，构成了松陵八景之一的"垂虹夜月"。因年久失修，垂虹桥于1967年塌废，现已建成遗址公园。

古纤道，位于吴江南郊大运河西岸，全长约1 800米，是历史上重要的水陆两用交通要道。唐宋时期，苏州刺史王仲舒和通判李禹卿在太湖东沿修筑了一条南北贯通、水陆俱利的湖堤，史称"吴江岸"。宋庆历八年（1048年）因土堤易圮，购置巨石修治塘岸。元至正六年至七年（1346年至1347年），复以巨石重筑，石塘落成，规模宏大，总长4.5千米。明、清两代历经数次修整。1984年以旧大青石局部修复，共两段，均南北走向。2014年中国大运河申遗成功，作为运河上唯一留存至今的古堤岸工程，古纤道被公布为世界文化遗产——中国大运河遗产点。

六、平望

平望镇地处苏州吴江中部，东临黎里，西靠震泽。地理坐标：北纬30°58′~30°59′，东经120°34′~120°38′。全镇总面积约133.5平方千米，常住人口约15万人，其中户籍人口8.1万人（2019年）。

平望镇发源于五千年前龙南、唐家湖原始村落。据陈克礼《莺湖八景志》记载，隋唐时期，此地尚且"淼然一波，居民鲜少……止有塘路鼎分于葭苇之间。天光水色，一望皆平"，平望因此得名。从三国至唐代，平望属会稽郡嘉兴县。北宋年间，平望已形成镇的雏形。吴元年（1367年）常遇春毁平望土城，设立平望镇，自此正式建镇。因元代以后在此置巡司，逐渐民商汇聚，遂成一方名镇。

平望属太湖流域杭嘉湖平原区，水网发达。农田灌溉、舟楫往来、人民生息都依靠水。境内主要河道36条，总长度95.89千米，包括大运河、太浦河、頔塘、烂溪、市河等。其中大运河平望段全长约15.2千米，河底宽约30米，有吐纳江湖、调节水量的功能。湖泊有莺脰湖、大龙荡、北麻漾、雪落漾等60余个。

平望是典型的鱼米之乡，土壤肥沃，气候温和，为植物生长、动物繁殖提供了优越的环境。当地农业以水稻、三麦、油菜、蚕豆为主，果业以橘树为主，水产养殖发达，畜禽饲养普遍。

平望地理位置优越，历来商业繁荣。据《平望志》载，宋代平望是大商巨贾贩运货物的路经之地。明代，随着江南商品经济的发展，平望镇居民达数千家，成为当地货物流通和商品交易中心，被称为"吴江巨镇"。进入清代，平望"物产毕陈，商贾辐凑……地虽一隅，可与通邑大都等量齐观也"。米业是平望的支柱产业，镇上的米行多分布于后溪两岸，后溪因此被称作"米市河"。平望米市在清道光年间（1821年至1850年）达到顶峰，与枫桥米市和长安米市并称为"江南三大米市"。镇上著名商铺有达顺酱园、平安茶馆、萃丰盛南货店、平望毛锱昌布店等。传统手工业有铁、木、竹业及染坊、糖坊等。

平望历史文化积淀深厚，众多文物胜迹展示着其经久不衰的魅力，主要有：

安民桥，苏州市文物保护单位，位于平望镇北前街，横跨大运河，俗称北渡桥、北大桥。为东西向单孔石拱桥，全长36.7米，宽4.6米，矢高8米，跨径9米。安民桥是江南水乡罕见的陡拱桥，有利于往来船只通行。始建于明嘉靖三十四年（1555年），崇祯二年（1629年）重建。清顺治初年，桥上建关帝阁，后坍塌。

安德桥，苏州市文物保护单位，位于镇区东南，跨古运河与荻塘河交汇处，亦名平望桥。为南北走向的花岗石单孔拱桥，桥面宽约4.5米，全桥长54米，矢高9.3米，跨径11.5米。初建于唐大历年间

（766年至779年），后几经坍塌重建。现存安德桥为清同治十一年（1872年）江苏省水利工程总局重建。安德桥形制壮观，气势雄伟，据清道光《平望志》记载，"一境之内，桥之高峻，无逾此者"。诗人颜真卿、杨万里都曾在此登桥远眺，留下佳作。

小九华寺，位于莺脰湖畔，安德桥南堍，寺内地藏泉井为苏州市文物保护单位。初建于明万历四十四年（1616年），祀东岳泰山之神，原名东岳庙。清康熙二十四年（1685年），里人吴国忠偕僧通运募建后殿，奉祀幽冥教主，将其改名为小九华寺。全盛时期，小九华寺占地百亩，香火旺盛，为江浙一带重要的佛教道场。太平天国期间，小九华寺被毁。后经重建，抗战时期寺庙再度毁于战火，僧众星散。1997年，吴江市人民政府批准恢复重建小九华寺。

七、震泽

震泽镇位于吴江西南部，江浙交界处，北濒太湖，东临麻漾，南靠铜罗，西接南浔。镇中心地理坐标：北纬30°54′，东经120°29′。2017年，全镇常住人口总数为89 952人，行政区总面积95.6平方千米，其中市镇面积5.3平方千米。

震泽因地濒太湖，遂以太湖古称"震泽"命名。早在五六千年前，就有先民在这片土地上繁衍生息。唐开元二十九年（741年），湖州刺史张景遵在此地设震泽馆。南宋绍兴年间（1131年至1162年），朝廷设震泽巡检司，自此正式设镇。元代，因屡经战火，震泽居民仅余数十家，村市萧条。明代，震泽居民逐渐增加至三四百家，成为中型市镇。清乾隆年间，居民已达二三千家。

震泽属太湖南境，素有"水乡泽国"之称。境内河港纵横，漾荡密布，水面积约占全境总面积的23.5%。流经镇内的主要河道有頔塘河、新开河、西塘港等；主要湖荡有北麻漾、周生荡、长漾等。

震泽临近太湖，受惠良多，土地肥沃，水源丰富。农业发达，以种植水稻、小麦和油菜为主，间植花草和瓜类。副业包括栽桑养蚕、畜禽饲养和水产养殖。土特产有黑豆腐干、熏青豆和香大头菜等。

震泽地理位置优越，自宋至明已成集市。明代朝廷屡次下诏鼓励农桑，震泽地区适宜蚕桑，当地农民把栽桑育蚕作为主要副业。清初，震泽镇商业已经初具规模。清中叶，蚕丝业发展迅猛，震泽成为我国著名丝市。蚕丝业的兴盛也带动了全镇的商业发展，商业辐射江浙邻近地区。镇上商店鳞次栉比，百货聚集，高峰期多达600余家，形成了一批百年老店和名牌商号，包括徐世兴洋经行、隆昌震丝经行、聚顺豆腐干作、恒丰酱园等。

震泽以江南名镇著称，文物古迹众多，有代表性的是：

慈云寺塔，全国重点文物保护单位，位于镇内宝塔街东首，是吴江境内唯一一座古塔，也是古镇标志性建筑。寺高38.44米，建筑面积584平方米。始建年代无考，明万历五年（1577年）、清代和民国数次重修。慈云寺塔坐北朝南，是一座砖身木檐楼阁式塔，六面五级，由塔壁、回廊和塔室组成。"慈云夕照"为震泽八景之一。

师俭堂，全国重点文物保护单位，位于宝塔街12号。始建于清嘉庆六年（1801年），同治三年（1864年）经震泽儒商徐汝福重修竣工，后又有修葺扩建。师俭堂兼具苏派造园艺术和徽派建筑风格，坐北朝南，面阔五间，六进高墙。建筑面积为3 534平方米，大小房屋150余间，宜居宜商，功能齐全。历史上师俭堂曾三面环水，前门上轿，后门下船，水陆皆便，为典型的江南水乡大宅门。

八、盛泽

盛泽镇又称盛湖，地处吴江东南部，以丝绸业著称。地理坐标：东经120°40′，北纬30°54′。大运河流经盛泽镇东部，离镇仅3千米，镇东、西白漾均有河道通向运河。2020年统计数据显示，盛泽行政区总面积约150平方千米，常住人口约50万人，其中户籍人口13.7万人，外来人口超35万人。

春秋时期，盛泽一带为吴越两国边界，时为吴地，时为越境，故古名"合路"。此后归属屡有变更，唐中期后盛泽属嘉兴。后梁开平三年（909年），吴越王钱镠割地置吴江县，盛泽始属吴江。明初，盛泽尚为乡村,居民仅五六十家。嘉靖年间,盛泽绸绫业得到发展,开始被称为市。清顺治四年(1647年)正式建镇,迄今已有370余年。

震泽地势低平,河港交叉,水道如织,石桥纵横,是典型的江南水乡。全镇原有河流9条,20世纪50年代后填平了市河、小庙港等河浜。现镇区内有2块较大水面和7条河流,主要河流有西白漾(原名盛泽荡)、东白漾、新桥河、斜桥河、东港等。

盛泽气候温和,沃野平展,土地膏腴,农业、渔业和畜牧业发达。产品种类繁多,其中稻麦和蚕桑最具代表性。

丝绸业向来是盛泽的支柱产业,有突出地位和深远影响。早在宋代,盛泽就出现了定期的集市贸易"寅亥市"。明中期,震泽民间手工织造业逐渐形成,居民尽逐绫绸之利,当地来往客商增多,商品经济活跃。清代,盛泽丝绸业更为兴旺,有"日出万绸,衣被天下"之称。其时,南北商贾汇集于此,商店鳞次栉比,各业俱兴,入市交易,日逾万金。著名商户有汪永亨绸行、王升和丝行、信记手帕庄等。

盛泽文化底蕴深厚,旧有"盛湖八景",与丝绸相关的历史遗存丰富,主要古迹有:

先蚕祠,全国重点文物保护单位,位于五龙路口,别名蚕皇殿、蚕花殿。始建于清道光年间,为盛泽丝业商人捐资兴建,用于祭祀黄帝神农氏及嫘祖。先蚕祠为庙堂式建筑,占地面积3 784平方米。祠内原有园亭、小桥、围廊、书舍等,如今仅存单檐歇山顶的门楼、正殿、偏殿。正殿匾额上书"先蚕遗泽"和"衣被苍生",反映了当年盛泽丝绸业的兴盛发达。

白龙桥,苏州市文物保护单位,位于坛丘龙桥村,紧依蚬子兜和小牛荡,跨南心、北心两圩。始建于清乾隆九年(1744年),光绪二年(1876年)重建。现存白龙桥为宣统元年(1909年)里人王紫封、李璞山等人重修。白龙桥为南北走向的三孔石拱桥,长约40米,宽约4米。白龙桥是盛泽丝绸生产、贸易的历史见证,过去商贾交易绸缎,来往运输必经于此。桥上共镌有四副对联,其中东向的"风送万机声,莫道众擎犹易举;晴翻千尺浪,好从饮水更思源"生动描绘了盛泽丝绸业的繁华图景。

第四节　运河关联的非物质文化遗产

至 2022 年年底，苏州已有 7 个项目被列入《人类非物质文化遗产代表作名录》，33 个项目被列入《国家级非遗代表作名录》，131 个项目被列入省级非遗代表作名录，共公布 7 批 243 个市级非遗项目。课题组根据功能、属性、类型、与大运河的关联度，以及应用价值，对现有非遗项目进行遴选研判，确定 22 个项目为苏州大运河非物质文化遗产核心项目，其余为拓展项目。

一、传统戏剧

1. 昆曲

昆曲是最早被联合国教科文组织列入"人类口述及非物质文化遗产代表作"名单的中国戏曲剧种，也是第一批国家级非物质文化遗产代表性项目。

昆曲又称"昆剧"，起源于运河之畔的昆山。元末明初，南戏与昆山当地的音乐、歌舞、语言结合，形成"昆山腔"。明嘉靖年间，魏良辅等人对昆山腔进行改良，吸收北曲和传统声韵的长处，形成婉转细腻的"水磨腔"，至此昆曲基本成型。明嘉靖末年至隆庆初，昆山剧作家梁辰鱼将传奇《浣纱记》以昆曲的形式搬上舞台，标志着昆曲的诞生。

京杭大运河是昆曲传播的重要通道。明万历年间，运河沿岸的江浙市镇商业繁荣，文人雅士汇聚，艺术氛围浓厚，戏剧活动也因此繁盛起来。当时江浙官员前往异地做官，大多会带上自己的世族家班沿大运河往来。同一时期，民间也出现了大量职业戏班，利用水路北上南下。昆曲逐渐从苏州一带流传到全国各地,成为明清时期中国影响力最大的声腔剧种。

昆曲被称为"百戏之祖",很多剧种都是在昆剧的滋养下形成发展起来的。乾隆南巡时期,昆剧徽班沿运河北上,各个戏班相互交流,为京剧的形成奠定了基础。昆曲对京剧的表演形式、声韵格律、剧本创作、场面布置等方面都有重要影响。

昆曲行腔优美、剧本考究,魅力经久不衰,主要经典剧目有《牡丹亭》《长生殿》《桃花扇》等。

2. 苏剧

苏剧是第一批国家级非物质文化遗产代表性项目。

大运河的流淌与滋润,孕育了多种融合当地文化特色的城市戏剧。运河沿岸的苏州是戏曲繁荣的区域,苏剧是其中杰出代表。苏剧由对白南词、花鼓滩簧与昆曲艺术三者融合衍变而成,主要在苏南、浙北一带传唱。其前身为苏州滩簧,距今已有三百余年历史,分为"前滩"和"后滩"两类不同的艺术形式。前滩又书"钱摊",以折子戏为主,大部分剧目都来源于昆曲传奇,唱词多为整齐通俗的七字句。后滩多是传统小品、小戏,内容幽默诙谐,故又称"油摊"。

苏剧深受昆曲影响,在音乐演奏、脚色行当、舞台表演等方面都借鉴了昆曲,并逐渐形成自身成熟的表演风格和艺术形式。1941年,朱国梁、华和笙在上海创建了第一个苏剧团——国风苏剧团,标志着新兴剧种苏剧的正式诞生。中华人民共和国成立后,苏剧进一步发展壮大,陆续在南京、上海、杭州等地成立了苏剧团。

苏剧的音乐唱腔主要有三个来源:昆曲曲牌、南词和滩簧曲调。苏剧的音乐风格婉转清丽,细腻动人,同时保留了苏滩通俗流畅的风韵。其伴奏以二胡为主,兼用江南丝竹。苏剧具有浓郁的苏州地方特色韵味,是吴地戏曲文化的珍宝。

二、曲艺

1. 苏州评弹

苏州评弹是第一批国家级非物质文化遗产代表性项目。

苏州评弹为苏州评话和苏州弹词两个曲种的总称，是采用吴语方言进行说唱的地方曲艺。苏州评话又称作"大书"，苏州弹词又称作"小书"，统称"说书"。

苏州评弹发源于明末清初的苏州地区，主要流行于江浙沪一带。自大运河开挖以来，苏州占据水路要津，乡镇商贸繁华、文化昌盛，社会风气开放，为苏州评弹的诞生和发展提供了沃壤。至清初，苏州评弹已趋于成熟，演艺群体日渐壮大。乾隆时期，著名评弹艺人王周士创建了光裕公所（后更名为光裕社），培养了一大批名家响档。此后，光裕社又逐渐分化出润余社和普余社。民国时期，苏州评弹的从艺人员剧增，民国十六年（1927年），仅光裕社就拥有200余名社员，艺术竞争十分激烈。

苏州评弹音乐优美，曲调丰富，风格独特，有很高的艺术价值。名家众多，流派纷呈，在晚清时期形成了经典的三大体系：陈调、马调和俞调。在一百多年的发展历程中，苏州评弹继承吸收了三位名家精华，并在此基础上创新发展，衍生出许多新流派，形成流派唱腔千姿百态的繁盛景象。

评弹艺人拥有专门的演出场地，即书场。苏州评弹最兴盛时期，江浙沪地区共有上千家书场。乡镇书场种类繁多，根据不同的经营和承演性质，可以分为专营书场、兼营书场、混场子和临时书场等。

苏州评弹保留了原汁原味的苏州方言，是吴文化的重要载体。它根植于江南的温土软水，融入了苏州人的生活方式中，一直是吴地百姓精神文化生活的普遍选项。

三、民间文学

吴歌是第一批国家级非物质文化遗产代表性项目。

吴歌发源于江苏省东南部,是流传于吴语方言地区的口头文学创作,苏州是其形成、发展的中心地区。吴歌起源于劳作生活,与江南水乡稻作文化和舟楫文化息息相关。古代先民在劳动时喜欢唱歌,吴歌依靠民间口头相传,世代相袭,成为吴语地区的特有习俗。

早在战国时期屈原所著的《楚辞·招魂》中就有"吴歈蔡讴,奏大吕些"的记载。汉代吴歌盛行,朝廷建有乐府,所收集的民间歌谣中就有吴歌。宋代,郭茂倩编写《乐府诗集》时,专门收录三百余首"吴声歌曲"作为南朝乐府的重要组成部分。至明代,冯梦龙深入民间,采录大量吴歌,辑成《山歌》《挂枝儿》两部书,影响深远。清代是长篇叙事吴歌的成熟繁荣时期,经书商刊刻、文人传抄和艺人口传,大量长篇叙事吴歌得以保存。

吴歌以民间口头演唱方式表演,口语化演唱是其艺术表现的基本特点。吴歌是徒歌,即在没有任何乐器伴奏的情况下吟唱。演唱方式主要有个人清唱、两人对唱和多人合唱,在常熟白茆、太仓双凤等地还盛行对歌赛歌。

吴歌体裁样式丰富,既有长体式,又有短体式;既有五言七言式,又有四言六言式。吴地百姓习惯将吴歌分为两大类:小山歌与大山歌。其中小山歌是苏州民间歌谣中最为普遍的一种体裁,结构简单,体制短小,好记易学。大山歌形式较为复杂,由集体组合轮唱,多用于集体劳作、造房上梁等仪式。

吴歌题材广泛,内容包罗万象,可分为以下几类:引歌、盘歌、劳动歌、情歌、生活歌、历史传说歌、儿歌和长篇叙事吴歌等。其歌曲内容与当时的社会经济、地理环境、风俗习惯及其他文学艺术的影响都有着密切关系。在吴歌中经常可见与水乡风物相关的意象,如船、鱼、荷花、菱角等。吴歌是研究吴地方言的珍贵资料,对于研究当地民众的社会生活、民俗风情、生产劳动、艺术审美等都有较高的价值。

四、传统音乐

1. 古琴艺术（虞山琴派）

古琴艺术（虞山琴派）是第二批国家级非物质文化遗产代表性项目，并作为古琴艺术的重要组成部分被联合国教科文组织列入《人类非物质文化遗产代表作名录》。

古琴又称"琴""七弦琴"等，是一种平置弹弦乐器。古琴艺术距今已有两千多年历史，是我国最古老且最具民族精神的器乐演奏形式。至迟到汉代，古琴形制已经完备。此后，古琴艺术不断趋于成熟和完善，明代为古琴艺术繁盛时期，南方地区涌现出众多古琴流派。

虞山琴派是中国古琴流派之一，发源于江苏常熟，影响遍及全国各地。先秦时期，孔子的著名弟子言偃在常熟"道启东南，弦歌化俗"，以礼乐教化民众。唐宋以来常熟琴家众多，逐渐成为古琴之乡。因贯通常熟古城区的古运河有七条支流，形似古琴七弦，故常熟又名"琴川"。明末清初，严天池创立"虞山琴派"，将虞山琴学推向高峰，成为明清之际最为重要的古琴流派。后徐青山、吴景略等人皆为古琴艺术发展做出重要贡献。400年来虞山琴派盛传不衰，催生了广陵琴派，也深深影响了岭南派、闽派等琴派艺术。

虞山琴派被誉为"古音正宗"，融合了儒家和道家音乐观，琴风博大和平、清微淡远。其形成与吴地山水秀润的地缘风貌和江南社会环境息息相关。在长期的发展中，虞山琴派以自身艺术实践自然融入吴地人文环境，植根在人民文化生活之中，在国内琴界占据重要地位。其代表性曲目有《普庵咒》《梧叶舞秋风》等。

2. 江南丝竹

江南丝竹是第一批国家级非物质文化遗产代表性项目。

江南丝竹俗称"八大派""清音"，是流行于苏南、上海、浙北地区传统丝竹音乐的统称。因乐队主要使用二胡、扬琴、琵琶、三弦、秦琴、笛、箫等丝弦乐器和竹管乐器，故名江南丝竹。

作为中国丝竹合奏类型的一个地域性分支，江南丝竹的诞生距今已有六百多年历史。明嘉靖年间，在以魏良辅为首的戏曲音乐家创制昆曲水磨腔的同时，以张野塘为中坚人物组建了规模完整的丝竹乐队，用于昆曲伴奏，后逐渐形成丝竹演奏的专职班社。明万历末，在吴中形成了新的乐种"弦索"，是江南丝竹的前身。它与民俗活动密切结合，拥有广泛群众基础，后正式定名为江南丝竹。运河的贯通带来了商业的繁荣与人口的聚集，江南丝竹经过不断修润与创新，以运河为纽带在沿岸广泛传播，盛行于清末民初。

江南丝竹乐器组合全面而协调，调式丰富，讲求"你繁我简、你高我低、加花变奏、嵌挡让路、即兴发挥"，形成了"小、细、轻、雅"的风格特色。这种技法和风格包含了人与人之间相互谦让、协调创新等深刻的社会文化内涵。曲目丰富，传统乐曲有《中花六板》《三六》《行街》《云庆》等。

江南丝竹诞生于昆曲革新中，绵延在民俗活动中，与当地民众的生活情趣及民风民情融合在一起，有重要的民俗文化价值。江南丝竹是江南水乡文化的杰出代表之一，对戏曲音乐、民俗文化、群众生活都有重要的影响。

3. 浏河渔民号子

浏河渔民号子是第四批苏州市非物质文化遗产代表性项目。

号子是指在劳动中为统一步调、协同使劲、减轻疲劳所唱的歌。大运河的开凿贯通促进了商业往来，滋养了运河沿岸人民以渔业为生的劳作生活。在繁重的渔业生产实践中，逐渐形成具有地方民俗特色的渔民号子。

太仓刘家港（今浏河镇）濒江临海，以渔市、盐埠闻名，有众多以海上捕捞为生的渔民。长年单调的水上作业与生活促进了渔民号子的发展，其中浏河幸福渔业社所创的号子历史最为悠久，以苏北盐城口音打起，极富韵味。

渔民号子简单易唱，朗朗上口，富有地域特色。根据渔民的操作顺序排列，可依次分为"吊舢板号子""推关号子""扯篷号子""打水号子""吊油篓号子""拉网（或吊袋筒）号子"等。渔民号子多为齐唱，或有领唱、合唱的集体喊唱，除领唱者或有具体歌词外，其余多为"哎嗨""吭呦"等呼应之声，号子长短根据操作时间而定。

浏河渔民号子是运河文化和太仓文化的标志性符号，也是历史留给运河两岸人民宝贵的精神财富。渔民号子具有一定的历史、艺术和文化价值，根据音乐唱词可以考察历史上渔业劳动的状态，让后人了解渔民的劳动生活，同时为研究艺术与劳动相互关系提供了重要资料。它寄托了劳动人民对美好生活的期盼，为枯燥渔民生活增添了娱乐色彩，具有凝聚民心、维系团结的作用。

五、传统舞蹈、游艺

1. 摇大橹

摇大橹是第四批苏州市非物质文化遗产代表性项目。

摇大橹是一种江南水乡传统民间舞蹈，主要流传于太仓浏河、浮桥、璜泾和茜泾等地。20世纪30年代初期，太仓刘家港的民间艺人在运输途中学习了江浙交界处杨港泾庙会上表演的"陆地行舟"节目，结合苏州本地船民摇橹的动作，形成了"摇大橹"，并将舞蹈传授给浏河一带的渔民和船民。

摇大橹一般由2至6人在庙会中行进表演，以摇船动作为主，表现男女之间的逗趣情景。主要道具为破蒲扇和大橹，曲调采用山歌旋律，节奏明快有力，由笛、箫、二胡、木鱼等丝竹乐队伴奏。太仓的摇大橹由6人表演，包括把橹船女（"荡湖阿姐"）、扯绷者（"三先生"）各1名，以及小丑（"跳鳖虫"）、"吊绷人"各2名。队伍在行进中逢店必唱，唱词因行业特点而异，以问答方式随编随唱。一般由"荡湖阿姐"发问，众人应答，"跳鳖虫"做相应动作，店主放鞭炮以示欢迎。

摇大橹具有鲜明的水乡特色，是当地船民和渔民在生产生活实践中形成的民间艺术，与吴地的水文化、渔文化和船文化密切相关。摇大橹载歌载舞，舞姿独特，活泼风趣，反映出水乡民众的生活情趣和诙谐幽默。曲调旋律活泼轻松，体现了当地百姓开朗乐观的性格；唱词生动形象，再现了太湖地区的市井面貌，具有较高的历史文化、艺术审美和社会价值。

2. 摇快船

摇快船是第三批苏州市非物质文化遗产代表性项目。

苏州水路便利，运河四通八达，各类船上活动繁多。摇快船是一种古老的民间体育竞技活动，流行于吴江芦墟及上海青浦、浙江嘉善等农村地区。据沈昌眉《长公吟草》和叶楚伧《古戍寒笳记》记载，明代芦墟一带就有此项活动，清末为其鼎盛时期。

芦墟摇快船与当地"猛将会"等民间信仰有着密切关系。据说，芦墟草里村刘王庙每年农历正月初四至初六都要举行"猛将会"，摇快船是其中别具水乡特色的一项重要活动。一般参加者为本地船只，亦有来自浙江、上海等地的善男信女。每年农历七月初举办"三庙"庙会时，也有摇快船竞技表演。此外，如遇良辰佳节、喜庆丰收、婚嫁迎亲等场合也可进行表演。

摇快船主要用的是花快船，长约8.5米，宽约2.2米。船头为甲板，至船尾先后为"头棚""舱棚""梢棚""后桥"，均有彩色绸缎披挂装饰。摇船求快，赛手跟着号子和着节奏奋力摇橹，以抢到"头船"为荣。除花快船外，还有踏白船、夷婆船和彩灯船等。这些船只在形式、规模及表演内容等方面各具特色。

摇快船作为一项与民间信仰紧密结合的杂技竞技活动，颇具民俗特色，在表演活动中突显出吴地农民的组织能力、智慧技巧和团队精神。摇快船集锣鼓音乐、杂技表演、着装扮相、小戏表演等文艺元素于一体，具有一定的艺术价值。

六、传统美术

1. 桃花坞木刻年画

桃花坞木刻年画是第一批国家级非物质文化遗产代表性项目。

中国木版年画兴盛于北宋年间，随着国家经济中心南移，年画以运河商路为载体，逐渐传播至江南地区，明代发展形成苏州桃花坞木刻年画。苏州年画作坊主要分布在山塘街和阊门内桃花坞一带，因此以桃花坞命名。

得益于明、清两代江南繁荣的书画艺术，桃花坞木刻年画盛于清代雍正、乾隆年间，当时年画作坊多达五十余家，著名画铺包括张星聚、魏鸿泰、吴太元、鸿云阁等。桃花坞木刻年画清雅细秀、构图复杂，代表作品有《姑苏阊门图》《三百六十行》《一团和气》等。年产量高达百万张，远销全国各地，并流传到海外。

桃花坞木刻年画制作主要有三道工序：画稿、刻版和套印。其中刻版工序包括上样、刻版、敲底和修改四部分，主要工具为拳刀，配以弯凿、扁凿、韭菜边、水钵、铁尺等工具。套色印刷亦有一套程序，包括看版、冲色配胶、选纸上料（夹纸）、摸版、扦纸、印刷、夹水等步骤。

桃花坞木刻年画继承了宋代的雕版印刷工艺，兼用人工着色和彩色套版，以门画、中堂、条屏为主要形式。年画受众主要为平民百姓，多用于美化生活环境，增添节日气氛。题材十分广泛，包括神像、故事戏文、农事、节令风俗、风景名胜、花卉装饰、飞禽走兽、时事新闻等。

明清时期的苏州是中国南方海外贸易的重要城市，桃花坞木刻年画跟随商船流传至日本，对民间画派"浮士绘"产生重大影响。在英国、法国、德国等地亦有桃花坞木刻年画作品收藏。

2. 苏绣

苏绣是第一批国家级非物质文化遗产代表性项目。

苏绣为苏州刺绣的简称。据刘向《说苑》记载，西汉吴地"有绣衣而豹裘者，有锦衣而狐裘者"，可以推断苏绣已有数千年悠久历史。隋唐时期，苏绣工艺得到了快速发展。宋代，工艺日渐成熟，朝廷在苏州设立"绣局"，城内形成集中生产刺绣的"绣线坊""绣花弄"等街坊。明代，仰赖大运河发达的水网交通，苏州成为全国的商业经济中心之一，苏绣在这一时期取得长足发展。其时开始出现绣品绣庄，刺绣生产已有相当的规模。至清代，苏绣进一步发展。朝廷在苏州设立织造局，为皇室采办丝绸绣品。苏州被誉为"绣市"，有绣庄150余家，绣工超过10万人，可谓是"家家有绣棚，户户在刺绣"。清末民初，苏绣名家沈寿创"仿真绣"，将苏绣艺术推向新高度。

在吴文化的长期浸润之下，经过一代代兰心蕙性的苏绣艺人不断探索，苏绣最终形成了"平、齐、细、密、匀、光、和、顺"的技艺特点和"精、细、雅、洁"的艺术风格。苏绣随着大运河传播至全国各地，与湖南湘绣、广东粤绣、四川蜀绣并称四大名绣。作为苏州地区最具代表性的工艺美术，它对工艺美术史、民俗学和女性学等学科研究具有重要价值。

3. 苏州玉雕

苏州玉雕是第二批国家级非物质文化遗产代表性项目。

考古资料表明，六七千年前苏州一带已有玉石雕刻品出现。北宋时期，苏州制玉十分发达，为当时玉器生产的重要地区。宋徽宗在苏州设立造作局，命玉匠专为朝廷制作玉器，供皇室贵族享用。明清时期是吴地琢玉的鼎盛时期，苏州成为中国玉器的制作中心之一。自明代以来，吴地琢玉艺工数量众多，高手名家辈出。其中陆子冈有"吴中绝技"之称，被奉为鼻祖，影响了全国玉雕界。宋应星《天工开物》有"良玉虽集京师，工巧则推苏郡"之说。清代，苏州玉雕技艺更盛，制作以精巧见长。清雍正元年（1723年），宫廷设琢玉坊，多次召集吴地匠人赴京，"苏帮"玉器制作技艺由此开始在京城传播。清代苏州城内外玉器作坊多达八百余家，形成以阊门外吊桥一带为中心的玉器交易市场，吊桥别称"玉器桥"。

苏州玉雕多为中小件，主要作品有炉瓶类、人物类、鸟兽陈设类和挂饰件类等，不同类别的玉雕运用不同的雕刻技法。一般采用白玉、翡翠等名贵材料，工艺精巧，造型隽秀，题材内容丰富。玉雕制作一般要经过七道工序，即选料、开料、设计、雕刻、抛光、上蜡和装潢。

苏州玉雕包括浮雕、圆雕、镂雕和阴阳细刻等技法，技艺特点可用"空、飘、细、巧"来概括。苏州玉雕讲究因料制宜，因材施艺。匠人在制作过程中根据玉料的天然皮色和自然形状，经过精心设计，结合传统文化元素，将玉石雕制成精美绝伦的工艺品。苏州玉雕是中国传统工艺的行业标杆，具备高超的工艺水准和深厚的文化内涵。

七、传统技艺

1. 宋锦织造技艺

宋锦织造技艺是第一批国家级非物质文化遗产代表性项目，并作为中国蚕桑丝织技艺的重要组成部分被联合国教科文组织列入《人类非物质文化遗产代表作名录》。

宋锦和四川蜀锦、南京云锦并称为中国三大名锦。宋锦源于春秋，形成发展于宋代，主要产地在苏州。自古以来苏州就是著名的锦绣之乡，北宋时期，苏州织锦技艺得到了全面发展。南宋时期，苏州成立作院，生产的织锦工艺精巧、图案典雅。此时，出现一种质地极薄的装潢锦，技艺独特，精美绝伦，被称作"苏州宋锦"。宋锦逐渐取代秦汉时期的经锦和隋唐时期的纬锦。除用于服饰、铺垫之外，宋锦还大量用于书画、卷轴类工艺品的装裱，花色品种达四十多种。至明代中期，苏州为全国丝织业的三大产区之一，素有"东北半城，万户机声"之称。清代，宋锦蓬勃发展，织物使用范围扩大，康熙、乾隆年间为其鼎盛时期。

传统宋锦的生产制作，工序繁多，从缫丝染色到织成产品需要经过二十多道工序。根据组织结构、工艺精细程度、用料差异、织物厚薄以及用途等方面，宋锦可大致分为四类：重锦、细锦、匣锦和小锦。重锦是最为贵重的品种，又名大锦，主要用于名贵书画和礼品盒的装裱。细锦是其中最常见且最具代表性的一种，多用于服饰、书画和锦匣等装饰装帧。宋锦的传世精品有明代的《盘丝花卉纹锦》《龙纹球路锦》以及清代的《红地牡丹纹天华锦》《极乐世界织成锦图轴》等。

宋锦是苏州丝绸文化的重要组成部分，也是中国丝绸传统技艺杰出代表，具有重要的历史文化价值。宋锦在继承秦汉经锦技艺以及唐代纬锦风格的基础上，在织造结构、工艺技术和艺术风格等方面改革创新，具有突出的科学与艺术价值。

2. 苏州缂丝织造技艺

苏州缂丝织造技艺是第一批国家级非物质文化遗产代表性项目，并作为中国蚕桑丝织技艺的重要组成部分被联合国教科文组织列入《人类非物质文化遗产代表作名录》。

缂丝又称"刻丝",是一项古老的丝织技艺,主要流传于苏州市区及其周边蠡口、陆慕、黄桥等地。缂丝的具体起源待考,古籍中最早关于缂丝的记载出自宋代洪皓的《松漠纪闻》和庄绰的《鸡肋编》。因其织物色泽优雅、图案形象生动,缂丝在宋代广受追捧。随着政治中心的南移,能工巧匠在苏州、松江一带聚集,江南缂丝业迅速发展。南宋时期,苏州缂丝已有辉煌成就,有朱克柔、吴煦等缂丝名匠。自元代起,缂丝大量用于寺庙用品和官员服饰,并开始采用金彩。至明代,苏州缂丝织造技艺更为精湛,形成了独特的艺术风格,以御用龙袍及开相织品著称。清代,朝廷在苏州设江南织造局,当地民间缂丝作坊相当发达,苏州成为全国的缂丝中心。其时新创了"缂绣混色法",即将缂丝、刺绣和彩绘三者结合,以加强织物的装饰效果,典型珍品有《九阳消寒图轴》等。

缂丝被誉为"织中之圣",是最早用于艺术欣赏的丝织物,以其制作精良、古朴典雅、艳中带秀的艺术特点而著称。它的织造技艺独特,主要工具为一台木机、一把竹制拨子及若干小梭子。经过"通经断纬",将五彩的蚕丝线织造成一幅色彩丰富、色阶齐备的织物。缂丝技法众多,其中结、掼、勾、戗为其基本技法。

苏州悠久的丝绸织造历史为缂丝形成创造了良好的技术基础,深厚的书画底蕴为其发展提供了源源不断的素材。大运河贯通后,大量外地商贾将待加工的坯布运送至苏州进行加工,并经由运河将精美的缂丝织物运往全国各地乃至海外。

缂丝作品具有极高的观赏价值,体现了鲜明的民族风格,被公认为中国最有代表性的特种传统工艺品。缂丝凝结了诸多艺术元素,与苏绣、宋锦互为滋养,展示了内蕴深厚的吴地文化,是苏州人文精神的重要载体,具有重要的文化、艺术与科学价值。

3. 香山帮传统建筑营造技艺

香山帮传统建筑营造技艺是第一批国家级非物质文化遗产代表性项目,并作为中国传统木构建筑营造技艺的重要组成部分被联合国教科文组织列入《人类非物质文化遗产代表作名录》。

香山帮是以苏州吴中胥口镇为地理中心，由木匠领衔，集泥水匠、石匠、漆匠、堆灰匠、雕塑匠、叠山匠、彩绘匠等古典建筑工种于一体的工匠群体。

春秋战国时期，吴国立城郭、建离宫、筑台榭、兴水利，大量营建活动推动了吴地工匠队伍的形成。至汉代，香山帮所建建筑种类日益丰富，从城墙、阁楼、宫馆、台榭到城市民居，装饰技艺愈加精湛。魏晋至元代，城市不断繁荣，香山帮技艺持续发展，南朝四百八十寺、北宋艮岳、江南园林等都凝聚了香山帮的营造智慧。

明清时期，香山帮的发展达到鼎盛阶段。苏州经济繁荣，各地竞修园林楼台，文人直接参与构画设计，与香山帮匠人密切合作，进一步提高了香山帮的品位。皇室宫殿的营造，使香山帮名声大振。明永乐年间，以蒯祥为代表的香山帮匠人赴京，参与营造明皇宫三大殿和王府六部衙署等。蒯祥技艺精湛，善于创新，发明创造了"金刚腿"，被宪宗皇帝誉为"蒯鲁班"。建筑大师姚承祖为清末民初时香山帮的杰出代表，传世之作有怡园藕香榭、灵岩山寺大雄宝殿、香雪海梅花亭等。他所撰写的《营造法原》记述了香山帮传统技法，被誉为中国苏派建筑的宝典。

香山帮是一个传承千年的建筑流派，其作品色调和谐、结构紧凑、制造精细、布局机变，涵盖了宫殿、寺庙、园林、民居等多种建筑类型。它根植于吴文化土壤，形成鲜明的"苏派"建筑特色，在中国建筑史上留下光辉篇章。香山帮所造建筑是实用与审美相结合的艺术典范，体现了苏南建筑的最高成就，具有重要的科学、艺术价值。

4. 苏州御窑金砖制作技艺

苏州御窑金砖制作技艺是第一批国家级非物质文化遗产代表性项目。

金砖是大型细料方砖的雅称，据《金砖墁地》记载，金砖"颗粒细腻，质地密实，敲之作金石之声"。因金砖制成后要运至北京仓库，故又有"京砖"之称。

金砖御窑位于苏州陆慕御窑村，当地村民专以烧窑为业。御窑村最早制砖的确切时间有待考证。明永乐年间，朱棣迁都北京，大兴土木。经香山帮工匠推荐，派官员至陆慕监制金砖。因"御窑村土质优良，做工考究，烧制有方，所制青砖特别细腻坚硬"，故陆慕砖窑被封为"御窑"。明嘉靖年间，金砖烧制进入全盛期，近京及苏州皆有砖厂。至清代，御窑金砖除了御制供品专用于皇家宫殿外，也被用于道观、庙宇、园林、民居等建筑铺地。

传统御窑金砖制作技艺繁复，工序多达二十余道，主要包括选泥、练泥、制坯、装窑、烧制、窨水、出窑和打磨等。金砖制作费时较长，从采泥到出窑，需一年以上。御窑金砖对质量要求极高，在生产过程中形成了一套严格的质量跟踪与监督体系。据《元和镇志》记载，"御窑金砖或三五而选一，或数十而选一"，合乎规格的优质金砖数量有限。选用的御窑金砖尺寸平均误差不超过一毫米，表面黛青光滑，古朴坚实，面平如镜，光可鉴人。

御窑金砖从烧制、运输到铺墁安装，相隔千里。所谓"南砖北墁"，指的是在苏州制砖，经包装后，通过水路船运至通州金砖厂储备，最终在京城皇宫中铺墁使用。御窑金砖主要依赖大运河输送到北京。明代，运送砖瓦一般由漕运船只捎带，京师工程紧急时则雇用专门的船只运送。到清代，金砖解交从民解民运改为官解官运。

御窑金砖地域特征鲜明，具有较高的实用价值和观赏价值，凝聚着苏州匠人的执着和智慧，承载着运河文化的厚重与交融。用金砖铺地集实用与美观于一体，具有光润耐磨、愈擦愈亮、不滑不湿等特点，历史文化价值突出。

5. 明式家具制作技艺

明式家具制作技艺是第一批国家级非物质文化遗产代表性项目。

明式家具是指自明中叶以来，江南地区的工匠用紫檀木、酸枝木、杞梓木和花梨木等木材制作的硬木家具。苏州不仅是明式家具的发源地，也是长期以来明式家具的主要产地。

宋元以后，苏州地区的文人墨客开始参与到园林规划和家具设计中。明万历年间，苏州建立了许多专业的家具制作工坊，主要分布在市区和周边的木渎、光福、东山及常熟一带。明代商品贸易的活跃为明式家具的兴盛提供了物质基础。苏州地区四通八达的水网系统为家具技术发展和地域文化交流提供了便利条件。清晚期，明式家具分工更为细致，品类也更丰富，其时作坊大多集中在范庄前、王天井巷及朱明寺等地。

苏州明式家具结构严谨、线条流畅、技艺精良、漆泽柔和，以鲜明的艺术风格和地方特色独树一帜。明式家具制作技艺主要步骤包括设计、木工、雕刻和漆工等。设计是头道工序，包括造型、结构、雕花纹样等，全凭设计师的匠心独运。木工制作即生坯制作，基本流程有画线、理线、装配、打磨等环节。雕刻需按设计图样铲底、理顺边线、拉花、雕刻纹样等，做到跟脚清、花叶活翻、层次清晰、有立体感。漆工采用传统生漆工艺，共有16道工序。

明式家具在中国家具史上具有里程碑式意义，其合理性、实用性、装饰性达到了巅峰。明式家具有优美的造型、匀称的比例、明晰的线条，体现了深厚的文化内涵和艺术格调。以结构部件为装饰部件的设计，自然清新的材质，精湛、合度和科学的榫卯技艺更使其达到尽善尽美的境地。

6. 水乡木船制作技艺

水乡木船制作技艺是第四批苏州市非物质文化遗产代表性项目。

苏州是著名的水乡，境内河流纵横，湖泊众多。自古以来舟船就是江南水乡重要的交通和生产工具，并逐渐演变成水乡文化的特色之一。自隋代开通大运河以后，苏州地区的民间造船业得到快速发展。宋代，江南水乡的农业生产、粮食贸易、商业流通以及日常出行都离不开船，苏州为当时全国三大造船中心之一。清代，乾隆御用画家徐扬所绘的《姑苏繁华图》中，舟船有300余艘，船型多达10余种，可见水乡木船业十分发达。

苏州水乡木船制造工坊主要集中在相城太平、常熟浒浦和吴中横泾等地。水乡木船的选材用料考究，制作工艺繁杂，主要流程包括设计、木工、捻缝、抹油和漆船。其中仅木工制造船体这一环节就有20道工序。制作材料以杉木、柏木、香樟等木料为主，配以桐油、麻丝、石灰、藤条和轮滑等。水乡木船的主要种类有春秋战船、枫桥夜泊船、喜庆唐船、郑和宝船、南湖红船、太湖古渔船等。太平木船和横泾木船以轻巧灵活和经久耐用著称，充分体现了江南水乡特色。

苏州水乡木船工艺精细、种类众多、形态各异，是中国古代木船制作技艺的杰出代表。水乡木船结构严谨，技艺精湛，合理运用风帆推进等技术，体现了极高的工艺水平和科技含量。

八、传统饮食

1. 碧螺春制作技艺

绿茶制作技艺（碧螺春制作技艺）是第三批国家级非物质文化遗产代表性项目，并作为中国传统制茶技艺及其相关习俗的重要组成部分被联合国教科文组织列入《人类非物质文化遗产代表作名录》。

碧螺春茶属螺形炒青绿茶类，产自苏州太湖洞庭东山、西山。据地方史记载，苏州产茶历史悠久，始于魏晋南北朝。自唐宋以来，洞庭山就开始采制茶叶，品种繁多。唐代陆羽在《茶经·八茶之出》中将洞庭山列为我国重要的茶叶产地，有"苏州长洲县生洞庭山，与金州、蕲州、梁州同"的记述。北宋洞庭山出产的"水月茶"是洞庭碧螺春的前身，受吴地人追捧，为当时的皇室贡茶。明万历年间张源《茶录》对当时洞庭东西山绿茶的采摘、炒制有较详记载，与碧螺春炒制工艺基本一致。清初，因洞庭茶有特殊的花朵香味，被民间俗称为"吓煞人香"。清康熙三十八年（1699年），康熙帝巡视东山时，因其茶"清汤碧绿，外形如螺，采制早春"，赐名"碧螺春"，后作为朝廷贡茶，闻名天下。

碧螺春茶的优良品质得益于对传统技艺的坚守和传承，从采茶、拣茶到炒制均需要手工完成。其制作技艺主要有七道工序：采摘、拣剔、摊放、高温杀青、揉捻整形、搓团显毫和文火干燥。碧螺春茶对于采摘的时间、天气和地点都有严格要求，有"摘得早、采得嫩、拣得净"这三大特点。每年春分至清明前所采制的碧螺春品质最为名贵，被称为"明前茶"。清明后至谷雨前所制的碧螺春则为"雨前茶"，滋味鲜浓而耐泡，是茶中上品。谷雨后采摘的"炒青"因气温高，茶叶生长快，茸毛少，体形大。

碧螺春的制法要求在炒焙过程中"手不离茶，茶不离锅，揉中带炒，炒中有揉，炒揉结合，连续操作，起锅即成"。成茶后的碧螺春外形"条索纤细，卷曲成螺，茸毛遍体，银绿隐翠"，品尝起来"汤色碧绿，清香高雅，入口爽甜，回味无穷"。当地人称碧螺春为"铜丝条，螺旋形，浑身毛，一嫩三鲜自古少"，一嫩指芽叶嫩，三鲜指色、香、味鲜。

苏州是最早形成茶业与茶文化的地区之一，得天独厚的地理环境和独特精湛的炒制技艺，使碧螺春以"形美、色艳、香浓、味醇"四绝闻名于中外，被誉为"天下第一茶"。碧螺春制作技艺是中国传统卷曲形茶制作技艺的杰出代表，手工炒茶技艺蕴含了当地人对自然的尊重、对茶性的了解和对品质的追求。

2. 苏帮菜制作技艺

苏帮菜制作技艺是第四批苏州市非物质文化遗产代表性项目。

苏帮菜是流行于苏州地区的本帮菜的统称，亦称"吴地菜"。苏帮菜集民、商、官、船、寺诸菜之大成，形成了具有浓郁地方特色的菜系。

苏帮菜早在战国典籍《吕氏春秋》中就有记载，宋元时期进一步发展。明韩奕《易牙遗意》中记载的苏帮菜达150多种，炸、熘、爆、炒、炖、焖、煨、焐八大烹调手法兼容并蓄，口味讲究"浓不鞔胃，淡不槁舌"。清代康熙、乾隆多次南巡，苏州织造府作为驻跸之地，对筵宴规格和烹饪技术要求极高，因此形成了独具特色的苏州织造官府菜，将苏帮菜推向顶峰。明清时期，苏州的名宴席、船菜、寺院素菜都是文人笔下常见的记述对象，《随园食单》《红楼梦》等作品中都有大量关于苏帮菜的记录。

运河沿线的苏州自古以来就是鱼米之乡，丰富的物产为苏帮菜提供了物质基础。苏帮菜具有讲究时令、清新淡雅、制作精细等特点。讲究时令反映了苏帮菜对食材选择的注重，春尝头鲜、夏吃清淡、秋品风味、冬讲滋补。清新淡雅是苏帮菜的味觉特点，烹制上推崇"肥而不腻，清而不淡"的本味食法。制作精细突出了苏帮菜的烹饪工艺特色：讲究刀工、把握火候、注重造型。

苏州织造官府菜是苏帮菜的典型代表和精华所在。苏州织造官府菜包括汤羹、冷菜、炒菜和热菜，具有选料讲究、刀工精细、注重火功、追求精美、食用有方等特点。菜肴以食物来调味增香，以本味来增味。苏州织造官府菜集民间佳肴、汇缙绅之家的精华制作技艺，源自民间，又对民间饮食产生深远影响。

船菜是苏帮菜制作技艺的重要组成部分。相传，早在春秋时期，吴王与西施泛舟便一起享用船菜。唐代，白居易开凿山塘河，为游船提供便利，载酒泛舟之风日盛，推动了苏州船菜的发展。其时无论官船、民船、游船，都在后梢备有炊具炉灶。明清时期，苏州船菜达到鼎盛时期。清顾禄《桐桥倚棹录》记载当年苏州船上盛宴"船制甚宽……艄舱有灶，酒茗肴馔，任客所指"，船上设宴成为文人墨客的时尚，商贾们也喜爱在游舟中洽谈贸易，助推了船菜进一步发展。

据《吴中食谱》记载："苏州船菜，驰名遐迩，妙在各有真味，而尤以点心为最佳。"苏式船点采用天然材料制作而成，有甜、咸和甜咸三种口味，花色品种繁多。船点外形玲珑可爱，造型多样，有菱角、荸荠、荷花等水乡植物，也有蝴蝶、鲤鱼等有美好寓意的动物。尝之味美可口，观之精美绝伦，被誉为苏州面点中的"皇后"。

九、民俗

1. 苏州端午习俗

苏州端午习俗是第一批国家级非物质文化遗产代表性项目，并作为端午节的重要组成部分被联合国教科文组织列入《人类非物质文化遗产代表作名录》。

端午节，又称端阳节，是集祈福辟邪、欢庆娱乐和时令饮食于一体的民俗节日。全国许多地区的端午都与纪念屈原相关，而苏州端午民众祭祀的则是伍子胥。隋唐至宋代，运河为龙舟赛事发展提供了场地、资源和环境，赛龙舟之戏经常在端午之际举行。明清以来，苏州商业发达，端午民俗活动也受到商业氛围的感染，开始借助节庆活动做商业推广。

随着社会发展，纪念伍子胥的端午节逐渐演化成苏州一年一度的盛大民俗文化活动，既有传统端午节活动内容，也有江南特色的其他节目。苏州端午习俗可分为四大类：第一类是以祭龙仪式、龙舟竞渡为代表的大型游乐活动；第二类主要表现苏州人适应自然、改善生活的智慧，如采草药、挂艾叶和菖蒲等；第三类展现了苏州悠久的丝织文化和特有的服饰文化，如佩香包、佩百索和儿童穿虎头衫、虎头鞋等；第四类主要是饮食民俗，如包粽子、吃端午饭等。

苏州端午习俗综合了吴越地区的原始图腾崇拜、古代英雄崇拜、驱邪送灾习俗以及娱乐等众多文化内容，是吴地传统节令中民俗内涵最丰富的节日之一。端午习俗具有悠长的生命活力，为研究吴地人文历史、风俗民情提供了珍贵资料。

2. 苏州甪直水乡妇女服饰

苏州甪直水乡妇女服饰是第一批国家级非物质文化遗产代表性项目。

生活在苏州东郊甪直、胜浦、唯亭一带的农村妇女有苏州"少数民族"之称，她们的传统服饰以梳鬅鬙头、扎包头巾、穿拼接衫和拼裆裤、束裾裙、裹卷膀及着绣花鞋为主要特征，颇具江南水乡特色。水乡妇女服饰历史悠久，在距今五六千年的稻作农业经济初期就已具雏形。旧时，当地农村妇女在从事稻作农业时顺应江南自然条件以及田间劳作需求，逐渐创造形成了别具一格的水乡妇女服饰。

苏州水乡妇女服饰在继承中国传统服饰的基本样式的基础上对其进行改良，将稻作生产需求与艺术审美相结合，形成了一个完整的新体系。水乡服饰的基本构成包括包头巾、眉勒、大襟拼接衫、肚兜、百褶褴裙、褴腰头、穿腰、大裆拼接裤、卷膀和绣花鞋。甪直水乡妇女服饰主要特点为"显""俏""巧"，在用料、裁剪、缝纫和装饰等方面都极其讲究，巧妙运用拼接、绲边、带饰和刺绣等工艺。服饰色彩以蓝、白、黑和碎花为主，深中有淡、淡里有俏、俏中有艳。

水乡妇女因年龄不同，对服饰的长短、肥瘦、色彩等方面有不同要求。一般来说青年妇女服饰种类复杂、款式多变、色彩丰富、做工精细，中老年妇女服饰则以庄重为主，色彩、款式、装饰相对单一。水乡四季分明，妇女服饰在保持完整性的同时会改变穿着件数和色彩明度以适应不同季节需求。此外，还有特殊的礼仪服饰，如庙会赶集服饰、结婚礼服和寿服等。

苏州水乡妇女服饰集实用与美观于一体，凝结着水乡妇女的智慧和情感，在长期发展过程中形成独特性、创造性和系列性，对研究中国服饰文化、吴地社会生活与民俗有重要价值。其讲究的整齐均衡和对称的形式美具有特殊审美价值，对当代服饰设计与生产亦有借鉴意义。

第二章 苏州运河水资源

苏州运河水资源十分丰富，有太湖、长江、天目山水系等重要水源地，有以运河为主脉，遍及全城的河湖港汊水网体系，有以塘浦圩田、桑基鱼塘为代表的江南农业遗产景观等。苏州水资源具有重要的生态价值和人文价值，是江南鱼米之乡和苏州独特城市气质形成的重要因素之一。

第一节 苏州运河主要水源

一、太湖

太湖古称震泽、具区,又名笠泽,是中国第三大淡水湖。湖区南界为湖州市,东部为苏州市,北部为常州市,西部为无锡市。湖泊面积2 427.8平方千米,水域面积2 338.1平方千米,湖岸线长393.2千米,湖泊南北平均长68.6千米,东西平均宽34.1千米。

关于太湖成因,学术界有潟湖说、堰塞湖说、构造沉降说、火山喷发说和陨石冲击说等多种假说,至今未有定论。

太湖水系分为上游进水和下游出水两大水系。上游进水的主要水源为来自太湖西部的茅山山脉与苏皖交界的荆溪水系以及发源于浙江天目山的苕溪水系,还有少量水源来自洮滆水系。太湖下游出水,因河道淤塞,屡发变迁,故大禹采取"疏导"的方式治水,开挖河道,将太湖水引入长江、东海。古时主要通过东向出海的松江(今吴淞江)、东南向出海的东江(已湮灭)和东北向出海的娄江(今娄江和浏河)流出,其中松江为主流。现在的出湖河道主要分属江南运河水系和黄浦江水系,其中黄浦江水系占比更大,汛期泄水量高达总泄水量的80%。

太湖流域水网如织,河流纵横交错,湖泊星罗棋布,是典型的平原水网地区。流域西部为山区,中间为平原河网和湖泊洼地,北、东、南三边因长江和杭州湾泥沙堆积,地势高亢,形成碟边。湖底高程一般为1.1米,平均水深1.89米,最大水深2.6米,深水区位于湖心略偏西位置。太湖水系呈由西向东泄之势,平均年出湖径流量约为75亿立方米，蓄水量为44亿立方米。

大运河江南运河段贯穿太湖流域腹地及下游诸水系，是连接长江与太湖水系的重要纽带，发挥着调节承转水量的重要作用。千年来，江南运河航运不断，在很大程度上得益于太湖充沛的水源。运河通达又为太湖提供了直入长江的理想水道，使江南地区得以减免洪涝灾害。历史上治理太湖的水利工程一直使江南运河受益，而江南运河在某种程度上又是治理太湖最大、最有效的水利工程。太湖和运河的水利交通之便，造就了江南富庶的鱼米之乡。太湖养育运河，运河反哺太湖，两者互相依存，密不可分。

二、长江

长江干流自西而东横贯中国中部，流经青海、西藏、四川、云南、重庆、湖北、湖南、江西、安徽、江苏、上海，于崇明岛以东注入东海。全长6 300余千米，仅次于非洲尼罗河和南美洲亚马孙河，居世界第三位。流域面积达180万平方千米，约占中国国土面积的18.8%。

长江是中国水量最丰富的河流，也是中国水资源配置的战略水源地。据《2021年长江流域及西南诸河水资源公报》显示，长江流域水资源总量为11 186.18亿立方米，居全国各大江河之首。年总供水量2 072.36亿立方米，占当年水资源总量的18.5%，支撑流域供水安全和经济社会发展。

长江水资源特征主要反映在河川径流的时空分布上。流域地表水资源量占水资源总量的99%；在地表水资源中，河川径流量又占96%以上。汛期的河川径流量一般占全年径流量的70%～75%。

长江是江南运河的主要水源之一，为江苏带来了丰富的水资源。长江干流江苏段长432.5千米，自苏皖交界处的和尚港进入江苏，在启东寅阳嘴和上海南汇嘴间入海，从江阴、张家港两市交界的长山进入苏州境内。长江岸线苏州段总长158千米，其中张家港77千米、常熟45千米、太仓36千米。

三、天目山水系

天目山脉东起湖州,西延浙皖交界,接壤太湖平原。古名"浮玉山","天目"之名始于汉朝,据《元和郡县志》记载,天目山"有两峰,峰顶各一池,左右相对,名曰天目"。

天目山水系主要有两条:一条是发源于天目山之北,由西南向东北蜿蜒纵行的西苕溪;另一条是发源于天目山之南,由南向北而行的东苕溪(包括其支流老龙溪)。两溪在浙江省湖州市北白雀塘桥交汇,共同注入太湖。

西苕溪位于湖州境内。干流长98千米,流域面积2 274平方千米,常年平均流量52.0立方米/秒,自然落差297米,年径流量22.6亿立方米,为浙江省重要的北部通航河流。

东苕溪位于杭嘉湖平原西部。干流长143千米,流域面积(湖州以上)2 267平方千米,多年平均流量48.7立方米/秒,自然落差524米,年径流量15.4亿立方米,是浙北地区的黄金水道。

两溪汇集天目山地区径流,曲折向北在湖州交汇,主流由湖州市吴兴区白雀塘桥分为数十条溇港,经由环城河、小梅港、新塘港、长兜港、大钱港、横港诸水道注入太湖。其中长兜港河宽250米左右,长7千米,为注入太湖主河道。

江南运河南段水源原取于钱塘江,随着钱塘江的变迁,元末时运河与钱塘江隔绝。如今南段水位变动较小,水多时,苕溪、上塘河、运河等分流洪水;水少时,太湖之水倒灌入运河。江南运河中段,以太湖水为源,水源充足,而太湖水又以天目山水系为源,因此天目山水系是江南运河的主要水源之一。

第二节　苏州古代河道水系研究

一、三江五湖

江南地区河网密布，苏州古城选址于三江五湖交汇之处，溯三江而上，北近长江，西依太湖，东、南、北三面为平原河网地区，素有"水乡泽国"之称。

最早关于"三江"的记载可以追溯到战国时期，在中国第一部区域地理著作《尚书·禹贡》中曾提到"三江既入，震泽底定"。此后，不同历史文献屡有提及"三江"，由于语境不同，著者时代不同，所在区域不同，学术界对于"三江"具体内涵界定不尽相同。其中，西汉司马迁所著《史记》、东汉《吴越春秋》中所言"三江"，含义都与《尚书·禹贡》近似，与太湖下泄水道相关。战国《国语·越语》中两次提及"三江"则是指环绕吴越的吴江、钱塘江和浦阳江。

东晋庾仲初《扬都赋注》曰："今太湖东注为松江，下七十里有水口分流，东北入海为娄江，东南入海为东江，与松江而三也。"第一次将《尚书·禹贡》中所言"三江"明确为松江（吴淞江）、娄江和东江。至唐代，张守节在《史记正义》中写道："三江者，在苏州东南三十里，名三江口。一江西南上七十里至太湖，名曰松江，古笠泽江；一江东南上七十里至白蚬湖，名曰上江，亦曰东江；一江东北下三百余里入海，名曰下江，亦曰娄江；于其分处号曰三江口。"唐代后，学者大多采纳庾仲初的研究成果，认为"三江"为松江（古笠泽江）、娄江（下江）和东江（上江）。

"三江"分流的地理节点为"三江口",松江自"三江口"始,东流至今上海市入海;娄江自"三江口"始,北流至今太仓附近入海;东江自"三江口"始,南流至今杭州湾入海。北宋中叶,濒江沿海农田为防止咸潮倒灌,修筑堰坝海塘,娄江和东江故道相继失去排水功能。随着气候变暖造成的海平面上升,海潮倒灌江湖,加剧了江湖出海口的淤塞。至南宋,太湖流域的排水通道仅剩东西方向的松江。[1] 娄江和东江后世虽仍有其名,但起始处已与"三江口"无关。

关于"五湖"的释义可以追溯至《周礼》《国语》等文献。《史记》多处提及"五湖",《货殖列传》云:"夫吴……三江、五湖之利";《仲尼弟子列传》曰:"吴王闻之,去晋而归,与越战于五湖";《三王世家》载:"三江、五湖有鱼盐之利,铜山之富,天下所仰";《河渠书》谓:"于吴,则通渠三江、五湖",又曰:"(太史公)上姑苏,望五湖"。

有关"五湖"与太湖之间的关系,部分史学家认为,太湖为吴中圣域,异名颇多,如震泽、具区、笠泽等,"五湖"也是其别称之一。亦有学者认为"五湖"为太湖周边五大水湾,具体水湾又有"长荡湖、太湖、射湖、贵湖、滆湖""菱湖、游湖、莫湖、贡湖、胥湖"等多种说法。

历史上确有太湖以"五湖"为名的史实,参阅各家之说,目前学界较认可的说法为太湖因其派通五道,故称"五湖"。虞翻《川渎记》中记载:"太湖东通长洲(今苏州市)松江水,南通乌程(今湖州市)霅溪水,西通义兴(今宜兴县)荆溪水,北通晋陵(今常州市)滆湖水,东连嘉兴(今嘉兴市)韭溪水,凡五道,谓之五湖。"明代地理学家王士性也认同虞翻的观点,其在《广志绎》中指出"太湖……其别名曰五湖,以其派通五道"。

春秋时期吴国开始在"三江五湖"地区开凿运河。秦统一六国后,为加强对这一地区的控制,进一步修浚"吴古故水道",为后来隋炀帝开凿大运河奠定了基础。《资治通鉴》记载,大业六年(610年)十二月,"敕穿江南河,自京口至余杭,八百余里,广十余丈,使可通龙舟,

---

[1] 周杰灵、惠富平:《夏原吉苏松治水得失评析》,《农业考古》2014年第6期。

并置驿宫、草顿，欲东巡会稽。"因原有运河水道浅窄，无法满足出巡会稽、运兵运粮的需求，隋炀帝在原有水道的基础上取直，加深加宽，重修大运河。

苏州古城在太湖流域三江五湖的地理环境之中，先人以其天然水域环境为基础，开凿河道完善水系，并以城外湖河为依托，引活水进城，组成完整的河网系统。

二、骨干河道与功能

苏州城内水系分为两个系统，一是由"三横四直"组成的干河水系统，二是由诸多支流组成的支河系统。其中干河是苏州古城的骨架，支撑着整体水城格局，水深河宽，用来沟通和调节支河之水，使全域水位和流速大体保持一致。因干河管理和疏浚历来由官方主持，又称"官河"。

楚考烈王十五年（公元前248年），楚春申君黄歇徙封于吴，封闭苏州胥门水门，增辟葑门水门，令城南之水由葑门泄出；同时整治城内，形成由四条南北走向河道、五条东西走向河道交织而成的水网格局。唐代张守节在《史记正义》中亦有"大内北渎，四从五横"的注释，表明战国时苏州古城内河道水系已基本稳定。

宋代朱长文在《吴郡图经续记》中记录，自吴国灭亡至宋，苏州城洫、门名都遵循以前的格局，变化不大。大运河开通后，苏州城内水系得到进一步调节。在宋人重辑补记的《〈吴地记〉后旧本原文》中最早记载了"三横四直"的说法。据南宋李寿朋主持刻制的《平江图》碑，其时苏州城内有纵横交错的干、支水道总计78条，主干水系为"三横四直"，河道长约82千米，桥梁314座，尤以城北最密。

明代《吴中水利全书》有"此图止画长洲、吴两县共城分界，并三横四直河道，提挈纲领"的记载，是第一次由官方提出"三横四直"说法。崇祯十二年（1639年）所绘的《苏州府城内水道图》上，"三横四直"清晰可见。清嘉庆年间，江苏巡抚费淳主持绘制《苏郡城河三横四直图》作为以后疏浚河道的标准，正面刻有《重浚苏州府城河碑记》，详细记录了"三横四直"的名称、起止、流向和主要桥梁的分布，并对主干河道作出详细解释。民国以来，苏州城内主干河道除第二直河有所缩短外，其他河道变化不大。

第一横河，自阊门水关桥向东，经至德桥、张广桥等桥至南过军桥，又自水关桥向北经西仓桥至尚义桥，后东折经报恩寺香花桥、临顿桥等至娄门。

第二横河，西起吴县学前渡子桥，经乘鱼桥、马津桥、顾庭桥等，东接内城河。

第三横河，自孙老桥起，向东经福民桥、饮马桥等至迎薰桥，后东南行经望门桥抵葑门水关。

第一直河，北起皋桥，径直南下，经升平桥、明泽桥等至来远桥，后稍东至盘门水关。

第二直河，自董家桥起，经西馆桥、杉板桥等过查家桥后，西行至杉渎桥转南至葛家桥再西行至新桥。

第三直河，自齐门赌赛桥起南行，经跨塘桥、任蒋桥过顾家桥稍西行，仍南行接竹隔桥，至仓桥后南行迤东经乌鹊桥、砖桥等至葑门水关与第二横河之水合流。

第四直河，北起华阳桥，南行经通济桥、雪糕桥等桥，经过苑桥后西折，过尽市桥后南折经官太尉桥、吴王桥等至望信桥，后东南行汇合第三横河之水出葑门水关。

苏州古城内现有河道总长约35.28千米。现存"三横三直"河道与历史记载"三横四直"河道相比，水系位置发生变化、水量也有所衰减。大运河改道使护城河水量减少，影响了古城水环境；西塘河引水工程改变了苏州古城水流流向，使其由西进东出变为东北进、西南出。

苏州城内水系与大运河密不可分，早在伍子胥主持建造阖闾城时，就形成了古城内外水道相连、河网纵横的格局。苏州城内水系是大运河漕运体系的一部分，为漕粮的收集、存储和运输提供了便利。苏州是运河沿线唯一全城受运河水滋养的城市，运河水从苏州西北角注入古城，以"三横四直"作为主要水网，成为苏州人民重要的生活、生产水源。护城河与城内水系相互贯通，是运河的重要组成部分。运河是苏州的母亲河，运河水是苏州人民的生命之水。

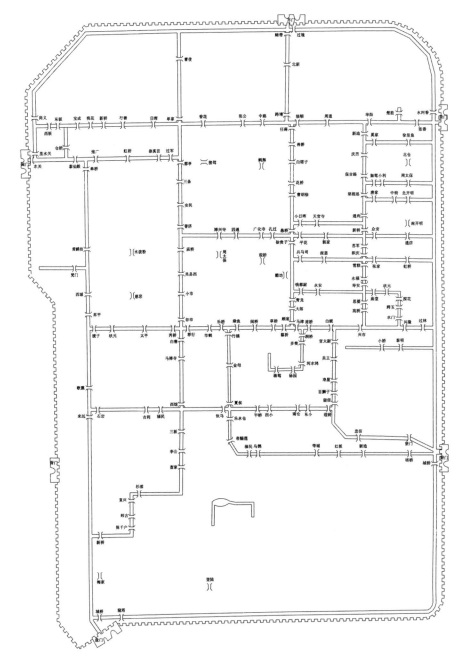

清嘉庆《苏郡城河三横四直图》苏州城内水道分布示意图

（引自《苏州河道志》第 124 页）

三、运河及城内河道维护与塘路修筑

大运河自开通后历经多次整修,苏州段地势较低,唐代在望亭置堰闸,以节蓄水源。唐元和五年(810年),苏州刺史王仲舒在运河西侧筑堤,以控制太湖水势。北宋庆历二年(1042年),苏州通判李禹卿为保护运河"堤太湖八十里,为渠,益漕运"。庆历八年(1048年),吴江知县李问和县尉王庭坚主持修建垂虹桥,跨吴淞江,控制太湖水泄储。明清时期,以大运河为主干遍布全城的河道水网加强了苏州城乡之间的联系,促进了商贸经济的繁荣发展,使苏州成为江南经济和文化中心。

苏州护城河曾是大运河干线,连接古城内纵横交错的河道。从春秋至今,苏州古城内河道历经变迁、堵塞和疏浚,逐渐形成如今"三横三直加一环"的水网格局。南宋绍定二年(1229年),李寿朋督刻《平江图》,城内河道长约82千米,除内外城河两环外,有主干河道横河14条,直河6条,骨干水系以"六纵十四横加两环"为显著特点。据明崇祯十二年(1639年)《苏州府城内水道图》测算显示,城内河道长约86千米,除内外城河外,共有41条南北向河道,80条东西向河道。为苏州古城水道和桥梁最多的时期,此后,城内的河道和桥梁日趋减少。[1]

明清时期,由于城市发展,人口增多,居民占河建房,河道被侵蚀、淤积、填塞的情况日益严重。据嘉庆二年(1797年)《苏郡城河三横四直图》测算,其时苏州城内河道长约62千米,除内外城河外,共有30条南北向河道,15条东西向河道;有49条(段)共24.3千米河道遭填弃,是历史上填河较多的时期。自宋及清,古城内河道"三横四直"的基本格局未变,但数量及总长度总体上减多增少。从明弘治六年(1493年)至清光绪十六年(1890年)间共浚河15次,相隔时间最长

---

[1] 王新庆、王志红、韩素华等:《苏州古城区排水防涝历史研究》,《给水排水》2016年第2期。

为 92 年，最短为 7 年，平均 26.5 年浚河一次。苏州城河淤积严重，治河疏浚与填塞交加，填多疏少。

民国时期，古城内又填弃 8 条（段）河道，长约 6.7 千米，南北纵向的锦帆泾被填。苏州城内水系遭到较大破坏，水道淤塞情况继续恶化。战争时期砖瓦填塞河道，管理不妥、不事修缮使得河道堵塞之后未能及时疏浚开拓，日久废弃。此外，城市发展、建筑、道路建设使得河道被侵占而变窄，仅剩 5 米左右。

塘即堤岸、堤防，用于储蓄积水，建筑塘堤便于控制灌溉，调节水量。在太湖地区，"凡名塘，皆以水左右通陆路也"，两岸堤路夹河，外御洪涝，中通排灌以通航行，一名"陵水道"。

苏州运河塘路修筑始于秦代，彼时治陵水道，初创江南运河塘路。汉武帝时期（公元前 140 年至前 87 年）开河百余里，建造了苏州塘塘路。到唐代，江南运河塘路开始全线连通。据《太湖备考》载，唐开元十一年（723 年），乌程（今湖州）令严谋达开荻塘，自乌程至吴江境九十里，并于贞元四年（788 年）重修晋代平望至南浔的塘路五十三里。贞元八年（792 年），苏州刺史于頔整修荻塘岸，"缮完堤防、疏凿畎浍，列树以表道，决水以溉田"，易名頔塘。元和三年（808 年），苏州刺史李素挖凿元和塘，自齐门过常熟、入长江，长九十里。元和五年（810 年），为抵御太湖风浪，便漕利驿，苏州刺史王仲舒"堤松江为路"，建成数十里的吴江塘路，自城南直通松陵，使江南运河中段基本稳定无恙。《行水金鉴》云："（唐元和）五年，刺史王仲舒堤松江为路，时松陵镇南北西皆水乡，抵郡无路，至是始通。今吴江县城北三里桥，北行至长洲县界七里桥，曰古塘；自观澜铺至澈浦铺十里，曰石塘；自澈浦至平望三十里，曰官塘；自平望南行至秀水县王江泾，曰土塘、荻塘。"这条南北贯通、水陆两利的吴江塘路与太湖南岸的荻（頔）塘相连，初步形成了太湖东南面的环湖堤岸。

塘路在宋代之后继续增修、改修。宋大中祥符五年（1012 年）两浙转运使徐奭，设置开江营兵一千二百人，专修吴江塘路，南至嘉兴一百余里，保证了苏州—平望—嘉兴一带水陆运输的通畅。庆历元年

（1041年），秀州通判李余庆对王仲舒所筑吴江塘路加以完善，修建了自平望至吴江五十里的石堤，以除水患。庆历二年（1042年），苏州通判李禹卿因"松江风涛，漕运多败官舟，遂筑长堤，界于松江、太湖之间，横截五六十里"。治平三年（1066年）吴江知县孙觉大修顾塘，"始垒石为岸，壅土为塘"。

元明时期，塘路亦屡有修筑之举。元天历二年（1329年），吴江知州孙伯恭大修石塘，率市民巨石叠甃，余用小石，凿水窦一百三十三孔，以通太湖之水。明代修筑塘路更具规模，万历三十三年（1605年）吴江知县刘时俊修筑石塘，自秀水县界起，至长洲县界止，共筑塘88里，皆用巨石，工程浩大。

经过历代的修筑，江南运河塘路纤道不断完善，促进了运河航运和漕运事业的发展，也为围垦拓殖提供了保障。江南运河由原来线状的河道发展成为以杭州塘、苏州塘、东苕溪和澜溪塘等为主干，上百条支流纵横交错的河网体系，航行通畅，是容量巨大的平原水库，促进了江南地区经济繁荣、社会发展。江南运河水网的基本格局始终未变，一直延续至今。

四、重要水事钩沉

苏州地区河网稠密，雨水充沛，土壤肥沃，但地处太湖下游，长江尾闾，上有洪水下压，下有江潮顶托，腹部地势低洼，历史上洪涝灾害频繁。春秋时期，苏州田野大半尚未开发，一片洪荒。

阖闾元年（公元前514年），吴王阖闾命伍子胥筑都城（今苏州城），立水陆城门各八座，沟通苏城内外河流，开创了苏州城市水利先例。夫差元年（公元前495年），吴王夫差欲图北上争霸，役夫开河运漕，自苏州经望亭、无锡至奔牛镇达于孟河，计长170余里，为江南运河较早开挖河段。

隋唐五代时期，苏州太湖地区兴建了许多水利工程。隋大业六年（610年），隋炀帝敕开江南运河，自镇江至杭州800余里，河面阔10余丈，可通龙舟。唐贞元八年（792年），苏州刺史于頔重修荻塘，开疏两岸沟渠，以利灌溉，又于塘上广植树木，以便牵挽，易名颐塘。元和三年（808年），苏州刺史李素督开常熟塘，又名元和塘，自苏州齐门起北达常熟，长90里。元和五年（810年），苏州刺史王仲舒沿太湖东缘运河西侧筑堤为路。时松陵南北皆水，无路抵郡（苏州），至此北路始通。元和十一年（816年），王仲舒又建宝带桥。宝历元年（825年），苏州刺史白居易沿虎丘山南麓凿渠筑堤，吴人谓之白公堤。此外，后人开挖疏浚了盐铁塘、急水港、青旸港等多条河道，并在吴淞江、昆山塘和元和塘两岸广辟塘浦圩田。这些重要骨干工程的兴办奠定了苏州水利基础，对改善引排通航条件，大面积开发利用水土资源，促进农业生产和商业贸易起到积极作用。

两宋时期，苏州耕地面积逐渐增加，围田垦殖的发展使得江南地区出现占江侵湖现象，塘浦圩田遭到破坏，防洪能力削弱，致使洪涝旱灾较唐代有所增多。苏州水利由开发创业型逐步转向修治型，如太湖泄洪主干吴淞江开始裁弯整治，通长江各港浦常有疏导，面广量大的圩田工程因管理体制变革改为圩民自修，使苏州水利工程变得艰巨复杂。

庆历二年（1042年），苏州通判李禹卿筑长堤界于太湖东缘南端，横贯五六十里。庆历八年（1048年），吴江知县李问、县尉王庭坚建利往桥（又名垂虹桥），沟通松陵至平望的陆道。太湖东缘形成一条南北贯通、水陆俱利的塘路，史称吴江塘路。熙宁年间（1068年至1077年）大兴水利，郏亶上书《奏苏州治水六失六得》及《治田利害七论》，提出苏州的水土治理规划，主张先治田，后治塘浦，然措置乖方，民多愁怨，中途停工。元祐三年（1088年），单锷撰《吴中水利书》，提出治理水灾的意见，主张在太湖上游恢复五堰以节水，中游开宜兴、常州等地沟渎，下游凿吴江塘路改为木桥千座，以泄太湖之水。隆兴二年（1164年）七月，平江大水，浸城郭，坏庐舍，淹圩田，决堤岸。八月，平江知府沈度役夫浚浒浦、白茆、崔浦、黄泗、茜泾、下张、七鸦、川沙、杨林、掘浦等常熟、昆山十浦，分导太湖，达江注海。

元明清时期，苏州水利致力于对排水疏浚的持续整治，大小工程总计数千次。元初，时局不稳，盗贼蜂起，为防止宋军反抗和农民起义，官府将吴江长桥筑塞50余丈，沿塘36座桥洞大多钉断或坝塞，致淀山湖东小漕、大沥等处湖沙壅积数十里之广，复被权势占据为田。[1] 元代修太湖水利百余次，以任仁发在元大德、泰定年间两次疏浚吴淞江干支水道规模影响最大。至大元年（1308年）江浙行省督治田围之岸，岸分5等，高止7尺5寸，低止3尺，以水与田相等，地分高下为差，成为苏州修圩堤有统一防洪高程的开始。天历二年（1329年），吴江知州孙伯恭以巨石修吴江塘路，并相其地势，凿水窦一百三十三孔，以通太湖泄水。翌年塘成，长四十余里。后于至正六年至七年（1346年至1347年）又续建加固，表名至正石塘，由张天英撰《至正石塘记》。

明代，官方多次对苏州主要河道进行修整。永乐元年（1403年），苏州、松江一带水患严重，户部尚书夏原吉赴苏治水，征用十多万民工，疏浚吴淞江上游南北两岸支流，计25 000余丈，引太湖水通过浏河入海，经白茆河注入长江，增加太湖泄水通道，减轻吴淞江压力。弘治六年（1493年），苏州府水利通判应能主持浚治府城内河，又浚枫塘、虎丘山塘。嘉靖四十年（1561年），吴县大水，高低尽没，城郭公署，倾倒几半，水害连绵不断。隆庆三年（1569年），巡抚海瑞疏浚吴淞江和白茆河，水害减轻。万历四十五年（1617年），巡抚王应麟主持浚治苏州城内河流，浚"三横四直"及玉带河。崇祯八年（1635年）巡抚都御史张国维对苏州地区水利情况十分熟悉，在治水方面颇有功绩，据《明史》记载"建苏州九里石塘及平望内外塘、长洲至和等塘，修松江捍海堤"。

清代，太湖流域水利建设频繁，大小疏浚工程超两千次。康熙年间（1662年至1722年），进行大规模水利兴修，吴淞江、浏河和白茆河等主泄水道得到治理。雍正八年（1730年），朝廷在吴江同里设太湖水利同知署，管辖江浙沿湖十县的水利事务。乾隆二十八年（1763年），十二州县通力合作，兴修三江（吴淞江、娄江、东江）水利，次年三月完工。道光四年（1824年），江苏按察使林则徐综办江浙水利事务，浚治太湖诸出水溇港，疏剔沙淤，令太湖东注之水，通畅无滞。同治十年

---

[1] 桑润生：《任仁发和吴淞江的治理》，《上海水利》1999年第4期。

(1871年),江苏巡抚张之万设立苏垣水利局,负责苏属水利工程,为江南地区最早的水利局。

鸦片战争至民国时期,苏沪一带为帝国主义势力入侵门户,外患内忧,民无安业,水利长久失修,江堤海塘屡遭破坏。少数年份有所兴工,大都为灾年过后的修补,新建工程不多,工程基础薄弱,抗灾能力差,苏州地区农民生活极其贫困。

中华人民共和国成立之后,苏州治水进入新阶段。20世纪50年代前期,进行全面修复水毁工程。50年代中期至60年代,水利建设全面展开。进入70年代,苏州水利向高层次发展。苏州水利从抗灾保产发展到促进增产,从治理地面水发展到治理地下水,从治水改土发展到综合治理,对农副业生产以及国民经济发展起到促进保障作用。

第三节　水生态研究

一、塘浦圩田

塘浦圩田系统是太湖流域独特的农田水利工程。太湖地区依江临海，河港纵横，呈湖盆状态，中部低洼四周高起，形成水高田低的特殊地势。边沿碟形高田地区易旱，中间低洼地带易受洪涝灾害影响。塘浦圩田是在水乡洼地长期实践中逐步形成发展起来，将浚河、筑堤、建闸等水利工程统一于耕种过程中的棋盘化水利系统。塘浦圩田将治水与治田相结合，是太湖流域治水改土的主要方式。

塘浦圩田
（引自《钦定授时通考》第 14 卷）

有关围田的记载最早见于清初钱中谐《三吴水利条议·论吴淞江》引明曹胤儒语"自范蠡围田,东江渐塞"。太湖地区的围田约起源于春秋末期,战国时期至秦代逐渐发展,至汉代取得进一步拓展。早期运河的开凿,为洼地围垦创造了有利条件。汉武帝时,开凿苏嘉之间的运渠与嘉杭运河相衔接,至此,江南运河经过吴、秦、汉三个时期的发展,已基本成型,促进了围田进一步发展。汉代围田有较大范围的扩展,分布于太湖周围。

南朝萧梁大同六年(540年),据《常昭合志稿》记载:"高乡濒江有二十四浦通潮汐,资灌溉,而旱无忧;低乡田皆筑圩,足以御水,而涝亦不为患,以故岁常熟,而县以名焉。"可见南朝末期,常熟二十四浦的形成沟通了高乡和低乡田,低乡筑圩御水,高乡借以灌溉,太湖地区的塘浦圩田系统已初具规模。

唐代,太湖农业在全国经济中占有重要地位,官府对营田屯垦十分重视,设营田使。苏嘉等平原地区屯田建设规模较大,以土塘为主的南北海塘湖堤系统形成,建立完整的海塘屏障,为大规模的围海垦殖提供基础。至唐中叶以后,环绕太湖东南的长堤已全线接通,它将太湖与广大水乡地区隔开,促进太湖下游围田加速发展。通过横塘纵浦的逐步系统化,由我国劳动人民独创的圩田体制在太湖地区出现。

五代十国时期,太湖地区的塘浦圩田系统在唐代原有基础上得到进一步发展。吴越国建立都水营田使,把浚河、筑堤、建闸三者结合起来,使太湖地区治水治田相辅相成。主要治水方针包括:开浚太湖地区出海干河,即东面吴淞江、东北娄江、东南小官浦,保证太湖泄水通畅;根据地形高低,分级分片规划塘浦;河浦普遍设闸,主动控制涝旱;加以修筑沿江沿海的塘堤防御工程。吴越重视水工建设的管理养护和综合利用,创设撩浅军,建立分区负责养护制度。在开拓农田上,一方面对开垦荒地给予相应奖励,另一方面严格控制围湖垦殖,禁止盲目围垦,保证水系完整。

北宋初期,随着江南社会经济发展,围田与治水、灌溉与漕运的矛盾日益凸显。统治阶层以漕运为重,设转运使代替都水营田使,毁坏许多重要堰闸,以求漕运便利,导致太湖湖水下泄淤塞,塘浦圩田系统遭到破坏。南宋时期，太湖地区的治理重新得到重视，官府治水采取的主要措施有疏浚塘浦、开通入海河浦、建置堰闸等，这些措施对塘浦圩田系统起到一定修复作用，但并未能改变北宋以来的紊乱局面。南宋豪强盲目围湖为田的情况更为猖獗，对圩田系统损害严重。

为缓和圩田系统解体趋势，元初设都水庸田使司机构，负责治理太湖下游地区，解决太湖淤塞，疏浚吴淞江。元末张士诚浚白茆塘，并制定修筑圩岸的规范性条例，督促兴筑。据水旱灾害统计，平均水灾5.3年一次，旱灾15.2年一次，相较于两宋旱灾较少。但元代抢占太湖田地之风弥盛，同时为防止敌对力量反抗和控制私贩盐船往来，元代官府将太湖地区重要河港设障，使泄水通路受阻，进一步加剧下游河港湮塞，河湖面积日趋缩小。

明清时期对太湖水利的治理颇为频繁，对设闸和增修圩堤十分重视，开挖吴江长桥淤浅及疏浚吴淞江多达二三十次。明永乐初年（1403年），户部尚书夏原吉采用"掣淞入浏、分水入浦"的治浦方略，导吴淞江之水改经浏河出长江，开范家浜引水经黄浦江入海。至清朝，虽有疏浚但依然无法从根本解决太湖泄水不畅的问题，塘浦网乱无纲，圩田无系失统，水旱灾害较前朝更密。

至20世纪50年代，太湖圩田系统重新得到恢复和发展，政府主要采取以下措施：联圩并圩，预降水位；建站灌排，圩口设闸；修复圩堤，分级控制；改造水沟，增设暗管。至70年代中后期，联圩工程由低洼地区逐渐向半高田地区全面推行，一定程度上提高了抵御洪水的能力。

塘浦圩田的形成与发展表明以运河为中心的水利治理对太湖流域农业开发有着重要意义。江南运河除航运功能外，对圩田体系也有十分重要的灌溉排水功能，是塘浦圩田开发模式的水利基础。

二、桑基鱼塘

桑基鱼塘即池塘养鱼、基面种桑，是中国传统生态农业的典型代表。农民在池埂上或池塘附近种植桑树，以桑叶养蚕，以蚕沙、蚕蛹等作鱼饵料，以塘泥作为桑树肥料，形成"桑叶养蚕—蚕蛹喂鱼—塘泥肥桑"的生产结构或生产链条，相互利用，相互促进，在人工调控下，成为物种互补、空间分层、时间搭配的复合生态系统。

太湖地区农耕历史久远，水土资源丰富，是中国稻作、蚕桑和养鱼等农副业生产起源地之一。早在春秋末期，太湖南岸地区就成为人工养蚕和池塘养鱼共生的发源地。太湖地区的塘浦圩田系统也为稻田、桑地和鱼塘的连接提供场所。利用开筑横塘纵溇和浚河取出的泥土修筑堤防，种植桑树，一方面可以保护河堤，另一方面可以为蚕、牲畜提供桑叶。圩区内部除种稻外，可以掘池养鱼，充分利用周围水源。

五代吴越时期，吴越王钱镠重视蚕丝业发展，"闭关而修蚕织"，提倡用污泥、水草作为桑园肥料，促进了蚕桑与鱼塘的联动。两宋时期，"靖康之变"（1126年至1127年）后，北方人口大规模南下，大批农民、手工业者、商人等转移到江南地区，促进中国蚕业中心南移，推动养鱼业迅速发展。这一时期，水利政策由治水屯田改为以漕运为纲，但人们对水土资源的利用反而急剧扩大和加强，导致太湖水利矛盾突出，在这一背景下集约化程度更高的桑基鱼塘成为更多农民的选择。

明清时期江南地区商品经济迅速发展，以水稻种植为主的农业结构发生重大变化，蚕桑、养鱼的比重加大。政府鼓励发展蚕桑业，在国内外市场扩大的背景下，植桑养蚕相较于种植水稻可以获得更多利润，更适合人多地少的状况。种桑和养鱼占据较多水田，人口密集要求水土利用更为精细，人们普遍使用桑基鱼塘生产模式。此时，江浙、四川、广东等地是全国主要丝绸产区，丝市、绸市以太湖周边的苏州、杭州、嘉兴、湖州等府为最盛。近代机器缫丝厂的兴起使丝织业的生产规模进一步扩大，需要大量蚕茧，直接促进桑基鱼塘业态发展。

桑基鱼塘是古代循环型、集约化农业的典型代表。塘浦圩田催生了桑基鱼塘，形成了生态循环的农桑生产方式。随着农桑水平不断提高，江南地区手工丝织业日益发达，苏州成为闻名天下的丝绸之府、鱼米之乡。

桑基鱼塘示意图

(引自《钦定授时通考》第 37 卷)

三、水质问题

苏州地处长江尾闾、太湖下游,地形以平原为主,地势低平,总体趋势呈西北高,东南低,沿江高,腹部低,一般高程为海拔 3.5 至 5 米。境内河道纵横,湖荡密布,水陆交通浑然一体,大运河纵贯南北,水流缓慢,属于典型自流水网地区,也是业内公认的水文条件复杂的地区。境内有各级河道 2 万余条,大小湖泊 300 余个,著名的有太湖、阳澄湖、京杭大运河等。水资源主要来自三个方面:降水、地下水、过境水。据《2021 年苏州市水资源公报》数据显示,2021 年苏州市面平均降水量为 1 226.1 毫米,折合降水总量 100.7 亿立方米(不包含长江水面),全市地产水资源总量为 42.051 亿立方米。

苏州古城至今基本保持水陆并行的双棋盘格局。护城河将古城围成一个独立区域,与城内纵横交错的河道共同组成"三横三直一环"的城市河道水网体系。护城河由江南运河和北外城河汇合而成,全长 15.7 千米,是市区水系与周边水系进行水体交换的主要通道,其中运河是护城河的主要补给水源。

苏州在得水利之便的同时也面临水环境变化的压力。随着城市经济发展,苏州土地开发利用强度接近国际警戒线,人水争地矛盾凸显。城市用水量迅速增加,河道受到不同程度污染,水质下降问题突出。

明代以前,苏州城市河道水质良好,市民饮用水源主要为井水和河水。至清朝后期到民国年间,古城内河道被逐步填塞。20 世纪 50 年代,城市工业全面崛起前期,苏州河道水体中高锰酸盐指数和溶解氧含量分别优于现行地面水国家水质标准的Ⅲ类水和Ⅱ类水。20 世纪 60 年代,城内河道水质清澈,可供洗衣淘米、儿童嬉游,护城河为胥江水厂取水源。但自 20 世纪 70 年代以来,苏州河道水质急剧恶化。20 世纪 90 年代,大量不符合排放标准的工业、生活废水排入运河,导致运河水质严重恶化,昔日清澈的河水变黑发臭,市区河段鱼虾几近绝迹。

21 世纪初期,市区河道水质基本常年处于劣Ⅴ类水状态,境内绝大多数湖泊已受到不同程度污染,湖泊富营养化问题突出。2001 至 2003

年苏州市地表水中Ⅴ类水和劣Ⅴ类水两类水所占比例逐年上升,分别为63.4%、64.1%和71.0%,水质呈进一步恶化态势,太湖地区和长江流域浅层地下水受到的污染严重。据2005年统计数据,全市地表水功能区水质达标率仅6.2%。2007年苏州全年期劣Ⅴ类水体占总评价河道河长的76.3%,Ⅲ类、Ⅳ类、Ⅴ类水体总占总评价河道河长均小于10%,区域河道水质污染状况严重。2014年,全市废污水排放量达峰值14亿吨,2016年排查出黑臭水体932个。河湖生态环境问题不断积累,水的"不生态"成为可持续发展面临的首要问题。

造成苏州水质问题的原因主要有两方面:一是河道中污染物排放量增加;二是河道自然净化能力降低。河道中污染物既有"三产"污染源和城市生活污染源在内的点源污染,也有城市降雨径流、河道底泥释放、大气污染转水污染等问题引起的非点源污染。河道自净能力主要取决于河流的水量、流量、流速等因素。明代苏州古城内河道长达90千米,后由于人为填塞(原第二直河几乎全被填埋),河道变窄缩短,水量减少。自20世纪90年代以来,大运河沿岸工农业大量抽用运河水,十字洋河、元和塘等河道不断被侵占而缩窄变浅,来水量明显减少。1992年大运河苏州段改道直接导致进城水量锐减40%以上,同时也减少了太湖清洁水的补充量。自1986年至2003年,全市水域面积减少136.7平方千米,大量"断头河"的存在使有限的有效水量更为紧缺。水域面积衰减导致水环境容量减少,河湖自净能力降低。资料显示,苏州市区河道一般每3到5年自然淤高0.3至0.5米,加上人为垃圾倾倒,淤积量增多。由于河底淤积填高,河床比降减小,流速减缓,加之河道的人为填塞,水脉切断,河道发生"肠梗阻",城内多处河道几乎处于滞流状态,自净能力大幅降低。河水污染导致水生生态系统破坏,河道中的有机物及部分污染物无法被消解吸收,造成水环境质量系统恶性循环。

河道水质恶化使水域功能退化,给城市造成水环境和大气环境污染,危及居民生活环境质量乃至健康状况,给苏州社会经济及环境带来严重影响。苏州从20世纪60年代起开始重视水环境整治,采取一系列工程及非工程综合治理措施,包括产业结构调整、河道整治规划、河道生态修复、污水源头控制、引水冲污、设置水源防护带、严格管控地下水开采等水污染防治办法。近十年来，为解决苏州中心城区水污染问题，政府部门出台了一系列截污、清淤、自留活水、清水等治理措施。2017年以来，苏州市委、市政府以全面深化河（湖）长制改革为抓手，逐河逐湖设立党政河长湖长，层层落实责任，推动苏州全境河湖治理。苏州主动与上海青浦、浙江嘉兴、湖州等交界地区对接协调，创建"联合河长制"，对长三角区域一体化治水进行有益探索。2021年，启动《苏州市水资源综合规划（2021—2035）》，合理划分开采区域，细化用水指标，优化监测布局，科学保护地下水。近年来，苏州河湖生态环境明显改善，再现清澈秀美河湖景象，全市地表水水功能区水质达标率从2005年的6.2%提升至2018年的87.5%。

四、缺水问题

苏州地处长江三角洲、太湖流域腹部，境内地势平坦，河道纵横交错，湖泊星罗棋布。常年雨量充沛，全市多年降水量为1 085毫米，折合降水量90多亿立方米，有长江、运河等过境水资源可以利用，水资源丰富，但同时苏州又是严重缺水地区。

水利部统计资料显示，苏州共有河道21 084条，河流总长度1 457千米，总水域面积3 609平方千米，占苏州市域总面积的42.5%。其中太湖是苏州地区最主要的水资源，按常年平均水位3米测算，太湖的水容积量为48.7亿立方米。据《2020年苏州市水资源公报》数据显示，2020年苏州市入境水量为236.1亿立方米，出境水量为258.0亿立方米。全市供水量为51.59亿立方米，按常住人口计算，人均居民生活用水量为149升/天。近年来，苏州工业用水量较为平稳，居民每年用水量呈稳中有升趋势。

由于水污染严重、湿地减少、水生生物多样性受到破坏，水系自净能力下降。大量过境客水水质，特别是大运河的水质短期内难以改善，仅靠本地降水产量无法满足本市用水需要，需要境外水量来补充。苏州可用水资源形势严峻，被国家列为"水质型缺水"城市行列。

加强苏州水资源保护刻不容缓，要抓紧研究立法，精准解决问题，控制污染源，修复水生态，倡导节约用水。同时，切实加强对地下水资源管控，地下水资源为公共资源，应坚决禁断无序超量私采，为后代留下宝贵的生命之水。

苏州缺水的主要原因有：

一是过境客水水质差、流量少。大运河苏州段地势较低，属于太湖水网，周边工业发达。大运河进入苏州时，水质为Ⅳ类，入境后沿途汇入清流较少。由于太湖禁止排放污水，一部分工业废水和生活污水通过河网汇入苏州运河。目前，苏州运河水质属于劣Ⅴ类，氨氮、总磷等指标超过《地表水环境质量标准》（GB3838—2002）Ⅳ类水质要求。污染物进入水体后，无法自动稀释、降解达标，水纳污能力十分有限。此外，受多种因素综合影响，进入护城河的水量偏少，连续几年实测的月平均进城流量约20万立方米/秒，外城河流速基本小于0.1米/秒，导致护城河流速缓慢，局部出现滞流现象。

二是水质污染严重。据《京杭大运河苏州段重点监控污染源调查分析》，大运河沿线五区相关企业重点污染主要集中在采矿、冶金、煤炭、化工、火电、建材、造纸、发酵、制药和纺织等行业。其中纺织印染、化工生产、电子信息产品制造、金属制造污染最为严重。吴江和吴中区纺织印染企业较多、污染较重，污染物直接排入运河；姑苏区水质主要受生活污水排放影响，总氮、总磷排放占比较高。大运河苏州段底泥汞、镉、铜、铅、铬五种重金属超标。太湖流域富营养化与湖泊污染也相当严重。

三是污水处理能力不足。大量工业废水、农田排水与生活用水超过了水体承载能力，在短期内无法被处理。水环境治理投资巨大，经费有限，治污速度、力度无法匹配水质恶化速度。苏州古城区内一些老街区和老建筑缺乏完善的卫生排水设施，日常生活产生的污水直接排入河道；已建成的管网老化漏失严重，部分污水外泄至附近地表水体，致使生活污水收集率下降。

为解决水质型缺水问题，苏州自2001年起将涉水职能统一划交市水务局一体化管理，制定《苏州市城市排水管理条例》《苏州市河道管理条例》《苏州市供水条例》《苏州市节约用水条例》《苏州市污水治理提质增效三年行动实施方案》等一系列政策法规和管理措施。明确以理活、治清、做美为治水目标，坚持"截、疏、管、引、用"的治水方针，治污、防洪、引水、河道整治多管齐下，恢复水城特色，提升城市形象。完善基础设施建设，实施城区污水管网工程和污水支管到户工程，建立多处污水处理厂，提高截污率和污水处理率；在胥江、上塘河等河道上建闸，控制外来污水进入城内；从长江和太湖东流引水，提高水体自净能力；开展河道综合整治，定期进行清淤疏浚，改善河道环境面貌。通过开源与节流并行，保护与利用并举，积极改善苏州水质型缺水问题。

苏州深入贯彻习近平总书记十六字治水思路，坚持"四水四定"原则，积极实施国家节水行动。最新监测数据显示，2021年，苏州工业园区三个省考断面（娄江朱家村、吴淞江江里庄、阳澄湖东湖南）、太湖、阳澄湖水源地预计全年100%达到优Ⅲ要求。全市万元地区生产总值用水量同比下降5.97%，万元工业增加值用水量同比下降7%，农田灌溉水有效利用系数提升至0.69。常熟市和昆山市在建设节水型社会中不断寻求突破，入选2022年太湖流域片"县域节水型社会达标建设十佳案例"。

第三章 运河与苏州古城

运河与苏州古城密切相关，中国历史上最早的人工运河由吴国开凿，古城苏州（阖闾城）是早期人工运河的始源地。苏州应运河而生、因运河而兴，是大运河沿线重要节点城市。

第一节　阖闾城与早期人工运河

一、相土尝水：阖闾城营造

苏州古城始建于春秋吴王阖闾元年（公元前514年），由吴国大臣伍子胥主持营建，是吴国都城，史称阖闾城。

据《吴越春秋·阖闾内传》记载："子胥乃使相土尝水，象天法地，造筑大城。周回四十七里，陆门八，以象天八风，水门八，以法地八聪。筑小城，周十里，陵门三，不开东面者，欲以绝越明也。"阖闾城集中体现了古代"相土尝水，象天法地"的生态筑城理念，是古代中国水网地区城市营建的典范。

阖闾城是吴国的政治军事中心，营建都城首要考虑的是地理位置的安全性和生产生活的便利性。从地理位置的安全性来看，苏州西抱太湖，北依长江，东近海口，南临水网密布的沼泽之地，太湖至阖闾城之间是丘陵地带，山脉延绵，群峰相望，为险要地形。据太湖、长江为险阻，仗群山、沼泽为廊卫，吴国建都于此，南可制越，西可御楚，可攻可守，进退自如。从土地水资源条件看，吴地处于太湖平原中心，除西部为丘陵地带，其余区域是广袤平川，土地肥沃，水源充足，气候适宜。阖闾城选址于此为后续发展农业、屯粮备战、强国富民奠定了基础。

同为先秦时期营建的洛阳、开封、太原、成都等古城，大都迁移或湮灭，唯有苏州古城城址至今未变，城市格局、道路水系及主要名胜等基本与宋《平江图》中记载相同，在中国城市建设史上具有特殊价值。

二、中国历史上第一条人工运河：胥溪

胥溪是伍子胥受吴王阖闾之命，于公元前 506 年开凿的历史上第一条人工运河。

春秋时期，吴国日益强盛，楚国是吴国的主要敌国，两国常有战事。吴国长于水战，但水路不畅，水师赴前线路途迂回曲折。为减少路途消耗，充分发挥水军优势，吴王阖闾命伍子胥督役开凿胥溪，自苏州胥门起，入太湖，经宜兴、溧阳、高淳，在安徽南部的芜湖注入长江，全长约 225 千米。现胥江（胥门至胥口）即为古胥溪的起始段。

宋代水利学家单锷所著的《吴中水利书》中引用钱公辅之说："自春秋时，吴王阖闾用伍子胥之谋伐楚，始创此河，以为漕运。"钱公辅、单锷认为胥溪开凿始于公元前 511 年，早于公元前 506 年。尽管开凿年代说法不一，但胥溪作为我国最早开凿的人工运河，其开凿年代比邗沟至少早 20 年。

胥溪的开凿在当时意义重大，它大大缩短了从苏州至安徽巢湖一带水上路程，使吴国水师可以直达楚国与其作战，《史记》载："比至郢，五战，楚五败。"同时，胥溪沿途与太湖、石臼湖相沟通，水量充沛，水流稳定，为航运带来了极大便利，也有利于农田灌溉，为保障民生稳定、促进经济发展作出了巨大贡献。

三、吴国北上开凿的人工运河

春秋末期，各诸侯国之间，互相攻伐兼并，战争连绵不断，吴国擅水师，为逐鹿中原，吴国利用太湖流域天然河湖港汊，疏通串联起多条古水道，除胥溪外，以吴古故水道和邗沟这两条人工运河最为有名。

吴古故水道。据《越绝书·吴地记》记载："吴古故水道，出平门，上郭池，入渎，出巢湖，上历地，过梅亭，入杨湖，出渔浦，入大江，奏广陵。"这条吴国北上的水路从苏州平门出发，经无锡、常州达长江，过江抵扬州。吴古故水道是江南运河的滥觞。

邗沟。吴国在打败越、楚两国之后，为北进中原争夺霸主，公元前486年，吴王夫差下令在邗江"筑城穿沟"，利用长江与淮河之间湖河密布的自然条件，通过局部开挖的方式，引长江水串联一系列的水系，沟通了长江与淮河之间的水上通道，史称"邗沟"，又名渠水、韩江、中渎水、山阳渎、淮扬运河、里运河。

据《水经注·淮水》，邗沟北出广陵（今扬州），穿过渌洋、武广（今邵伯湖）二湖之间，入樊梁湖（今高邮湖），再折向东北至博芝、射阳二湖，再向西北至今淮安城北入淮。

邗沟初为军事目的开凿，东汉时即被用于漕运，自隋唐后，则成为漕运的主干线。据《宋史·食货志》记述，每年从江南、淮南、两浙、荆湖征购的大米"于真、扬、楚（今淮安市）、泗（古泗州）州置仓受纳，分调舟船，溯流入汴，以达京师"；明清两代，邗沟的漕运地位更为重要，淮安设总督漕运部院，"漕政通乎七省"；清江浦设江南河道总督署，重点治理和管理清口附近的黄、淮、运河（主要是邗沟），"清时海禁未开，南省人士北上所必经之孔道也"，每当运粮季节，有一万二千艘漕船，十二万漕军，"帆樯衔尾，绵亘数省"。

邗沟沟通了长江、淮河两大河流，是隋唐运河最早修建的一段，也为京杭运河最终实现南北大贯通奠定了基础。

第二节　建在运河上的城市

一、运河与古城

春秋时期，阖闾城形成内外水道相连、河网纵横的格局。据《越绝书》记载："吴大城，周四十七里二百一十步二尺。陆门八，其二有楼。水门八。南面十里四十二步五尺，西面七里百一十二步三尺，北面八里二百二十六步三尺，东面十一里七十九步一尺。阖庐所造也。吴郭周六十八里六十步。"城外护城河既可用于军事防御，又有防洪排涝的作用，城内布满分支水道，内外河流由水门沟通，城外水流引入城内成为居民生活水源。此后吴国以阖闾城为起点，陆续向西、北、东、南等方向开凿河道，这些四通八达的河道，构成了苏州与外界联系的通道。

隋代，江南地区的运河已大部分贯通，成为当时政权赖以生存发展的生命线。此时江南运河建设主要是将原有河道进行拓宽、疏浚及改建，使江南运河与通济渠、邗沟相匹配，满足隋朝政府"公家运漕，私行商旅，舳舻相继"的需求。苏州古城通过护城河水系，与江南运河密切联系，加强了与北方地区的联系，成为江南运河航运的重要节点，为古城发展奠定了基础。其间，越国公杨素于开皇十一年（591年），以苏州地处平原，"尝被围，非设险之地，奏徙于古城西南横山之东，黄山之下"，但在唐武德七年（624年）即迁回原址，这是苏州历史上唯一一次迁城，以失败告终，从侧面反映了原城址选择的优越性。

唐代，苏州号称"雄州"，据《吴地记》记载："其城南北长十二里，东西九里，城中有大河，三横四直，苏州名标十望，地号六雄，七县八门，皆通水陆。郡郭三百余巷，吴、长二县，古坊六十，虹桥三百有余。地广人繁，民多殷富。"白居易在《苏州刺史谢上表》中称："况当今国用多出江南，江南诸州，苏最为大，兵数不少，税额至多。"可见苏州在当时已经是东南名郡。范成大在《吴郡志》中也写道："在唐时，苏之繁雄，固为浙右第一矣。"凭借运河水运的优势，苏州综合实力整体提升，包括政治地位上升、经济稳步发展、人口急剧增加等。古城空间形态随之转变，城内水系随着运河水运发展逐步完善，至唐末，苏州已是全国河网规模最大、河道最密、桥梁最多的水城，陆骑水舫四通八达。这种开放的环境为宋代苏州古城水陆双棋盘格局的形成奠定了基础。

宋朝初年，苏州城市发展迅速，宋《吴郡图经续记》载："当此百年之间［至元丰七年（1084年）］，井邑之富，过于唐世，郛郭填溢，楼阁相望，飞杠如虹，栉比棋布，近郊隘巷，悉甃以甓。冠盖之多，人物之盛，为东南冠。实太平盛事也。"至南宋建炎四年（1130年），金兵南下攻入苏州，古城遭到极大破坏。在此后一个世纪，通过不懈努力，古城逐步得以恢复。

南宋绍定二年（1229年）平江知府李寿朋命人于石碑上镌刻了中国现存最古老、最完整的都市地图《平江图》。《平江图》碑高2.79米、宽1.38米，为单线阴刻，上、下、左、右标出方位，于1961年被公布为全国重点文物保护单位，现保存于苏州碑刻博物馆。此碑准确地反映了护城河内苏州古城的总体布局：城市呈不规则长方形，四周筑有城墙，周约16千米，设娄、葑、齐、盘、阊五对水陆门，偏设而不求对称。盘门是都城的主要城门，位于古城西南，建有高大门楼。城内以"水"为骨架，河道纵横、河街并行，较大的河道南北向有6条，东西向有14条，还有许多支流交织成网状，河道总长约82千米，桥梁共计325座。图碑上还有寺、衙、楼、宅、园等各类建筑，完整呈现了当年苏州古城的概貌，是研究我国古代城市规划及建设的珍贵资料。宋代运河基本保持隋唐时期的形态，持续影响着苏州古城的发展，古城在总体沿袭春秋阖闾城布局的基础上，不断完善内部功能结构，日趋定型。

明清时期，苏州成为国内重要城市，区域经济繁荣，手工业及商业发达，人口密集，文风盛行，社会生活更加多元。该时期人口增加，商贸繁华，带动了城内水陆路网进一步伸展和加密。至明末，城内河道总长达87~92千米，是苏州历史上城内水道最长的时期。城市形态也出现局部调整，古城西北部阊门地区，因离运河航道较近，逐渐成为新的商业中心，富绅官僚居住区、手工业作坊区和批发零售商业区汇聚于此，人口进一步增加。至清初，"阊门内外，居货山积，行人水流，列肆招牌，灿若云锦"。城外，以阊门为核心，沿运河生长出阊门—枫桥、阊门—虎丘和阊门—胥门三条伸展轴，与古城商业中心区连为一体。

清末至近现代，随着城内人口进一步增加，城市空间利用强度进一步增大，局部水系淤塞乃至被填埋，成为建设用地，其中古城西北部发展最快，河道填埋情况最为严重。

近代伴随上海开埠以及铁路运输兴起，运河及城内水道运输功能逐渐弱化，大运河不再是苏州城市发展的主导因素，但其深厚的历史文化底蕴，仍潜移默化地影响着古城发展。

2014年中国大运河申遗成功，苏州是唯一以运河古城概念申遗的城市，凸显出运河与苏州古城独一无二的紧密关系。

二、"围"字形城水关系

苏州古城位于长江三角洲太湖平原中部，为低丘到平原的过渡地带，平均海拔约3米。北、东、南三面均为典型的平原河网地区，河道纵横，水流相通，自古就有"泽国"之称。

苏州建城后，为沟通周边区域，以古城为起点向外开凿了胥溪、胥浦、蠡渎、苏锡运河、苏嘉运河等多条运河。这些通江达海的外围水系奠定了古城水道生成的基础，使古城得以通过四通八达的水道与外界联系，城内水系不仅用于交通运输，也作为城内百姓生活水源，是城市赖以生存发展的基础。

苏州古城总体呈现"围"字形水系格局，除外围护城河组成的一环外，古城内以横平竖直的棋盘格水道为主。

苏州城内水道分布情况最早见于《越绝书》："邑中径从阊门到娄门，九里七十二步，陆道广二十三步；平门到蛇门，十里七十五步，陆道广三十三步，水道广二十八步。"春秋阖闾建城时期，苏州已对城内水道进行了专门规划。

《史记·春申君列传》记载的春申君黄歇"请封于江东，考烈王许之。春申君因城故吴墟，以自为都邑"。唐代张守节在《史记正义》中，对其注释为："墟音虚。阖闾今苏州也。于城内小城西北别筑城居之，今圮毁也。又大内北渎，四从五横，至今犹存。"说明自战国至唐代，古城内的水系基本不变。唐陆广微在《吴地记》中记载："城中有大河三横四直……郡郭三百余巷"，结合唐代诗人杜荀鹤、刘禹锡及白居易等在诗文中描绘的"君到姑苏见，人家尽枕河。古宫闲地少，水港小桥多""二八城门开道路，五千兵马引旌旗""绿浪东西南北水，红栏三百九十桥"等景象，可以推测当时苏州古城内"三横四直"的骨架水系已形成，城内"水陆相邻，河路平行"的双棋盘式城市格局已基本定型，"小桥流水"的城市景观已深入人心。

苏州古城"水陆并行、河街相邻"的总体格局最早在南宋《平江图》中得到了清晰具象的呈现。该图准确反映了南宋时苏州古城内的水道分布情况：有两重城垣及水陆城门5座，城内河道纵横交错，包括干河、支河共计有78条。其中"三横四直"主干河道在图中悉数可见，古城水陆并行、河街相邻的格局十分明显。

明崇祯十二年（1639年）的《苏州府城内水道图》是继《平江图》之后的又一幅清晰表现城内水道桥梁的城市地图。两图相较，可见该时期城内水道与南宋时期对比略有变化，水道总长度为历史最长时期。

清乾隆十年（1745年）的《姑苏城图》是历史上对苏州古城水道、街巷等绘制最为详细的一幅古城地图。主持者为当时苏州知府傅椿，绘制者为后被乾隆召入宫中绘制《盛世滋生图》的苏州画家徐扬。现存的《姑苏城图》为清乾隆四十八年（1783年）知府胡世铨重刻版。全图绘制精细，方位正确，比例匀称，标注详明。与《平江图》及《苏州府城内水道图》相比，此时城内水道已发生较大变化，除"三横四直"主干水道不变外，其余支流河道根据生活生产需求有所调整，总体呈现水道减少趋势。

清嘉庆二年（1797年）江苏巡抚费淳主持苏州城内河道疏浚并绘制了《苏郡城河三横四直图》，此图作为日后苏州古城内河道疏浚的标准，进一步明确了城内"三横四直"主干水道作为古城内水系骨架的重要性，清盛林基撰写《苏郡城河三横四直图说》，对"三横四直"河道的起止、走向进行了详细说明。

清光绪三十四年（1908年）《苏州巡警分区全图》所示水道情况较嘉庆时略有变化，但"三横四直"主干水道仍未改变。

民国二十九年（1940年）《吴县城厢图》显示，民国期间城内河道填没活动仍在继续，当时第二直河中段已被填为平地。

自20世纪40年代以来，河道通航运输的功能不再突出，也不再作为城市生活用水的水源。城内的水道填埋情况持续增多，水系格局遭到破坏。

1986年国务院批复同意《苏州城市总体规划（1985—2000）》，明确要求："保持三横三纵加一环的水系及小桥流水的水巷特色，保持路河并行的双棋盘格局和道路景观。"根据要求苏州市政府制定了水系保护的相关政策，破坏城内水系的行为得以纠正，河道总体框架得到维系。

目前，苏州古城水系保持"三横三纵"的主体框架，主干河道长度约为21千米。与历史时期相比，虽然河道规模及长度明显减少，部分河道位置也有变化，但"围"字形城水关系始终保持，水陆并行双棋盘的古城布局至今未变。

三、城市形态与宜居建筑的典范

苏州古城规划合理，建筑布置均匀，空间疏密有致，双棋盘格局的水系与街巷贯穿于每一个街坊，各类建筑、广场、庭院、绿地及园林等公共空间相互渗透融合，使城市居民能亲近水、感受水。这种亲水、共享的空间形态，体现了人与自然的有机交融，凸显了城市规划生态平衡的理念，是千百年来人们追求向往的城市形态与宜居建筑的典范。

（一）古城空间结构独具特色，在城市形态上体现科学性

苏州古城的总体格局源于春秋时期吴国的阖闾城，受周王朝营造制度的影响，呈现井田方格网的规划思想。在此基础上，古城居民充分利用自然环境优势，经历代完善，于南宋时期形成了以运河环城水系为边界，城内河道为骨架，街巷沿河道并行，河道与街巷纵横交织的水陆双棋盘式城市格局。

苏州古城外轮廓并非正方形或长方形，除东南角是工整的直角外，其东北、西北均为抹角，西南则向外凸出呈弧形折角，这是综合考虑水流、水势和地形变化而进行的科学设计。由于苏州古城北护城河水流湍急，城墙转角如是直角，河流转向过急，易使水流不畅，因此设计成抹角，此举对畅通水流及行船通航十分有利，可以有效避免河堤和城墙被损毁。西南凸出略呈弧形折角，使城门朝向东南，则是因苏州古城西南多山，地势较高，一旦太湖洪水暴发，凶猛的洪水将直冲古城，把城墙西南转角建成外凸状，加上盘门面向东南，可使西侧洪水顺弧形折角东流，避免洪水直冲涌灌入城。城外东南角因有较宽阔的水面，此处水流沿城墙东侧、南侧汇合后可直接向南流去，因此城东南角城墙做成最简便的直角。此外，出于军事考虑，东、西两侧城墙并不成直线，在中段均有曲折，以便进行防御。

水陆双棋盘格局体现了当时科学的交通货运方式，在以舟楫为主要交通工具的古代，城市发展与运河航运密切相关，水路运输成本低、速度快、运载量大，是古代交通运输的主要方式，尤其是长途运输，几乎全靠水路，短距离出行则以陆路更为便捷。水陆双棋盘格局，将水、陆两套交通体系密切联系，水运在前，陆运居后，通过河埠、码头无缝衔接，实现水陆联运，增加整体通达性；同时又将水、陆交通体系相互分离，水路在下，陆路在上，通过高差、空间形式的分层，形成水陆立体交通，提高交通运输效率。

（二）古城建筑秉承人与自然和谐相处理念，在有限空间创造人居环境典范

苏州古城街坊内的建筑大多"前街后河"，这种布局使得居民日常所需的生活物资以及各类手工业产品都可以通过水路运送，居民生产生活十分便利。由于建筑面水临街的空间极其宝贵，因此平面布局往往呈长方形，面宽方向窄，进深方向长，建筑以天井院落为基本单位，形成进落式建筑。这种布置一方面可以增加建筑采光，另一方面也能更加适应江南地区的季风气候。建筑群之间常由狭小的巷道进行分隔，有利于加强空气流通。此外，部分建筑还装有可拆卸的落地长窗，夏季打开可增强通风，冬季关闭可以御寒且不影响采光。为了遮阳和防雨，屋顶多有出檐，在山墙或楼层分隔处加设披檐。

古城建筑十分注重美观，以"尺度宜人"为原则进行设计，河、街、宅、桥等尺度均不大，相互间保持着良好的比例关系。除寺庙、道观等宗教建筑高大开阔外，民居建筑整体低矮，古城内北寺塔、瑞光塔两处为古城制高点，其余建筑层次分明，疏朗有致。建筑外观以黑、白、灰为主色调，加上其他颜色的墙基、台阶、门窗、装饰构件等点缀，总体淡雅素净、朴实无华却极富生气。这些错落有致的建筑与高低起伏的水巷、桥梁、河埠共同形成古城"小桥流水人家"的诗画意境。苏州古城内还散布着各式园林，这些园林宅园合一，可赏可游可居，既是名胜古迹，也是建筑艺术，具有极其丰富的文化内涵。

第三节　苏州古城的保护与发展

一、苏州古城价值研究

苏州古城历史悠久，古城价值有多种提炼和表述，从文化遗产角度看，古城主要有如下特点。

（一）它是一座 2 500 多年城址未变、格局依旧的城市

苏州古城始建于公元前 514 年，是著名政治家、军事家伍子胥主持营建的吴国都城。

据《越绝书》《吴越春秋》等史书记载，这座都城周长 47 里，建有 8 座水陆城门。古城建成之初即以水为中心进行规划设计，因水制宜，确定了城址范围，为"水陆并行，河街相邻"城市格局的形成奠定了基础。

关于这座都城的前世今生研究，除了文献和考古资料外，还有一个重要石刻资料，就是形成于 13 世纪（1229 年）的《平江图》。它是由当时苏州（古称平江）郡守李寿朋主持石刻的城市平面图。通过对《平江图》研究，古城的规模、尺度和八城门设置与史书记载的吴国都城基本一致；城市格局、道路、水系和主要名胜与现在的城市遗存大体相同，这在中外城市史上是罕见的。

这座建造于战争时期的古代都城，军事城防功能是城市设计的首要考量。古城四周有护城河环绕，东西南北各设两座水陆城门与城外通联。开凿胥溪（现称胥江）引太湖水入城，既能为城市提供充足的水源，又能调遣水军入太湖与楚军及越军作战。

城门是古城最重要的城防设施。现存的盘门水陆城门是同类遗存中的孤例，是古代军事城防技术的创造性杰作。水陆城门分别设置，互相呼应。水城门有前后两道门，中间是"月城"。从护城河驶进水城门有90°角，加上河水流速较快，舟行困难，可防偷袭；陆城门亦有两道门，中间是"瓮城"，便于围歼来犯之敌。水陆城门还是古代重要的防洪设施和交通枢纽。

（二）它是一座园林遍布、水系纵横的东方园林水城

苏州是园林之城，鼎盛时期，号称"半城园亭"，现列入《苏州园林名录》的有108处，另有园林遗址遗迹30余处，包括宋代的沧浪亭，元代的狮子林，明代的拙政园、留园，清代的网师园、怡园、耦园等，集宋、元、明、清历朝造园艺术手法于一城，体现了苏州"园林之城"的城市面貌。尤其中华人民共和国成立后，苏州园林作为中国传统文化的代表被宣传至世界各地，在世界范围内得到认可。1997年及2000年，拙政园、留园、网师园、环秀山庄、沧浪亭、狮子林、耦园、艺圃和退思园九处园林作为苏州古典园林代表被列入《世界遗产名录》，集中体现了苏州"园林之城"的城市特质。苏州园林是中国古代文人士大夫的精神家园，凝聚了他们对自然、社会、人生的思考和谛悟，透过"大隐小隐""入世出世""多许少许"的文化表象，传达他们对理想品质生活的追求。世界遗产委员会对苏州园林这样评价："没有哪个园林比历史文化名城苏州的园林更能体现中国古典园林的理想品质，咫尺之内再造乾坤。苏州园林被公认是实现这一设计思想的典范。它以精雕细琢的设计，折射出中国文化中取法自然又超越自然的深邃意境。"

苏州园林有四大构成要素：叠石、理水、植被、建筑。从文化层面看，山、水是核心，特别是水，是园林的灵魂。园林营造中，山可以人工叠石成之，水则必须引自天然水源，所谓"假山真水"讲的就是这个造园法则。

苏州园林和古城水系有着密切的关系，几乎所有的园林都是依水而建。从绘制于17世纪初期（1639年）的《苏州府城内水道图》中可以清晰看到这种园水相依的造园理念。

(三) 它是一座被称为"鱼米之乡""人间天堂"的城市

苏州创造性地建立了超越时代的价值观，坚持农业、手工业、商业"三业并举"，崇尚文化，重视教育，使以苏州为代表的江南地区成为"天下粮仓""丝绸之府""国家智库"（状元之乡，清代状元占全国1/5），"资本主义萌芽先行之区"，是农耕时代东方文明的一个坐标。

古城依水而建的民居建筑，充分考虑当地水系、季风等因素，前街后河，水陆并行，建筑偏向东南3°~5°，最大程度利用夏天季风和冬天日照，是中国传统砖木结构宜居建筑的典范。

古城有"小桥流水人家"的文化景观、富裕精致的舒适生活，是中国古代的"诗意江南""人间天堂"。

(四) 它是一座名副其实的世界遗产城市

苏州是同时拥有"世界文化遗产""联合国教科文组织非物质文化遗产"和"世界记忆遗产"的城市。

1997年苏州古典园林（拙政园、留园、网师园、环秀山庄）被列为世界文化遗产。2000年，沧浪亭、狮子林、艺圃、耦园和退思园等五座苏州园林增补列为世界文化遗产。

2006年，苏州古城（平江历史文化街区、山塘历史文化街区、盘门）被列入《中国世界文化遗产预备名单》。

2012年，江南水乡古镇被列入《中国世界文化遗产预备名单》，作为典型例证的十个古镇，苏州占有6席。

2014年，中国大运河被列为世界文化遗产，苏州运河是其重要组成部分。以大运河申遗为契机，苏州段在用运河、山塘河、上塘河、胥江、平江河、护城河、觅宝段运河七条水系和山塘历史文化街区（含虎丘云岩寺塔）、平江历史文化街区（含全晋会馆）、盘门、宝带桥、古纤道七个相关点段作为中国大运河遗产点被纳入《世界遗产名录》。苏州是大运河沿线唯一以"古城"概念申遗的城市，是大运河城市景观遗产的一个典型例证。

2018年，苏州加入"世界遗产城市组织"，成为中国第一个正式会员城市。

苏州非物质文化遗产项目众多，类型丰富。

2001 年，昆曲被联合国教科文组织列为"人类口头和非物质文化遗产代表作"。

2003 年，古琴艺术被联合国教科文组织列入《人类非物质文化遗产代表作名录》。

2009 年，苏州端午习俗作为中国端午节的四个重要组成部分之一被列入《人类非物质文化遗产代表作名录》。

同年，苏州宋锦和缂丝作为中国蚕桑丝织技艺的杰出例证、苏州香山帮传统建筑营造技艺作为中国传统木结构营造技艺的重要组成部分被列入《人类非物质文化遗产代表作名录》。

2014 年，苏州被联合国教科文组织命名为"手工艺和民间艺术之都"。

2017 年，《近现代中国苏州丝绸档案》被联合国教科文组织列入《世界记忆名录》。

二、苏州古城保护实践

古城保护是一个重大课题，也是一个复杂的系统工程。苏州保护古城的主要做法如下。

（一）从规划层面做系统研究和设计，明确古城保护的方向、层次和技术规范

1. 编制《苏州城市总体规划》

首先是研究编制《苏州城市总体规划》，1986 年国务院对《苏州城市总体规划（1985—2000）》进行批复，提出"全面保护古城风貌"的要求，苏州古城保护工作始终围绕这一原则展开。

目前编制的《苏州市国土空间总体规划（2021—2035 年）》，提出构建全域历史文化保护体系，加强苏州历史城区保护与活化利用，强化苏州"江南文化"核心地位，建设世界遗产典范城市，构建全域性、整体性苏州历史文化名城保护体系，在全面保护苏州古城水陆并行、河街相邻的双棋盘城市空间格局和小桥流水、粉墙黛瓦的传统风貌基础上，发挥"绣花功夫"，采取渐进式、微更新方式，全面推动古城复兴，实

现"空间复兴、功能复兴、经济复兴",进一步为古城保护和城市发展指明方向。

2. 编制《苏州历史文化名城保护规划》

为适应城市保护发展需要,自1986年至今,苏州已五次修订《苏州历史文化名城保护规划》。与前四版相比,2020年的第五版规划保护工作更系统,保护理念更先进,规划内容更全面,更具有前瞻性,提出了全面的名城保护观——保护、利用与发展三者相互协调、相辅相成,使保护和利用历史文化成为一种可持续的发展方式。在地域空间上将苏州分为"历史城区""城区"和"市区"三个层次。其中历史城区层面由"一城、两线、三片"优化为"两环、三线、九片、多点"的保护结构[两环:城环、街环;三线:山塘线、上塘线、城中线;九片:阊桃片(阊门历史文化街区、桃花坞片区)、拙政园片、平江片、怡观片(怡园历史文化街区、观前片区)、天赐庄片、盘门片、虎丘片、西留片(西园片区及留园片区)、寒山片;多点:城门、代表性园林、标志性古塔、标志性近现代建筑],使保护工作更为细化。

3. 编制《苏州历史文化街区保护规划》和《苏州历史文化街区城市设计》

苏州历史城区内有五个历史文化街区,它们是古城传统风貌、历史遗存最集中的区域。根据《苏州历史文化名城保护规划》,对五个历史文化街区进行重点研究,分别编制街区保护规划和城市设计,已编制完成的规划及方案包括《苏州平江历史文化街区保护规划》《苏州阊门历史文化街区保护规划》《苏州平江街区保护更新规划》《苏州古城平江历史文化街区保护与整治规划》《山塘历史街区控制性详细规划》《阊门历史街区保护与整治规划》等,为古城核心区的遗产保护和城市发展提供规划依据。

(二)从政策层面研究制定一系列有针对性的地方性法规、规章和规范性文件,为古城保护提供法规保障

苏州的地方性法规、规章、规范性文件涉及古城历史文化保护的方方面面,是对国家上位法的有效补充,详见表1。

表 1　苏州古城保护地方性法规、规章、规范性文件

序号	名称	出台日期
1	《苏州市城市规划条例》	1995 年发布 2004 年修订
2	《苏州园林保护和管理条例》	1996 年发布 2016 年修订
3	《苏州市市区河道保护条例》	1997 年
4	《苏州市文物保护管理办法》	1997 年发布 2004 年修订
5	《苏州市古树名木保护管理条例》	2001 年
6	《苏州市古建筑保护条例》	2002 年发布 2022 年修订
7	《苏州市历史文化名城名镇保护办法》	2003 年
8	《苏州市古建筑抢修保护实施细则》	2003 年
9	《苏州西部山区春秋古城址群保护意见》	2003 年
10	《苏州市城市紫线管理办法（试行）》	2003 年
11	《苏州市城市规划若干强制性内容的暂行规定》	2003 年
12	《苏州市区古建筑抢修贷款贴息和奖励办法》	2004 年发布 2019 年修订
13	《苏州市河道管理条例》	2004 年
14	《苏州市市区依靠社会力量抢修保护直管公房古民居实施意见》	2004 年
15	《苏州市文物保护单位和控制保护建筑完好率测评办法（试行）》	2005 年
16	《苏州市文物古建筑维修工程准则》	2005 年
17	《苏州市地下文物保护办法》	2006 年发布 2022 年修订
18	《苏州市城乡规划条例》	2010 年发布 2020 年修正
19	《苏州市古村落保护条例》	2013 年

续表

序号	名称	出台日期
20	《苏州市非物质文化遗产保护条例》	2013 年
21	《苏州市城乡规划若干强制性内容的规定》	2013 年
22	《关于保护传承香山帮传统建筑营造技艺实施意见》	2014 年
23	《苏州市历史文化保护区保护性修复整治消防管理办法》	2014 年
24	《苏州国家历史文化名城保护条例》	2017 年
25	《苏州市古城墙保护条例》	2017 年
26	《苏州市江南水乡古镇保护办法》	2018 年

上述法规、规章、规范性文件进一步夯实了古城保护工作的基础，其中有一个重要的文件就是《苏州市城乡规划若干强制性内容的规定》。这个文件最早于2003年发布暂行文件，2013年做了修改完善。它是关于苏州古城保护操作性较强的一个政府规范性文件。主要内容包括：① 控制高度，不同地段新建建筑的高度，分别控制在3~6米、9~12米、12~15米，最高不得超过24米；② 控制形式，住宅必须按双坡屋顶设计；③ 控制色彩，建筑色彩总体以黑、白、灰为主，体现淡、素、雅的城市特色；④ 控制道路宽度；⑤ 划定空间视线走廊；⑥ 禁止新建水塔、烟囱、电视塔、微波塔、架空线路。

（三）渐进地、不间断地实施古城保护系列工程，同时积极开展预防性保护尝试

1. 文物抢救保护工程

从20世纪50年代开始，先后对苏州的园林名胜、寺庙道观、官署会馆、名人故居、古建老宅进行了重点抢救保护。共抢修保护文物230余处，投入资金8.6亿元。国保单位文物完好率提升到100%，省保单位提升到95%，市保单位提升到85%。

2. 街坊解危安居工程

从20世纪90年代开始，苏州先后对古城区的10个街坊进行整治改造，完善基础设施，提升居民生活质量。近期又对古城区54个街坊完整地进行了城市设计，整体提升古城保护水平，提高宜居舒适度，激发古城活力。

在街坊改造过程中，基础设施包括供水、供电、供气、通信、有线电视、排污排水、路灯照明等管线铺设一步到位。改造后的街坊告别了马桶、浴桶、吊桶、煤球炉"三桶一炉"，人均建筑面积由15.4平方米提高到25.1平方米，苏州古城保护更新的案例获得2001年中国首届人居环境范例奖和2002年迪拜国际改善居住环境最佳范例的称号。

3. 环古城风貌保护工程

21世纪初，为迎接第28届世界遗产大会在苏州召开（2004年），市政府启动了环古城风貌保护工程，该工程历时三年，共投入近30亿元，对环绕古城15千米的护城河进行整治，通过拆除违章建筑，修复人文古迹，挖掘文化内涵，整修桥梁驳岸，配置临水绿化景观等措施，使护城河环境质量得到明显改善提升。

4. 平江历史文化街区和山塘历史文化街区保护修复工程

这是苏州古城最具代表性，也是规模最大的两个历史文化街区。从20世纪90年代开始，苏州对这两个历史街区进行了全面的保护修复，修复后的两个历史文化街区均被评为"中国历史文化名街"，成为苏州城市新地标和旅游目的地。保护性修复工作至今还在延续。

5. 背街小巷整治和改厕工程

2007年苏州启动背街小巷整治工程。主要内容包括：整治道路，改造管网，绿化景观，修缮危房，整治立面，梳理线路，完善市政设施，整治街容秩序，治理庭院环境，配套生活设施。在此基础上，对全市2万多个家庭尚存的马桶进行集中改造，增设抽水坐便器和淋浴房，使部分居住在老房子里的居民的居住环境和品质得到显著改善。

6. 河道清淤净水工程

苏州是水城，水是古城的特色景观，所谓"小桥流水人家"就是对苏州的写照。曾经有一段时间，苏州古城的水质较差，经过二十多年持续不断的清淤、保洁和自流活水改造，苏州古城的水质得到明显提升。

7. 非物质文化遗产抢救保护工程

建立《非物质文化遗产代表性项目名录》，编制《苏州市非物质文化遗产保护条例》，确定非物质文化遗产代表性项目的保护单位和代表性传承人。积极实施重大非物质文化遗产保护工程，并依据非物质文化遗产项目的特点和现状，分别采取抢救性保护、记忆性保护、生产性保护和区域性整体保护等分类保护办法，使数量众多门类丰富的非物质文化遗产得到切实有效的保护。

8. 预防性保护工程

苏州的文物预防性保护首先从可移动文物开始，之后逐步向不可移动文物延伸拓展。这是积极借鉴吸收国际遗产保护理念的一个新尝试，改变了"小病不管，大病大治"的传统做法，变被动为主动。通过加强本体和环境、病虫害监测，提早制订预防性措施，减缓文物的变化，达到保护的目的。目前苏州对两个世界文化遗产项目（即苏州古典园林和苏州大运河）进行了文物预防性保护试点工作。

(四) 建立古城保护研究咨询决策机制

成立"苏州市城市规划专家咨询委员会""苏州市古城保护专家咨询委员会"。聘请国内顶级院士、专家担任委员，发挥专家智库作用，运用理论成果，借鉴先进做法，对苏州城市规划、古城保护、规划设计、建设管理等重大议题开展咨询论证，发表建设性意见，为市委、市政府科学决策提供依据。校区合作成立"苏州国家历史文化名城保护研究院"，内设"名城遗产保护技术实验室""名城保护规划研究所"等8所2室，对名城保护相关领域进行"全覆盖""全科型"研究，重点突出应用性研究，为古城保护提供全方位智力支持。

(五) 重视文化遗产保护的情感培育和传统技艺的传承培训

文化遗产的突出普遍价值、对经济社会发展的积极影响，以及给民众带来的切身利益应当通过适当的方式向社会和公众宣传、普及，培育公众对文化遗产的情感，使公众认识它的价值，感知它的脆弱，从而自觉承担保护传承的责任。

为了唤醒和培育公众的文化遗产情感，苏州以第28届世界遗产大会在苏州召开为契机，确定每年的6月28日为"苏州文化遗产日"。

通过开展一系列活动，让更多公众接触文化遗产，了解文化遗产。

苏州古典园林被列入《世界遗产名录》之后，苏州市政府免费给市民发放园林参观券，让更多的市民走进文化遗产，感知文化遗产的魅力。

中国大运河申遗成功之后，苏州花巨资对护城河环境、功能进行整体提升，打造"生态景观、遗产展示、健身步道"三位一体的文化综合体，让广大市民在健身运动的同时，亲近运河遗产，了解遗产知识。

联合国教科文组织亚太地区世界遗产培训与研究中心在苏州设立分中心，致力于亚太地区古建筑修复技术的培训与研究，开展针对青少年的世界遗产教育，十多年来，先后举办了数十次国际培训活动，培养数百名亚太区和本土优秀传统砖木结构技师名匠。

三、苏州古城发展探索

遗产城市、城市遗产具有突出的普遍价值，保护是第一位的。同时应当看到，城市是人生活的场所，发展是城市的内在需求，也是人的基本权利。只有既保护古城的历史文化，又促进城市的经济发展，才能在发展中更好地保护古城，实现古城保护与发展的融合推进。保护是前提，但保护对象的价值有高低，种类有区别，保护的强度、方法不能一成不变。应当根据具体情况具体研究，采取兼顾双赢的方法，既保护好，又利用好，使遗产活起来，传下去。保护城市风貌也不应该是简单的模仿或复古，富有时代特征、尺度适宜、新颖的、有品质的新建筑设计应当被接受和提倡。今天留给城市的一切优秀的、有形的、无形的创造，都是未来的遗产。

基于以上认识，苏州在以下三个方面做了谨慎探索。

（一）关于民居建筑的保护利用探索

苏州古民居是古城风貌的重要载体，面广量大，保护的压力也非常大。为了有效保护苏州古民居，苏州在保护主体、保护方式、利用方式等方面做了一些探索。以纽家巷方宅为例：

方宅是苏州市控制保护建筑，位于钮家巷 33 号。东临平江河，占地 2 100 平方米，建筑面积 2 400 平方米，四路四进，是较为典型的清代苏式传统民居建筑。此前方宅内有 21 户居民和一个旅游鞋帽厂，公房、私房、厂房混杂，年久失修，破损较为严重。2003 年，平江区政府引入港资，对方宅进行全面整修，辟为民宿——平江客栈。经过几年精心打造，平江客栈成为苏州非常著名的品牌民宿。2008 年被《商务旅行》杂志社评为"中国最不能错过的十大客栈"，深受海内外公务、商务旅行者和背包客的喜爱。顾客感言：这里不仅是一个客栈，还是苏式生活的一种体现，更是一个鲜活的苏州传统文化的样本。

方宅是苏州第一个引入社会资本（港资）保护利用古民居的案例。苏州古民居的保护通常有三种模式：一是政府出资保护；二是政府和社会力量合作保护，政府负责原住户、原使用单位的动迁安置，社会力量负责维修、租赁使用；三是产权转让保护。方宅属于第二种模式。

方宅也是苏州第一个文物建筑开办民宿的案例。文物建筑能不能开民宿、能不能从事商业活动，当时有不同的声音。苏州提出，文物建筑的利用应当根据业主和市场的需求确定，但要遵循三个基本原则：一是装修使用不能伤害文物本体；二是不能做有潜在安全风险的项目，如易燃、易爆、有腐蚀性等项目；三是应当用适当的方式介绍宣传该建筑的历史信息和价值。

方宅还是维修方案和装修方案同时设计、同步实施的一个案例，避免了二次装修对文物建筑的损伤。

为了满足客栈的功能需要，在保护文物建筑的前提下，方宅装修采用了一些新材料、新工艺、新做法。

一是客房隔音装置。在原墙体上增加纤维水泥板、岩棉、空气隔音层和板墙，既起到隔音作用，又增强节能保温效果。

二是部分吊顶设计。传统建筑的屋架有结构之美，原则上不吊顶，便于住店客人观赏了解苏式建筑的原有特征。做局部吊顶，主要是为了水、电、气、网络、通风等管线的隐蔽性铺设。

三是增设卫生设施。方宅在每个客房都配置了现代化的卫生间，采用轻钢毛面玻璃安装，便于维护。为了防止淋浴水汽外溢造成对木结构的不良影响，还增加了一个木质外套。

四是安装消防系统。为了防止火灾事故，方宅安装了自动喷淋灭火系统，有效防范火灾发生，为古建筑设计、安装、使用喷淋系统做了有益的探索和实践。

苏州利用古建筑做民宿、酒店的案例，除方宅外，还有蒋纬国故居（南园宾馆）、北半园（苏州平江府酒店）、潘氏祖宅（花间堂）等。

（二）关于工业遗产的保护利用探索

工业遗产是工业文明的产物，是影响人类发展的重要史迹见证。中国对工业遗产的关注和保护起步较晚，始于20世纪80至90年代。苏州工业遗产的特点：其一，存续时间不长，最早为19世纪末，约一百多年；其二，类型相对单一，主要集中在纺织和丝绸工业，此外就是一些规模不大的传统手工业；其三，完整性不够，大多工业遗产，现主要存留厂址、厂房，机器设备等在20世纪90年代企业转制时作为资产已经被拍卖；档案资料和其他有形无形的遗产要素也残缺不全。尽管如此，苏州对这些保存的厂址厂房倍加珍惜，因为它是一个历史时期苏州地方的集体记忆，将其保护好、展示好、利用好，是大家的共识。以苏纶纱厂为案例，可以了解苏州对工业遗产的保护和探索。

苏纶纱厂始建于1895年，是苏州现存最早的近代工业遗产，现存建筑近8万平方米，占地面积11万平方米。

保护方面：公布为苏州市文物保护单位，划定保护范围和建设控制地带，核定11个建筑单体为文物本体，建立记录档案，编制保护规划。需要说明的是，苏纶纱厂建筑从建厂之初的清末到民国直至中华人民共和国成立之后，不同时期都有建造。为了保持建筑时代序列的完整性，苏州把1983年新建的织造车间也列为文物本体加以保护。

利用方面：研究制订保护利用方案，重点解决保护方式、技术手段和利用主题等问题。

根据11个建筑单体的现状和利用要求，经过反复研究和专家论证，采取了多种方式进行保护。

第一类：原样维修。包括一纺车间、厂部办公室（俗称老洋房）、电厂三处建筑。这三处建筑，保存相对完好，价值较高，严格按照不改变文物原状原则，完整保留工业建筑原有的历史信息。

第二类：整体平移保护。包括俱乐部、医院、宿舍三处建筑。这三处建筑整体向南平移30米，满足消防通道的设计要求并适当安排必要的人流应急疏散空间。砖混结构的建筑通过物理手段，保持原样。整体平移技术在文物保护工程实践中已有案例，是一项成熟的技术。

第三类：落架维修。包括空压机房和三纺车间。空压机房屋顶、墙体坍塌严重，从技术上研究，落架才能解决保护利用问题。三纺车间原屋面为预制水泥板搭建，连接牢固度差，安全要求不达标，需要拆卸后重新加固连接强度，达到地方抗震技术要求。

第四类：改造利用。主要针对织造车间，采用现代材料和技术手段加固改造，达到使用安全要求。

苏纶纱厂的利用主题确定为文化综合体，是集书城、阅读、旅馆、购物、美食、休闲于一体的大型文化空间。具体设计：原三纺车间为书城，织造车间和职工宿舍为阅读旅馆，俱乐部和医院为养生会馆；一纺车间为文创中心，电厂、空压机房为酒吧、咖吧，老洋房为商务中心。

（三）关于新建筑的探索

苏州作为遗产城市，新建建筑到底应该怎么做？与传统风貌相协调应该怎么理解？我们认为，建筑应该要有时代特征，形式、材料、设计可以是现代的，但一定要有苏州传统元素，要能感受内在的文化传承；与传统风貌相协调也不是简单的形式上的仿古，建筑的比例、尺度和品质至关重要。

用两个案例谈谈苏州古城里的新建筑。

案例一：苏州博物馆。它是2004年在老馆的西侧新建的一个博物馆，位于拙政园历史文化街区，东临全国重点文物保护单位忠王府，北靠世界文化遗产拙政园，地理位置极为敏感，项目的挑战性是前所未有的。担纲设计的是世界著名建筑大师贝聿铭。新馆2004年开工建设，2006年建成开放。十多年来，每年有200多万人来馆参观，其中有一部分人主要是来看建筑的。实践证明，这个新建筑是成功的，大家都很喜欢，就连一开始有不同意见的人也慢慢理解和认同了这一作品。苏州博物馆好在哪里？

第一，融入环境。贝聿铭说："相对于拙政园和忠王府，我做的这个大房子是晚辈，不能抢了前辈的风头。"所以他设计的时候掌握一个原则：不高，不大，不突出；内敛，安静。

第二，恰如其分地运用苏州传统元素。新馆设计整体为"回"字形，既参考了苏式建筑的走马楼布局，也表达了中国传统文化中的和合理念；屋顶钢结构支撑系统与传统的苏式大木结构的梁架体系一脉相承；白墙、青灰色花岗岩屋面、双坡顶，与苏式建筑"粉墙黛瓦"的风格意向相映相成；还有园林、借景，恰是苏州传统营造的现代版本，中而新，苏而新。

第三，创新理念和发展意识。苏州博物馆庭院中的叠山设计是一个极好的诠释。叠山是苏州园林营造中文人士大夫情感世界的极致表达。新馆的叠山怎么做？贝聿铭说："这个假山很难做。我不能再用太湖石做，也不能再用传统的方法做，要做成21世纪的东西。"他从宋代大画家米芾的片石山水画中获得灵感，选用泰山石切片组合，巧借拙政园白色墙壁，"以壁为纸，以石为绘"，创作了一个别开生面赏心悦目的现代叠石经典。

第四，量身定做的匠心。贝先生设计苏州博物馆之前，花了一年多时间，全面系统研究博物馆的藏品，对其数量、等级、类别、尺寸、特点了然于心。据此量身定做了苏州博物馆的展厅，以艺术博物馆为基本定位，以虎丘云岩寺塔、瑞光塔两塔出土文物为重点展示单元，以明清工艺品为特色展示，同时设计宋画斋、明书斋两个场景式体验单元。此外，还特别设计了现代艺术馆，增强博物馆时代性和国际性。

苏州博物馆作为苏州古城的新建建筑是成功的，具有重要的示范意义。

案例二：四方的雨。它是苏州古城第一个城市现代装置。位于苏州丝绸博物馆东侧小广场。在这里做一个城市装置，一是为了改善原馆三个呈"品"字形建筑之间的视觉联系；二是为了增强在城市中轴线人民路上的标识度。顾虑在于它毗连千年古塔北寺塔，又在古城中轴线上，做现代城市装置是否适合。担纲设计的是日本青年设计师松原独步。"四方的雨"呈四方形，悬于半空之中，520根特制的白色金属细管垂挂其间。白色是蚕茧的颜色，也是苏州城市基本色调。悬挂的白色垂线象征雨丝,与苏州东方水城呼应,又代表丝绸的经线,紧扣丝绸博物馆主题。这个装置,既满足功能需要,又表达丝绸的高贵和苏州淡雅宁静的品质,更重要的是它与东邻的北寺塔形成良好关系,一个古老而厚重,一个轻盈而妙曼。

"四方的雨"给我们以启示:保护历史文化是遗产城市的职责所在,应尽之义,但同时,对现代和时尚不能简单地拒绝和排斥。对恰当的、适度的现代城市设计应当谨慎支持。诚如意大利维多纳古堡美术馆对历史建筑保护利用的理念:历史被虔诚地敬畏,现代被自豪地表达。

苏州古城保护一直受到国家的高度重视和关怀,20世纪80年代中央财政每年安排特别资金支持古城保护,2012年苏州古城成为住建部批准设立的国家唯一一个"历史文化名城保护区"。苏州以高度的责任担当,牢记使命,切实履职,在古城保护发展方面做了积极的工作,取得的成效也得到了国内外专家的好评。但同时,我们也清醒地看到,苏州古城保护还存在一些需要研究解决的问题,主要是:基础设施不够均衡、完善;交通压力仍然存在;古城便捷性、宜居度还不够;传统民居保护任重道远;中心城区功能有萎缩趋势;原有生活方式正在发生变化等。这些问题是苏州古城保护发展中的问题,也是大多数遗产城市、历史文化名城的共性问题。

苏州古城保护发展的瓶颈应从地下找出路,做好做足地下空间,地下建城,把地面地下作为一个整体进行规划设计。积极借鉴伦敦、东京等城市地下空间利用的成熟经验,深化古城地下空间开发利用研究。根据城市地面路网体系和功能区定位,依据既有轨道交通良好的基础,在地下再造一个"平江图",使地下道路四通八达,连接千家万户。商业网点服务设施与地面错位布局,均衡普惠,没有"盲区",城市的通达性、便捷性、宜居度将极大改善,古城保护与城市发展、人的生活之间出现的许多难题将得到有效破解。

第四章 运河与江南市镇

江南市镇因运河滋养孕育形成，运河对于江南如同血液对于人，是生命之源。研究苏州运河资源，江南市镇是一个不能或缺的重要节点。江南是一个特定的地理文化区域，历史上，常受朝代更替、行政区划调整等影响，地域范围不断变化。本章讨论的江南市镇，主要指以苏州地区为中心的江南市镇。

"市"最初是商品交易之所，设于城市之中。南北朝时期逐步出现位于县城以下的独立"草市"，这些"草市"一般规模较小，流动性较大，作为邻近四乡农副产品交换的市场，是中国农业社会自给自足外生活物资的重要补充渠道。"镇"在南北朝时期是军事驻地，宋代以后"镇"的军事作用日渐削弱，与"市"的结合日益密切，逐渐转变为具有经济职能的商业聚落，称为"镇市"。早期"镇"与"市"区别在于规模和繁荣程度，"商况较盛者为镇，次者为市"。至明代，"市"与"镇"已无严格区分，弘治《吴江志》载："人烟凑集之处谓之市镇。"

第一节 运河与江南市镇的孕育与繁荣

江南市镇的起源大致可分三种情况：一是从最初的军镇发展成的商业市镇；二是从农村聚落发展形成的市镇；三是因某人或某一世家影响而发展起来的市镇。

这些市镇虽有规模大小、层次高低之分，但大多是人口稠密、商铺林立、经济繁荣的中心地带，是介于城市与乡村之间的新兴聚落。

江南市镇的孕育与繁荣得益于江南稳定的社会环境，人口的大量增加，农业技术不断进步以及商品经济飞速发展等，运河的贡献主要体现在如下。

一、为北方人口大量南迁创造条件，奠定了江南市镇孕育的基础

隋代大运河实现南北贯通，苏州是江南运河的重要节点，苏州通过江南运河，进一步加强了和北方地区的联系。

此时大运河除满足政治、军事功能外，服务于经济社会发展的功能日益突出。唐宋时期，北方发生了两次较大的战乱（"安史之乱"及"靖康之乱"），地处太湖平原的江南地区社会环境相对稳定，大量北方人口通过运河进入了江南地区，带来了大量的劳动力、先进的生产技术，奠定了江南市镇形成发展的基础。

据《新唐书·地理志》与《元和郡县志》记载，安史之乱前后，南北方人口户数变化较大，江南道、剑南道和岭南道的户数之和在全国总户数中所占比例由 34.5% 增长到 55.7%，人口分布中心由黄河流域迁移

至江南，江南首次成为全国人口数量最多、密度最大的地区。据统计，此时期北方南迁人口约20万户，100万人，其中迁往苏州的人口约12万左右，大量人口南迁，对江南市镇的发展产生了深远影响。人口激增，荒地得到垦殖，新的州县相继建立；水利工程技术也不断发展，圩田逐渐兴盛；农业技术得到改善，土地利用率大大提高。全国经济中心南移，南方手工业技术得到发展，工艺和生产规模逐渐超过北方。[1]

南宋定都临安，政治中心南移，进一步促进了江南地区农业、手工业及商品经济的飞速发展，南方经济强于北方的格局完全确立。北方移民带来的手工业技术，进一步推动了南方手工业的发展，陶瓷业、丝织业、印刷业、酿酒业发展较快，桑蚕业发展迅速；随着北方人口的大量南迁，他们在继续开垦荒地的基础上，将耕种用地转向湖泊和山地，开辟大批圩田、梯田，麦、粟的种植面积不断扩大；此外，南迁移民身份多样，上至王公贵族、官僚地主，下至平民百姓，他们人数众多，全面促进了江南文化的繁荣，在诗歌、绘画、饮食、民俗、说唱艺术等方面对江南社会产生重要影响。

二、为江南市镇乃至全国范围内商品流通提供条件，促进了江南市镇的繁荣

江南地处太湖水网地区，湖泊众多，河流纵横，水上交通发达。江南市镇大多沿运河或运河支流分布，镇与镇之间有河道相连，直线距离一般在10到15千米之间，相互往来便利，市镇大多"夹河为市"。

由于江南运河的串联，太湖流域的水乡市镇形成一个四通八达、纵横交错的交通网络，为江南地区乃至全国范围内的商品流通提供了交通条件，促进了江南市镇的繁荣。

宋代以降，随着商品化生产和商品贸易的发展，各类专业市场的经济功能突出，江南市镇在商品生产及流通中各有分工，互补有无，比如

---

[1] 林立平：《唐后期的人口南迁及其影响》，《汉江论坛》1983年第9期。

南浔、乌镇主要以蚕丝为主，周庄、同里以大米和粮油为主。这种分工改变了传统市镇零散分布的格局，江南地区的市镇由原先独立的点状分布发展为相互连接的网状体系，各类市镇之间通过运河密切联系，运河维系着江南地区区域内的物资流通和经济平衡。

至迟在明代，苏、松、常、杭、嘉、湖地区已是一个经济关联密切、文化交流频繁的区域整体。这个区域以苏、杭为中心城市，构成了都会、府县、乡镇、村市等多级层次的市场网络。苏州是区域中心城市，也是中心市场，众多市镇为次级市场。这些市镇，围绕区域市场需求，依托区域资源特点，形成彼此分工合作的市场差级网络，共同促进了区域经济的增长，奠定了该区域在中国经济发展中的中心地位。

太湖流域在区域经济活动兴盛的同时，多层次、跨地区的商品交易也日趋增多。除江南地区内部联系不断加强外，超越江南区域的商品流通也日渐频繁。尤其在明清时期，通过大运河，江南市镇的商贸活动已辐射全国。

由运河沟通串联起的市镇网络，在促进地区分工协作，方便商品流通集散，把长江三角洲地区的农工商各业纳入到地域市场乃至全国市场等诸多方面，都有着乡村、县城或单个市镇所不可能体现的经济功能。[1]

据相关统计，从15世纪末明代成化（1465年至1487年）、弘治（1488年至1505年）年间到20世纪初，江南市镇发展日益兴盛，其数量增加两倍以上，苏州地区市镇数量从40余座增加至210余座。这时期市镇的发展不仅体现在数量增长上，还体现在市镇职能专业化与多样化的发展趋势上；因运河串联起的市镇间的交流，在市场自发引导下，不同市镇形成了不同的职能分工，出现了以粮食生产、经济作物种植等为主的农业市镇，以棉纺织、刺绣、陶瓷、农产品加工、造纸、图书印刷、造船、酿酒等为主的手工业市镇，江南市镇群更是发展形成完整的丝绸生产、流通、贸易体系，在世界经济大流通中扮演了极其重要的角色。

---

[1] 樊树志：《江南市镇：传统的变革》，复旦大学出版社2005年版，第202-203页。

第二节 江南市镇的特点及价值

一、江南市镇的特点

（一）江南市镇的形成、发展与乡村商贸经济密切相关

市镇是一种介于城市与乡村之间的聚居地，最早是由于商品交换而形成发展起来的，与中国其他地域的市镇相比，江南市镇的形成与发展受商品经济的影响更加明显。

江南市镇是在独特的地理环境中，在相同的文化背景下，通过密切的商贸活动形成的一个经济网络空间，在长期的市场需求下，逐步稳定发展壮大。

江南乡村是江南市镇得以成长兴起的土壤。一般来讲，江南市镇是周围农村地区的商品交换中心，一方面为周边农村地区提供生产、生活资料，另一方面又作为周边农村地区各种农副产品的集散地，维持了农民的购买力和农村经济的发展。[1] 商品集散和商品供给两种功能并存且相互依赖。从北宋中期起，随着江南地区经济不断发展，农民收入逐渐增加，农村手工业日益兴盛，地区的消费需求也不断提升，农村生产生活模式逐渐出现由传统的自给自足转为向市场供给的趋势。商业活动由城市深入农村，农副产品和手工业品的生产规模和流通范围不断扩大。原本作为副业的乡村手工业转向专业化生产，其生产目的不再单单是满足自己使用，更多是为了满足市场需求，产品作为商品的性

---

[1] 包伟民、黄海燕：《"专业市镇"与江南市镇研究范式的再认识——以浙江乌青镇个案研究为基础》，《中国经济史研究》2004年第3期。

质凸显。乡村集市开始在江南各地大量涌现，到南宋时期，逐渐形成颇为密集的分布网络。但凡有某个集市发展到一定规模，便会上升为正式建制的市镇。

可以说，大多数的"江南市镇"都是经济活动的产物，它们的形成、发展受经济规律支配。这些广布于乡村之间的江南市镇，与乡村商贸发展的契合度很高，它们相互依托，有很强的统一性。

（二）江南市镇以网状分布，相互依存、共同发展

在农业、手工业、商业发达，交通便利的江南地区，星罗棋布的市镇并不孤立存在，它们互相依存，共同发展，形成了市镇网络体系，在沟通各府、县、乡、村之间的商品交流方面，展示出单个市镇无法比拟的独特功能。在这种网络体系中，市镇群落分布形态的特征显著，主要体现以下几个方面。

1. 市镇间距

江南市镇的间距受自然条件、经济条件等影响而略有不同，但基本在 6 至 18 千米之间。这并非是人为规划的，而是受经济发展影响自然形成的。因城镇发展的根基在四乡，在以手摇木制舟楫为主要交通工具的年代，这个距离大致就是舟行可当日往返的距离。在特定交通条件下，这个江南水乡市镇间的距离是最适宜的。

2. 市镇分布密度

市镇及其四乡的经济发展以及市镇间的距离要求决定了市镇分布体系中的市镇密度。随着经济发展水平提高，市镇密度也基本从低到高变化，最终形成一个动态稳定值。如苏州府吴江县在明代弘治年间仅有四个镇（平望镇、黎里镇、同里镇、震泽镇），到了清朝初年，伴随着经济的发展，吴江县新增了三个镇（盛泽镇、芦墟镇、章练塘镇）。吴江一县，只辖六乡之地，却有七个镇以及十个市用于商品交流，平均每乡有三个市镇，密度较高。至康雍盛世时期，吴江县经济发展依然强劲，但城镇数量不再增加，可见当时市镇分布密度在传统经济体制和交通条件下已达峰值，基本稳定。

3. 市镇分工合作

明清时期，江南市镇中出现了专业市镇。专业市镇的兴起与发展

是江南市镇发展到一定阶段的一个重要特征。所谓专业市镇,即以一种主要产品为中心,形成"一镇一品",以生产促进流通,以流通带动生产,实现区域经济良性循环的市镇。[1]

江南市镇发展到后期,即以此类专业市镇为主。它们以丝绸、米粮、棉布、瓷器等产品为中心,进行专业化生产,并将其作为当地经济发展的支柱产业。如南浔、乌镇主要以蚕丝为主,周庄、同里以大米和粮油为主。枫桥镇、平望镇、浒墅镇、黎里镇因粮食在此中转,构建了一个专业的米粮市镇网络,虎丘、甫里等地因是稻米重要消费地,成为著名的碾米中心。

随着商品化生产以及商品贸易的发展,在区域范围内,这些市镇依托各自的资源、产品,形成了彼此分工合作的差异化网络市场,各市镇间分工协作紧密,从原先零散分离的格局转为网络体系。这种相互依存、共同发展的市镇网络体系无论在促进市镇分工协作还是将江南地区作为一个经济整体纳入全国市场方面,都有着单个市镇甚至州府都无可取代的作用,它们在促进区域经济增长的同时,也奠定了江南地区在中国经济发展中的中心地位。

(三) 江南市镇的形成发展与水相伴

江南地处太湖水网地区,江南市镇大多沿运河或运河支流分布,越是重要的交通转换之地,越容易发展为市镇。

在市镇内部,水路也是最主要的交通线路,江南水乡市镇因水成街,因水成市,因水成镇,市镇形态随河道走向、宽度而变化,沿单一河道则形成带形市镇,如沙溪镇、震泽镇;有多条主干河道,其市镇形态与水系一致,如"丁"字形的黎里镇、"上"字形的甪直镇;河网密布则形成团形市镇,如周庄镇、同里镇。古镇河港交叉,临水成街,依水筑屋。陆路作为辅助交通,主干道往往与河道平行,支路街巷或与河道垂直,或与河道平行,在市镇内划分出若干组团,便于居民快速便捷地到达水边。水巷对外,以舟楫迎来送往;街巷对内,主要为居民所用。在水陆运输交汇点,出现了无数桥梁、河埠以及由此产生的桥头、

---

[1] 单强:《近代江南乡镇市场研究》,《近代史研究》1998年第6期。

广场空间,由于这些空间是往来货物集散之地,因此也成了水乡市镇中最活跃的场所。

水系河道也是传统市镇中居民日常生活的集结点,除商品贸易组织外,日常生活用水以及人员交流互动等都离不开水。便捷的水路交通,使货物流通高效,市镇因水而兴。因为有水,水乡市镇得以衍生发展,最终形成其独特的空间形态。

(四)建筑布局特点

江南市镇建筑布局随意精练,造型轻巧简洁,色彩淡雅宜人,轮廓柔和优美。受经济因素影响,建筑多沿河沿街布置,以争取更多商业空间,形成"下店上宅""前店后宅""前店后坊"等集商业、居住、生产于一体的建筑形式。这些建筑大多就地取材,有着相同的地域文化,总体形态和风格基本一致,以一、二层砖木结构为主,采用穿斗式木构架,小青瓦、坡屋面。为更好地亲近水、使用水,屋舍建造往往采用亲水做法,前街后河,设有水墙门、水廊棚、水榭楼台等,建筑临水开门设窗、设水埠以及内凹纳水入宅,甚者有水巷穿宅而过等都为了尽可能地增加临水空间。建筑造型上,出挑、吊脚、枕河、倚桥等形式,都体现出水乡建筑的独特风韵。同时为了适应江南气候,建筑多设有天井、院落,一些富商乡绅建有多进院落,多者可达九进,总体呈现粉墙黛瓦、高低错落、庭院深深的水乡风貌。

二、江南市镇的价值

(1)江南市镇是大运河遗产的重要构成要素,是大运河形成和发展的见证。

江南市镇因大运河兴起,它是运河漕运发展的产物,是大运河遗产的重要构成要素;市镇内除河道以外,还有桥、闸、堤、码头、粮仓遗址等各类运河遗产点,是中国古代水利技术和非凡智慧的体现。

唐至明代,大运河的南北贯通巩固了国家统一与稳定,加强了南北地区经济文化交流,朝廷沿运河设置漕运管理机构、驿站、仓储、码头,是江南市镇萌芽形成期;明末清初,大运河水路交通便利,促使各地区间商品流通及全国性市场形成，江南一带资本主义萌芽出现，市镇发展日益兴盛，进入发展繁荣期。江南市镇的兴衰和发展，是大运河形成发展的见证，也是中华民族融合发展过程的见证。

（2）江南市镇所反映的吴越文化是大运河文化多样性的体现。

江南市镇所反映的吴越文化，是大运河流域若干历史时期内风土人情、生活方式、行为规范、文学艺术和价值观念等的沉淀，是大运河文化多样性的体现，是中华民族多元文化的结晶。市镇中因运河商贸、文化交流而形成的建筑、戏曲、舞蹈、民间故事、传说、风俗习惯，反映了历史不同时期的社会结构、生产力发展状况及科学技术发展程度，如运河开挖技术、桥梁码头等水工建筑反映的建造工艺；如行船习俗、船民信仰等反映的特定时期社会组织结构、生活方式和信仰观念。

（3）江南市镇沿河临街的建筑形态独具特色，有典型的江南地域特征，合理保护与利用，可带动地方经济发展。

运河开凿使太湖流域水网得以沟通，随着手工业、商业和水运的发展，江南市镇建筑沿河临街布局逐渐成形，这些建筑既有中国古典建筑的普遍特征，又能凸显江南地区鲜明的地域特征，是不可再生的文化资源。这些历史建筑以传统民居为主，大部分延续传统的居住功能，通过对它们的保护与利用，可以让游客沉浸体验江南文化的深厚底蕴和独特魅力，同时带动当地经济社会高质量发展。

第三节　江南市镇的保护与发展

一、保护与发展的内涵

（一）物质要素

1. 周边山水环境

江南市镇由自然村落发展而来，在城市与乡村之间起到承上启下的作用。古代中国对聚落选址很早就形成了一套理论，《管子·乘马》载："凡立国都，非于大山之下，必于广川之上。"山水环境对于村落、市镇、都城的选址影响很大。调查发现，江南地区因运河兴起的市镇其所处的山水环境主要有以下三种类型：

一是依山傍水的市镇，如东山镇、光福镇等。东山集镇依山而建，内部有较多顺山势排水的溪涧，溪涧多与巷弄伴行，溪涧流水最终汇成较大河港，河港临靠大街又与太湖相通，成为人们运输、出行的重要通道。

二是由湖荡环绕的市镇，如甪直镇、锦溪镇等。甪直西靠独墅湖与金鸡湖，南临澄湖与万千湖，北望阳澄湖，有"五湖之汀"的美誉；又因其临靠甫里塘、清水港、南塘港、界浦港、东塘港和北港，有"六泽之冲"的称号。

三是由运河串联起的一系列市镇，如望亭镇、浒墅关镇、枫桥镇等。望亭位于运河枢纽地带，是大运河由无锡流入苏州市域经过的第一个运河市镇，被誉为"运河吴门第一镇"，自宋代设镇以来，一直就是苏州地区农副产品的集散地，南来北往的货物都在运河两岸集市交易。

江南市镇的空间特征与山、水有直接联系，自然山水环境在市镇空间形成过程中起主导作用，为市镇的成长与发展提供了原始基底与自然脉络，是江南市镇的重要构成要素之一。

2. 传统肌理及整体风貌

江南市镇的街与河是其灵魂所在，古镇基本沿着河道伸展，肌理受河道走势影响，整体呈现与水相依的格局，街巷沿着"树状"水系有层次地延展，最终形成"一街一河""两街一河""巷弄"等空间肌理，水巷与街巷相互补充，形成平行并列的两套交通系统，桥与河埠作为水陆交通的连接点，共同构成市镇交通体系。

古镇与水系之间相互包容、相互渗透，镇内建筑、道路、桥梁等均与水存有多层次的联系；临水建筑整体较长，高低错落。沿街两侧建筑立面墙体及门窗多为灰白色调，加上青石板铺地及小青瓦坡屋顶，整体呈现古朴、自然的古镇气息。出挑的屋檐加上蜿蜒曲折、高低错落的街巷走势，使古镇天际线呈现出独特的变化，充满视觉享受。街道宽窄与沿街建筑布局的自然变化，形成许多凹空间，"泽浸环市，街巷透迤"是典型水乡街市风貌写照。

3. 历史建筑物、构筑物

因运河兴起的江南市镇存有形形色色的历史建筑物、构筑物，其功能形式多种多样，有传统民居、寺庙祠堂、园林府邸、公共服务建筑、古桥、古井、河埠等。

（1）传统民居

江南传统民居是水乡独特地域环境下形成的特殊文化符号。因气候环境、资源条件及文化氛围不同，古镇民居建筑风格略有不同。总体而言，民居依水而建，通常前门临街、后门临水，呈清、雅、精、巧、柔之特色。建筑院落重重，家家户户设有河埠，以供取水，山墙往往较高，以便防火，层层叠叠的马头墙亦是水乡民居建筑的一大特色。有古镇保留形式各异、建筑年代不同的传统民居，比如沙溪古镇三里老街涵盖了明清、民国、近现代等一系列时代序列较完整的民居建筑。

（2）寺庙祠堂

市镇中大多有寺庙建筑，通常而言，寺庙与广场、庙桥与周边商市形成的"庙桥市"是市镇空间的核心，是市镇商业中心，这在周庄、甪直、黎里等古镇中都有体现。也有多种宗教建筑并存，呈现宗教建筑多元化状态的古镇，如沙溪镇就包含佛教、道教、天主教建筑。这些宗教建筑见证了市镇的发展兴衰。

祠堂是中国传统祭祀建筑，一般分宗祠和官祠两类。宗祠的修建是宗族人才兴盛的表现。祠堂建筑是供奉先祖、绵延香火的精神场所，在空间布局上也常常处于中心位置。市镇发展与这些宗族发展息息相关，例如沙溪镇"先有曹家坟，后有沙溪镇"。

（3）园林府邸

由于文化名人的集聚，文人士大夫对园林文化影响较大，江南市镇的园林府邸数量众多，各具特色，反映了较高的园林建筑技艺，也从侧面反映出江南的富庶。在空间特色上，门楼、过街楼、明瓦窗、水墙门等是园林府邸的典型表征。园林府邸如同里的退思园、震泽的师俭堂、甪直的沈宅，它们在历史、艺术、科学等方面皆有很高的价值。

（4）公共服务建筑

会馆、商铺、客栈、茶馆等公共服务建筑，是江南市镇百姓日常生活中必不可少的组成部分。以茶馆为例，除了为古镇居民提供歇脚、休闲及娱乐的去处，茶馆更是信息传播、商谈交易、解决纠纷的重要场所，由此衍生出古镇"孵茶馆""吃讲茶"等传统。这些以茶馆为代表的公共服务建筑是古镇经济活力及繁荣氛围的最好表征，公共服务建筑的多少，往往代表着古镇经济的繁盛程度。

（5）古桥、古井、河埠

桥梁在古镇的地位非常重要，《甫里志》言："桥梁之兴废，民间之利病系焉。"桥梁作为市镇的依托，常被作为道路起讫、区域划分的分界点。桥梁作为交通连接的节点，一般在桥头设水埠，桥头作为水路和陆路的交会空间，承担着货物集散的功能。桥是人流交汇之处，桥头两侧店铺、茶楼云集，常常成为市镇最热闹的地方。现有市镇中还存有大量古桥梁，如甪直镇，史料记载旧有桥梁 72 座半，为"江南桥都",现存有 41 座；锦溪古镇有古桥 20 余座，周庄古镇有古桥 14 座，同里有著名的"三桥"等，它们大部分都还在使用，且保存情况较好。河埠作为连接建筑或街巷的构筑物，其设置方式有一家一户的，也有几户公用的，其外观与样式也很丰富，现古镇内随处可见。

（二）非物质文化要素

江南市镇因其独特的自然环境及在社会发展中的特殊功能，产生了许多与之紧密关联的非物质文化遗产，这些遗产见证了江南市镇的发展历程，反映了特定时期江南市镇的社会组织结构、传统生活方式以及宗教信仰等。流传至今的非遗代表有民俗类的甪直水乡妇女服饰、水乡婚俗、走三桥、同里赞神歌，传统手工技艺类的阿婆茶、麦芽塌饼、万三蹄制作以及传统体育、游艺与杂技类的摇快船、打弹子、打连厢等，是保护与发展江南市镇文化精髓的关键所在。

二、保护与发展原则

（一）完整性

保护江南市镇的完整性，应注重市镇在空间结构上的完整，将市镇内的建筑、周围的山水环境、整体的形态功能及相互之间的内在联系完整保存，避免在市镇发展建设工程中受到破坏。对多数江南市镇而言，镇内有大量的各时期的历史建筑，这些成片的历史建筑共同构成了古镇整体的空间格局及街巷肌理，它们在历史、科学、艺术、文化、社会等方面都具有较高的价值，需对其进行完整保护，及时整治改造与历史风貌不协调的建筑或空间环境。

江南市镇完整性保护除涉及物质空间环境外，还包括非物质文化遗产的保护，如传统民俗、手工艺、传统舞蹈和游艺等。物质文化空间为非物质文化遗产的保护传承提供场所，有形文物与无形遗产相互交融，才能共同延续传承。

（二）真实性

保护江南市镇的真实性，应注重保护古镇内文化遗存的真实性，在对各类文物古迹、历史建筑进行修缮时，应遵循"不改变原状"的原则，采用原材料、原工艺、原形制、原做法，在尽可能保留建筑原有历史信息的基础上，将古镇风貌真实地展现在大众眼前。

（三）延续性

江南市镇是一个有机体，随社会发展不断演变，既承载着过去和现在，也担负着古镇未来。市镇的保护与发展互为依存，相得益彰，因此江南市镇的保护与发展要树立科学的发展观，坚持保护与发展相协调，保护是前提，发展是目的。对于江南市镇的持续性保护，除提升居住环境、改善物质生活、发展产业经济外，还要注重活态文化的保护传承，使江南市镇在保护发展中始终能够延续其历史文化，保持其独特的文化。

江南市镇保护与发展是一项长期的艰巨的工作，不能急于求成，对于暂时无法达成的目标可以留给后来者，让后来者以更大的智慧解决。

三、保护与发展面临的问题

（一）传统市镇格局遭到侵蚀

传统江南市镇以舟楫及步行为主要交通出行方式，河网水系是主要交通路线，街巷尺度更多考虑人的感受，小巧、宜人。现代生活中机动车逐步代替了步行及水上交通，为适应这种改变，市镇内历史水系被不断填埋，传统街巷被不断拓宽，水系及街巷肌理遭到破坏。市镇的中心位置发生移位，交通出行方式改变使得市镇空间发展布局产生变化。传统江南市镇，河道水系是对外交流的主要交通路线，市镇空间以河为轴延伸发展。近代以来，陆路交通已成为市镇发展的新动脉，部分市镇仍以古镇中心向外发展，但此时古镇内的土地利用强度被大大提高，传统风貌被大量改变，也有市镇在外围独立发展新区，此类市镇的古镇区保存较好，但逐渐被新开发的镇区边缘化。

（二）传统建筑保存环境堪忧

古镇现存大量明清时期传统建筑，以砖木结构为主，这些建筑在选址、建筑布局、外观风貌等方面均为江南水乡市镇的典型代表，是承载江南水乡突出普遍价值的重要载体。因建造年代久远，这些传统建筑存有不同程度的残损，保存状况堪忧。

一方面由于传统工匠严重短缺，导致针对传统建筑的保护工程无法及时开展。不同于现代建筑的建造工艺，传统营造技艺的传承主要靠口口相传，并需要大量实践经验，现代建筑技术带来的巨大冲击，使得传统建筑营造技艺日渐式微，传统工匠匮乏，面临后继无人的困境，导致大量传统建筑无专业人员维修。

另一方面古镇居民保护意识淡薄，由于生产生活方式的改变，大量的原住民搬离古镇，他们留下的传统建筑长期无人居住，缺乏维护，逐渐坍塌损毁。也有部分居民对传统建筑进行改造或翻建，由于缺乏专业指导，改造过程往往不能遵循传统营建方式，大量使用非传统材料，对传统建筑的空间形态及细部构造改变较大，使传统建筑失去原有法式特征，名存实亡。

（三）传统生产生活方式无法延续，非物质文化遗产传承困难

随着社会经济发展，工业化进程加快，社会化生产逐步代替传统市镇中以个体、家庭为单位的小规模生产经营模式，生产场所由家庭内部转向集体社会，越来越多的青壮年离开家庭，到城市谋求更大发展。古镇原住民日趋减少，尤其作为中坚力量的青壮年，更是鲜见身影。加上近年来古镇过度商业化的旅游开发，大量外来经商者涌入，传统市镇中以血缘联系的宗族式大家庭结构被打破，由宗族、亲缘、乡规民约所维系的社会纽带逐渐瓦解，古镇传统生活方式无法延续，古镇居民对古镇认同感逐渐消失，对传统节日、民俗、文化的关注日益淡薄，非物质文化遗产传承困难。

目前对古镇的保护，主要集中于物质文化遗产，对于非物质文化遗产涉及较少。物质与非物质文化遗产之间存在着"相互依存"的关系，非物质文化遗产是体现古镇个性的重要因素。非物质文化独特的文化价值和精神内涵，对古镇的活力再现、特色打造与竞争力提升具有重要价值和深远意义。非物质文化遗产保护理应受到重视。

第四节　代表性市镇：申遗进行时

以周庄、同里、甪直、沙溪、锦溪、黎里、震泽为例证的江南水乡古镇是江南市镇的杰出代表，他们存续了千余年，也繁荣发展了千余年，是人类文明史上的一个奇迹。

江南人以非凡的勇气和智慧，克服太湖流域长期水患之灾，疏导三江，引水入海，并以水为路，连通四方。早在 14 世纪就开展了以丝绸、瓷器、茶叶为大宗货物的海外贸易，远达朝鲜、日本、印度尼西亚等国，为 15 世纪郑和下西洋奠定了基础；建立了遍布江南全域的塘浦圩田系统，保证农作物在旱涝时节的稳定丰收，是利用水、改造水，人水相依、人水共生的范例。

在重农抑商的古代，江南依据人和社会的现实需求，创造性建立超越时代的价值观，坚持农工商虞多业并举。崇尚文化，重视教育，使江南地区成为"天下粮仓""丝绸之府""国家智库""资本主义萌芽的先行之区"，是农耕时代东方文明的一个坐标。

依水而建的民居建筑，充分考虑当地水系、季风因素，遵循多世同堂、尊卑分明的宗法观念，展现崇尚黑白简素的审美追求和含蓄内敛的性格特征，展示巧夺天工的营造技艺，是中国传统砖木结构宜居建筑的典范。

江南"小桥流水人家"的文化景观、耕读传家的区域风尚、富裕精致的舒适生活，是古代东方人心中的诗意江南、人间天堂。

江南水乡古镇的突出普遍价值超越地区、民族、国家界限，应当成为全人类的遗产。申报世界文化遗产工作经过多年努力，已具备良好基础，申报工作应提速发力，加快推进，力争早日将江南水乡古镇列入

《世界遗产名录》。

2015年，在国家文物局指导下，确定由苏州市牵头江南水乡古镇世界文化遗产申报工作，基于前期的研究成果，初步确定江苏省周庄、同里、甪直、黎里、锦溪、沙溪、震泽、惠山，浙江省乌镇、西塘和上海市新场联合申报世界文化遗产。

这些典型的古镇具有共同特点：空间上，大部分集中于太湖流域东南侧低洼多水的"江南水乡"范围内，尤其是苏州、松江、嘉兴、湖州四府境内。时间上，江南水乡古镇的新兴、发展主要集中在明代至民国的五六百年间。类型上，江南水乡古镇大多数是农副产品和手工业原料的交易场所，也有少数是当地手工业特产的集散地，或是地域性专业化市镇，其中尤以丝绸专业化市镇的成长最为显著。

江南水乡古镇提议列入世界文化遗产的标准与理由主要有四项：

其一，江南水乡古镇是以由传统士绅阶层与新兴富商阶层融合而形成的精英阶层主导的，以自治管理为基础，以商业思维与传统儒家思想的融合为核心特征的江南市镇文化传统的独特见证。

其二，江南水乡古镇具有独特的由建（构）筑物、水系及街巷等其他相关要素构成的城镇景观，是长江下游地区村镇聚落景观的典范，展现了自明代保持至今的典型古镇风貌。同时江南水乡古镇建筑对临水面的充分集约利用和多样的亲水形式，使其成为水网密集地区建筑空间布局与亲水互动的典范。

其三，江南水乡古镇见证了人类对湖泊湿地这类恶劣环境的适应，以及对其进行持续改造直至成为适宜人类生活居住的区域的过程。对太湖流域塘浦圩田系统的不断优化、因地制宜的环境改造和城镇土地的利用，是江南水乡古镇以及"城市—市镇—乡村"聚落体系发展繁荣的基础，展现了人类改造自然环境的杰出智慧。同时，江南地区多水的环境也对当地居民的生活方式产生了影响，产生了跨越多个陆地单元的独特城镇格局。以及江南地区以河道作为交通要道与公共活动空间的独特风俗与传统，是人与自然和谐相处与互动的典范。

其四，江南水乡古镇的建筑、景观与生活方式直观地反映了在东亚地区具有重要影响力的中国传统价值观中"天人合一"的思想以及祖先崇拜的信仰，是古代文人阶层的精神家园和理想归宿。同时，江南水乡古镇也是大量文学艺术作品的诞生场所，丰富的艺术内涵契合文人价值取向，也影响到平民阶层，对中国近代以来的社会、经济、文化和审美产生了深远持久的影响。

江南水乡古镇是中国世界文化遗产预备项目，在列入的十一个古镇中，苏州占据七席。

一、周庄古镇

周庄位于苏州城东南，与上海交界，处于太湖水网地区太湖冲积平原东部，镇域面积38.96平方千米，常住人口有3.17万人（2017年）。周庄镇始建于北宋元祐元年（1086年），元至顺年间，沈家漾人沈祐及子沈万三迁至周庄从事贸易后，出现草市，明初始成集镇，至17世纪中叶，周庄已是苏州葑门外一处重要集镇。

2003年周庄被评为"中国历史文化名镇"，并被联合国教科文组织授予"亚太地区世界文化遗产保护奖"，2007年被列入"国家AAAAA级旅游景区"。2008年江南水乡古镇被列入"中国世界文化遗产预备名单"，周庄古镇位列其中。

（一）古镇格局

周庄"镇为泽国"，四面环水，咫尺往来，皆需舟楫，是名副其实的"岛中之镇"。古镇河港交叉，四条主要水系构成"井"字形镇区骨架，临水成街，因水成路，形成八条主要街道，建筑依水而筑，过街骑楼、临河水阁、河街廊棚等鳞次栉比，不同时期的古桥将水、路、宅、楼相互串联，融为一体，它们共同构成了独具特色的水镇景观，为江南水乡所罕见。

（二）历史水系

周庄镇域内急水港是太湖三条主要泄水通道之一，它将周庄镇分割成为南北相望的两部分，古镇处于南部，素有"水中桃源"之称。古镇历史水系包括南北市河、后港、中市河、西市河、西湾漾、张厅河及银子浜，其中南北市河、西市河、中市河及后港构成了周庄古镇"井"字形水系骨架。

南北市河为急水港支流，是周庄古镇主河道之一，河道南北走向，北引自急水港，南至南湖，总长约1 040米，纵贯全镇。河道在南口处向东折出一小直角后再往南，此设计独具匠心，以减弱南湖水流直涌市河的势头，维持市河平稳，便于水运交通。河道上方遍布桥梁，由北向南依次有全功桥、永安桥、富安桥、隆兴桥和报恩桥等，举世闻名的周庄双桥也位于该河之上。

（三）代表性建构筑物

周庄古镇建筑充分体现了以水为邻的亲水规划布局，它们大多临水而居，依附在"井"字形骨架水巷两岸，建筑高低错落，毗连相接，形成了前店后坊、前店后宅、下店上宅等各式布局。古镇至今存有大批明清时期的建筑，它们装饰丰富，风格多变，反映周庄人民的生活史，见证水乡古往今来的沧桑变化，诠释先民们的勤劳与智慧，也展现了水乡人民为适应和改造水环境而形成的独特生活模式。

1. 张厅

张厅为全国重点文物保护单位，位于北市街38号，永安桥南侧。张厅原名怡顺堂，14世纪初中山王徐达之弟徐逵后裔所建，16世纪初，为张姓人家所有，改称玉燕堂，俗称张厅，是一处保存完整，集建筑、民俗、艺术为一体的明代建筑。

建筑坐东朝西，前临街，后靠河，一路六进，包括门厅、轿厅、主厅、堂楼、后河屋、水道阁等，大小房屋共70余间，建筑面积1 400平方米，占地面积1 884平方米。其中第三进为主厅，硬山屋顶，前轩后廊，主厅内有四根楠木金柱，其下的木鼓墩柱脚是江南明代建筑特征的典型例证。厅旁箬泾河穿屋而过，形成了独特的"轿自前门进，船从家中过"的江南民居建筑风格。

2. 沈厅

沈厅为全国重点文物保护单位，位于富安桥南堍。沈厅原名敬业堂，始建于清乾隆七年（1742年），为沈万三后裔所建。建筑坐东朝西，一路七进，从街面延伸至后河，轴线长达100多米。从前往后依次为河埠、水墙门、门厅、茶厅、正厅、大堂楼、小堂楼、后厅屋等，共

100 余间房屋，占地 2 000 多平方米。整体空间和谐多变，厅堂、楼阁、廊庑和备弄连贯有序，曲折绵延，为江南民居代表性建筑。

其中正厅堂名为"松茂堂"，占地 170 平方米，前有轩带廊，后设屏风廊。厅内两侧墙面底部用方砖作护墙，庄重美观；梁柱上刻有蟠龙、麒麟、飞鹤、舞凤；厅中匾额"松茂堂"为清代南通状元张謇所书。厅前有砖雕门楼，高 6.5 米，宽 3.3 米，飞檐翘角屋盖，下承砖斗栱，两侧为垂莲柱，下为五层砖雕，布局紧凑。正中有匾额，刻有"积厚流光"四字，四周额框刻有精细的红梅迎春浮雕。砖雕门楼上镌有人物、走兽及亭台楼阁等图案，线条精细流畅，人物神态各异，栩栩如生。一块长不盈尺的砖板上镌刻有前、中、远三景，足见刻工之精、构思之巧，是江南水乡古镇大宅内砖雕门楼的典型代表。

3. 澄虚道院

俗称"圣堂"，位于中市街，面对普庆桥，始建于宋元祐年间（1086 年至 1094 年）。自明中叶后，道院规模日趋恢宏，形成前后三进建筑，包括玉皇阁、文昌阁、圣帝殿等，其中玉皇阁为正殿，重檐歇山顶，屋脊有砖刻雕饰，殿内青石柱础为宋代原物。澄虚道院为江南地区知名道院，远近香客游人流连，历来为周庄文人雅士汇集之地。

4. 迷楼

迷楼为昆山市文物保护单位，位于中市街 127 号，贞丰桥西堍，原名德记酒店，建于 18 世纪下叶。20 世纪 20 年代初，因南社发起人柳亚子、陈去病、王大觉、费公直等人四次在迷楼痛饮酣歌，乘兴赋诗，慷慨吟唱，后将百余首诗篇集成《迷楼集》付梓，而名之。

迷楼共三间二层，坐南朝北，背水面街，1993 年得以修葺，设为昆山市爱国主义教育基地，借此铭记那段唤起国魂、弘扬国粹的红色往事，是新文化运动历史纪念性建筑。

5. 叶楚伧故居

叶楚伧故居为江苏省文物保护单位，原名"祖荫堂"，位于周庄镇西湾街，建于清同治年间（1862 年至 1874 年）。

故居坐南朝北，建筑面积 1 100 平方米。全宅共五进，主体建筑具有明代建筑风格。一进为门厅，二进为茶厅，三进为主厅，四进为楼厅，五进为后堂楼。

一进门厅横梁悬有"叶楚伧故居"匾额，为原民革中央副主席贾亦斌所书。二进茶厅正中悬有钱君匋题写的"青鞋布袜寒哉儒，内涵劲气雄万夫"（于右任所著诗文）。第三进正厅祖荫堂端庄古朴，雕门花窗，梁柱栉比，典雅秀丽，古气盎然。

叶楚伧，同盟会会员，南社中坚力量，国民党元老，政治活动家。历任国民政府中央宣传部部长、国民党中央宣传部部长、国民党江苏省政府主席等职。早在年少时期，便跟随孙中山先生宣传革命，反对清廷，抨击军阀，唤起民众，为辛亥革命推翻帝制作出了贡献。

（四）历史街巷

周庄古镇以"井"字河道为骨架，依水形成了8条主要街巷，是典型的"一河两街"形态。镇内河街平行，河路相连，共有历史街巷12条，这些街巷自然而巧妙地把水、桥、宅连成一体，河、桥、街、店、宅、楼、埠布局得宜，沿街的小桥、流水、人家，体现了江南水乡风貌典型特征。

周庄古镇街巷分为两类，第一类为窄街，两侧均有建筑的狭长巷子，一般宽2~3米，最狭处1.5米左右；第二类为河街，一侧临河，另一侧为商户建筑，河街开敞通透，一般宽度为3~5米，最狭处1.5~2米。两类街巷各具特色。

（五）其他

1. 桥梁

周庄古镇区面积约24万平方米，四面环水，13座古桥将古镇各区域连为一体，它们造型丰富，结构迥然，既是古镇居民日常的交通设施，也是古镇重要的文化景观。

周庄双桥是位于周庄中心位置的世德桥和永安桥，两桥建于明代，一横一竖相连，桥洞一圆一方，像古代钥匙，又称钥匙桥。1984年，双桥出现于旅美画家陈逸飞的油画《故乡的回忆》中，同年11月，该画作由美国西方石油公司董事长阿曼德·哈默赠与邓小平同志，象征中美两国的友谊与和平，双桥由此闻名。

2. 河埠头、缆船石、古井

周庄古镇有河埠头 144 个，多为条石砌筑，以明清时期遗存为主，大多分布于"井"字形河道两岸。古镇内另有缆船石 24 个，古井 4 口。

（六）遗产区划（暂定）

遗产区：南至南湖园，东至小石桥，北至全功桥，西至通秀桥，面积 14.15 万平方米。

缓冲区：南至南湖，东至富贵路，北至全功路，西至聚宝桥，面积 22.64 万平方米。

（七）遗产构成

有关周庄古镇遗产构成见表 2。

表 2 周庄古镇遗产构成

遗产要素类型	要素内容
历史水系（7 条）	南北市河、后港、中市河、西市河、西湾漾、张厅河、银子浜
代表性建构筑物（14 处）	源丰顺酒庄、张厅（原名怡顺堂，又名玉燕堂）、沈厅（原名敬业堂，又名松茂堂）、迮厅、戴宅、章宅、天孝德、冯元堂、朱宅、梅宅、贞固堂、澄虚道院、叶楚伧故居（原名祖荫堂）、迷楼
历史街巷（12 条）	西市街、后港街、福洪街、中市街、贞丰弄、蚬园弄、西湾街、蚬江路、北市街、城隍埭、南湖街、南市街
其他	桥梁（13 座）、河埠头（144 个）、古井（4 口）、缆船石（24 个）以及廊棚等

二、同里古镇

同里位于吴江区东北部，地处太湖之滨，京杭大运河畔，旧称"富土"，唐初改为"铜里"，宋时称"同里"。同里行政区域面积为 93 平方千米，总人口近 7 万人。

1982 年同里镇被公布为江苏省文物保护单位，2003 年被列入第一批"中国历史文化名镇",2010 年被评为"国家 AAAAA 级旅游景区""第一批全国特色景观旅游名镇(村)",2011 年被评为"国家园林城镇"。 2008 年江南水乡古镇被列入"中国世界文化遗产预备名单",同里古镇位列其中。

（一）古镇格局

同里位于太湖水网湖荡平原,该区域湖荡密布,水面宽广。 古镇四面环水,被同里湖、九里湖、南星湖、叶泽湖、庞山湖五湖环绕,镇区被 15 条川字形水系分隔成九个圩岛,又被 49 座古桥连成一体,总体形成圩岛河网交织的古镇格局。 古镇以水为骨架,临水成街,依水筑屋,水、路、桥融为一体,呈团形布局。

（二）历史水系

同里古镇是典型的江南水乡古镇,镇中河道密布,水系众多,河道及驳岸保存状况良好,基本维持原有格局。 历史水系共计 8 条,包括:东埭港、后港、上元港、陆家港、丁字河、西市河、大燕港、珍珠园水系。 交织的河网在构成镇区水上交通骨架的同时,将古镇划分为独特的"九圩"空间结构,形成了圩河共存、岛桥相连的圩岛状水乡市镇格局。

西市河由陆家港、谢家港和得春港组成,是塑造同里古镇"九圩"格局的主要河道之一,明清时期是同里米市贸易、货运交流的重要水上通道,现为古镇区游船的主要航线。 西市河两侧驳岸为传统块石驳岸,河埠密集,桥梁众多,两岸店铺、民居鳞次栉比,呈现典型明清传统风貌。

（三）代表性建筑物

同里古镇古时与外界只通舟楫,少有兵燹之灾,恬静、幽雅、安逸,是官宦退隐、富贾置产、文人聚集的理想之地。 镇内建筑依水而筑,或贴水建宅,或傍水成园,现存建筑 40%以上为明清时期所建,较好保存了明清时期传统江南水乡古镇的风貌。 代表性建筑物有 22 处,包含商贸、居住、公共服务、教育、宗教以及园林建筑等类型,体现了同里古镇尊商重教的文化传统。

1. 退思园

退思园，世界文化遗产、全国重点文物保护单位，位于同里古镇中心偏东，新填街234号，占地面积5 674平方米，建筑面积2 622平方米，始建于清光绪十一年至十三年（1885年至1887年），是清朝官员任兰生罢官返回故里后建造，园名取自《左传》"进思尽忠，退思补过"之意。

作为江南小型园林的典范，退思园因地制宜，与传统东宅西园布局不同，因其场地东西宽而南北窄，故采用横向布局，有序组织各功能区域，从西向东依次是宅院、庭院、花园。园内建筑大多贴水而建，整体结构紧凑，主体突出，既可独自成景，又能与其他景观相呼应，凸显水乡建筑舒缓和质朴的特质。

园林专家陈从周曾评价："任氏退思园于江南园林中独辟蹊径，具贴水园之特例，山、亭、馆、廊、轩、榭等都贴水面，园如出水上。"

2. 耕乐堂

耕乐堂，全国重点文物保护单位，坐落于同里古镇西端，上元街127号，建筑面东临河，为明代处士朱祥所建，因其号耕乐，故名"耕乐堂"。耕乐堂占地约六亩四分（4 267平方米），初建时有五进五十二间，历经兴废，现存三进四十一间，曾于乾隆三年（1738年）及咸丰年间（1851年至1861年）重修。建筑以砖木结构为主，有园、有斋、有阁、有榭，临河贴水，色彩雅致，保存完好。

耕乐堂是传统的前宅后园布局，前宅由门厅和前、后堂楼组成，后园近年修复，由荷花池、三曲桥、三友亭、曲廊、鸳鸯厅、燕翼楼、古松轩、环秀阁和墨香阁等组成，具有明显的江南宅园建筑特色，体现了江南地区士绅文化对建筑的独特影响。

3. 嘉荫堂

嘉荫堂，江苏省文物保护单位，位于竹行街尤家弄中段，建于民国十一年（1922年），宅主柳炳南，与爱国诗人柳亚子同宗。建筑共四进三十二间，环境静谧，建筑精巧，各种雕刻细腻精致，富丽典雅，有较高的艺术价值，尤以正厅最为突出。

正厅是嘉荫堂的主体建筑，因梁头椁木似明代官帽帽翅，俗称"纱帽厅"，厅堂高大宽敞，庄重肃穆。厅内雕刻遍布，极为精细，有"八骏图""凤穿牡丹""称心如意""必定高中"等。樟木（俗称纱帽翅）上雕刻着《三国演义》中的"古城会""三英战吕布""三顾茅庐""草船借箭"等八幅透雕作品，惟妙惟肖，形象逼真。

4. 丽则女学旧址

丽则女学旧址，位于同里镇东溪街55号，紧邻退思园，原为江苏省文物保护单位，2013年合并归入第五批全国重点文物保护单位退思园。

丽则女学由退思园第二代主人任传薪创办于清光绪三十二年（1906年），是民国初期名媛淑女接受教育的场所，开吴江女子教育之先河。

旧址占地5 416.83平方米，由校门、国耻纪念碑、教学大楼组成，其中教学大楼为歇山顶砖木结构建筑，以人字梁梁架承托屋面，建筑面积617.48平方米，面阔七开间23.59米，进深8.8米，高三层15.9米。

中华人民共和国成立后，丽则女学改为同里镇中心小学，直至2004年小学迁出。2015年后，丽则女学旧址作为花间堂旗下的文化精品酒店对外开放，让大众能够近距离领略这座江南女校的百年风华，感受同里古镇崇文重教、破旧立新的文化风尚。

（四）历史街巷

同里因水成街，因水成市，街巷串联着古镇的各个区域。根据河街关系，同里街巷可分为沿河外街、沿河内街、内外街、沿河廊棚、内街外廊等，沿河外街多称"埭"，街巷间小路多称"弄"。内外两街并行是同里古镇街巷的一大特色，靠内称上街，靠河称下街。其中，新填地、竹行埭、南埭、东埭共同构成了清代、民国时期镇内"乙"字形商业街市。

古镇内历史街巷有16条，基本保持原有街巷尺度，以碎石、条石、方石等传统材料铺设，风貌较好。

（五）其他

1. 桥梁

同里圩岛河网交织，镇区形成独特的"九圩"空间结构，"九圩"间通过桥梁连接，这些桥梁最初多为木桥，宋以后以石桥为主。由于镇区整体地势东北高、西南低，桥梁在连接道路的同时，也使不同高度区域能够自然过渡。除连接道路及平衡高差外，同里古桥更具特殊的意义，它是当地百姓祈福祝愿的重要场所，当地传统民俗活动"走三桥"即为例证。

同里古镇现存完好的古桥共9座，宋代、元初桥梁一般用武康石，明清以后则用金山石，如太平桥、吉利桥、泰来桥、升平桥、蒋家桥、得春桥、饮马桥、汇川桥、玉带桥等。

同里三桥，苏州市文物保护单位，包括太平桥、吉利桥、长庆桥三桥。

太平桥为花岗岩单孔石梁平桥，连接东柳、漆字两圩，桥长12.14米、桥面宽2.05米；吉利桥为高石栏板拱式桥，花岗岩砌筑，连接漆字、稻穰两圩，桥长7.66米，桥面宽2.7米；长庆桥为高石栏板拱式桥，花岗岩砌筑，连接东柳、稻穰两圩，桥长12.47米，桥面宽1.89米。三桥呈"品"字形，跨于"T"字形河道交汇处，彼此环顾，相映成趣。

同里"走三桥"习俗是苏州市级非物质文化遗产项目。该习俗滥觞于清乾隆中期，起源于婚嫁习俗，有消灾祈福的寓意，但凡老人寿诞、青年嫁娶、小儿满月等喜庆吉利之事，主人家必定成群结队，浩浩荡荡地"走三桥"，沿街居民则出户观望，上前道喜祝贺。

2. 河埠头、古井

同里古镇有河埠头191个，多为条石砌筑，分布密度极高，每隔15~25米即有一处。按功能可分为日常生活埠头、交通停靠埠头、卸货埠头；按造型可分为单落水、双落水、混合式等。

同里古镇有古井39口，按类型可分为公井、宅井、奇井。公井又称义井，一般由慈善机构或富人家出资修建；宅井为私井，有陈御史府宅井、南旗杆留耕堂宅井、穿心弄1号宅井等；奇井有池（塘）底下、洗心泉（井）、骨井、佛井等。

（六）遗产区划（暂定）

遗产区：南至中元港，北至后港，西至仓场弄，东至东埭港、铁匠弄。面积34.74万平方米。

缓冲区：南至迎燕西路、中元港，东至北图洪桥，北至环湖西路，西至九淞路。面积34.78万平方米。

（七）遗产构成

有关同里古镇遗产构成见表3。

表3　同里古镇遗产构成

遗产要素类型	要素内容
历史水系（8条）	东埭港、后港、上元港、陆家港、丁字河、西市河、大燕港、珍珠园水系
代表性建构筑物（22处）	世德堂、南园茶社、典当场内王宅、永安典当、耕乐堂、务本堂、崇本堂、嘉荫堂、留耕堂（王绍鏊故居）、蒋家桥积善堂、经笥堂、敬永堂、丽则女学、侍御第、同知署旧址、天主教堂、庞氏宗祠、费巩故居、陈去病故居、计成故居、蔚文堂（范烟桥故居）、退思园
历史街巷（16条）	南旗杆、南濠弄、道士埭、尤家弄西段、陆家埭、鱼行街、南埭、东埭、三阳田、铁匠弄、三元街、明清街、新填街、西弄（西街）、石皮弄、仓场弄
其他	桥梁（9座）、河埠头（191个）、古井（39口）、古树（10棵）

三、甪直古镇

甪直位于苏州城东南，古名甫里，因唐代诗人陆龟蒙（号甫里先生）隐居于此故名，后因镇东有直港通向六处，水流形状如"甪"字，改名为"甪直"。甪直镇总面积120.81平方千米，总人口13.59万（2017年）。甪直起源于吴国离宫，形成于唐代，发展于宋元，鼎盛于明清，各时期均有遗存，水多、桥多是甪直古镇的一大特色，历来享有江南"桥都"的美称。

甪直历史悠久、名人辈出、经济昌盛，是著名的商业大镇、工业重镇和历史文化名镇。2001年被评为国家AAAA级旅游风景区，2003年被列为中国历史文化名镇，2016年被列为第一批中国特色小镇。2008年江南水乡古镇被列入"中国世界文化遗产预备名单"，甪直古镇位列其中。

（一）古镇格局

甪直古镇位于淀泖水系区域，素有"五湖之汀"（万千湖、澄湖、金鸡湖、独墅湖、阳澄湖）、"六泽之冲"（甫里塘、清水港、南塘港、界浦港、东塘港和北港）之称，四周河湖环绕。镇内河道密布，其中东市河、西市河、中市河、南市河与西汇河五条主要水系构成了古镇"上"字形水网骨架，总体形成街随河走、宅依河建，河、街、宅并置的古镇格局。

（二）历史水系

甪直古镇区面积不足 1 平方千米，但河道密布，"上"字形主要河道总长约 2 380 米，另有 10 条支流河浜串联其中，包括望江溇、北港、凌家溇、思安浜、金安浜、马公河、眠牛泾、吉家浜、衙门浜、界浦港。河道两侧河埠众多，可供人取水，供船停靠，两岸有石凳供人憩息，极具水乡风情。古时甪直水系有货运、客运交通功能，与周边城镇有良好的水上联系，在经济商贸中发挥重要作用。

东市河东起正阳桥、西至中美桥，与东起中美桥、西至大通桥的西市河笔直贯通，构成"上"字下端的一横。东市河在中美桥旁侧的环玉桥下岔开一路，通向中市河和南市河，向南直至寿昌桥，构成"上"字中间的一竖。南市河在进利桥南侧，往西岔开一路，通往西汇河，构成"上"字竖笔当中的一短横。五条河道共同组成标准的"上"字形河道骨架。

（三）代表性建构筑物

甪直古镇依水成街，因水兴市，建筑大多傍河而建，顺应河道呈流线型布局。旧时甪直上塘街店铺林立，繁华热闹，下塘街多为住家宅院，温润宁静。甪直多官宦人家、名门望族、豪绅富商，明代前后，曾涌现过许、陈、王、金、严、殷、沈等名门望族，他们所建的宅邸、庵祠、义庄众多，至今仍有大量遗存。甪直的宅邸，往往开间不大，但纵深很广，普通的有三四进，多者可达七八进。"庭园深深深几许"的诗句，在甪直宅邸中能够寻到真切的诠释。

1. 保圣寺

甪直镇的兴旺发达得益于保圣寺,当地有"以庙兴市"的说法。

保圣寺原名保圣教寺,始建于梁天监二年(503 年),南朝四百八十寺之一,明代有 200 多间房舍,时称江南四大寺院之一,堪与杭州灵隐寺媲美。该寺历经废兴,现存六朝造像石、唐代青石经幢、北宋幡杆夹石、明代天王殿、清代铸铁大钟等珍贵文物。唐代"塑圣"杨惠之所作的罗汉塑像为镇寺之宝,其融雕塑绘画于一体,动静有致、形神兼备,犹如一幅以山水为背景的立体人物画卷,具有极高的艺术价值。罗汉塑像于 1961 年被公布为第一批全国重点文物保护单位,原先有十八尊,1932 年保圣寺古物馆建成时仅剩九尊,诸罗汉错落有致,附于以山水云为背景的塑壁之上,构成罗汉塑群。罗汉形态逼真,比例适度,形、神、貌、意统一,充分体现了唐代"塑圣"杨惠之高超的雕塑技艺。

2. 万盛米行及万成恒米行

万盛米行出自叶圣陶先生的小说《多收了三五斗》,该小说曾被人民教育出版社选进中学语文教科书,万盛米行也随之闻名。

万盛米行原型为万成恒米行,位于南市上塘街 54 号,是甪直一家老字号店铺。该米行始建于民国初期,规模宏大,有仓廒近百间,是当时吴东地区首屈一指的大米行,也是甪直镇及周围乡镇的粮食集散中心之一。现仅存河埠头、铺面、大厅、附房。

现万盛米行位于南市下塘街 62 号,与万成恒米行相距一百多米,是甪直人民政府为呈现万成恒米行原貌、再现民国江南米市风貌,于 1998 年筹资改建而成,内部设有江南历代农具陈列,是一处独具水乡风情的"农具博物馆"。

3. 叶圣陶墓及执教处旧址

叶圣陶执教处旧址即叶圣陶先生执教过的"吴县立第五高等小学"旧址,位于甪直古镇保圣寺西南。1988 年被辟为"叶圣陶纪念馆"。旧址建筑均维持叶圣陶先生执教时原貌,有四面厅、鸳鸯厅、女子部楼等民国建筑,建筑内部用于展陈。

叶圣陶墓位于纪念馆西北侧,叶圣陶先生逝世后其骨灰埋葬于此。

2019 年，叶圣陶墓及执教处旧址被列为江苏省文物保护单位。

叶圣陶，现代作家、教育家、出版家和社会活动家，先后出任教育部副部长、人民教育出版社社长、中央文史研究馆馆长等。叶圣陶与甪直有不解之缘，1894 年，叶圣陶出生于苏州，1917—1921 年在甪直执教五年，1988 年在北京逝世后归葬苏州甪直古镇。他的许多文学作品取材于甪直镇的生活，代表作《多收了三五斗》描写了镇上的万盛米行与四乡农家关系。

（四）历史街巷

甪直古镇内的街巷极具水乡特色，与河道并行为街，垂直为巷，街巷格局清晰，功能明确。依水而设的街道宽约 2.5 米，河西、河北为上塘街，河南、河东为下塘街；与河道垂直的巷弄宽约 1~2 米，也有仅容一人通过的备弄，是居住街坊之间的分隔。街巷多以石板或弹石铺成，街道两旁商铺林立，粉墙黛瓦，极具水乡风情。

镇内主要历史街巷有 10 条，分别为西汇上塘街、西汇下塘街、中市上塘街、中市下塘街、南市上塘街、南市下塘街、西市上塘街、西市下塘街、东市上塘街、东市下塘街，另有窄巷里弄不计其数。

（五）其他

1. 桥梁

甪直素以"水乡泽国"著称，镇周河流纵横交错，镇内流水贯通四方。水多必定桥多，甪直自古就是桥梁之乡，有"江南桥都"美称，1 平方千米的古镇区原有宋、元、明、清各时代的石拱桥 72 座半，现存 41 座，这些各具特色的石桥分布在纵横交织的古镇市河上，构成了"三步两桥""桥挑庙""庙挑桥""桥挑桥"等独特景观，桥景水影，交相辉映。桥梁最密处位于镇中心南百米河道，共架有 6 座桥，可谓十步一桥。这些古桥造型不一，风格各异，汇集了自宋代以来苏州水乡集镇桥梁建筑工艺之大成，被著名的桥梁专家茅以升誉为"中国古代桥梁博物馆"。

1986 年，"甪直镇水道驳岸及古桥"被列为吴县文物保护单位。1995 年因行政区划调整，改为苏州市文物保护单位。

2. 河埠头、缆船石、古井

甪直古镇有河埠头 266 个，它们大小不一、形态各异，材质以条石为主，错落有致地分布在古镇各处。这些河埠头为人们用水提供便利的同时，也成为甪直老街的特色景观，其中万盛米行旧址门前的河埠头，因《多收了三五斗》中开头一段关于河埠头场景的描述而出名。

甪直古镇有缆船石 92 个，均匀分布于河道两侧驳岸上。它们图案精美、造型多样，主题极其丰富，有如意、定胜、双蝠、双橘、双榴、瓶戟、狮子滚绣球、刘海戏金蟾、象鼻、猫眼等；雕刻手法也变化多端，有浮雕、立雕、透雕，分阴刻、阳刻，还有平面、凸面、凹面等区别。

此外，甪直古镇内有古井 3 口，分别位于沈柏寒旧居乐善堂前天井东侧、沈柏寒楼厅边东侧及萧宅后厅室内，3 口古井均为明清时期遗存，其中萧宅后厅室内古井为先有井后建屋，别具特色。

（六）遗产区划（暂定）

遗产区：南至万盛米行旧址南界，北至上北港 14 号以北，西至西汇河永宁桥，东至东市河通俗桥，面积 49.96 万平方米。

缓冲区：南至衙门浜，北至金巷浜、思安浜、凌家溇一线，西至马公河，东至望江溇、溇梢港一线，面积 113.32 万平方米。

（七）遗产构成

有关甪直古镇遗产构成见表 4。

表 4　甪直古镇遗产构成

遗产要素类型	要素内容
历史水系 （14 条）	南塘河、西市河、东市河、西汇河、北港江、望江溇、界浦江、马公河、石家湾、衙门浜、眠牛泾浜、吉家浜、金安浜、思安浜
代表性建构筑物 （17 处）	万盛米行旧址（万成恒米行）、沈柏寒旧宅、万盛米行、萧氏旧宅、沈家弄沈宅、沈宽夫老宅、赵宅、许步嵩老宅、戴百平老宅、王莼民宅、沈柏寒新宅、水乡农具博物馆、叶圣陶墓及执教处旧址、保圣寺、沈家祠堂、陆龟蒙墓、王韬纪念馆

续表

遗产要素类型	要素内容
历史街巷（36条）	蜡烛弄、保圣寺弄、马公场、寺浜弄、水沟弄、中市街、三官弄、杨家弄、金家弄、香花弄、鸿圆里、陆家弄、西汇上塘街、西市下塘街、西汇下塘街、太尉弄、南市上塘街、南行、灰堆弄、沈家弄、牛场弄、眠牛泾浜、珠宝弄、日茂场、南市下塘街、巷门戴家弄、电话弄、夏家弄、东市上塘街、西市上塘街、东市下塘街、王家弄、正阳里、严五房、塔弄、暗弄（萧家弄、众安里、下塘戴家弄、东市下塘街86号弄、糖坊里）
其他	桥梁（26座）、河埠头（266个）、古井（3口）、缆船石（92个）

四、锦溪古镇

锦溪原名陈墓，地处昆山市西南，江、浙、沪交界处，属于淀泖水系区域，是江苏省"南大门"，有"中国民间博物馆之乡"的美誉。锦溪镇域面积90.69平方千米，常住人口5.18万人（2017年）。锦溪早在唐代已成村镇，南宋后古镇日渐兴旺。

2009年被列为"中国历史文化名镇""中国民间文化艺术之乡"。2008年江南水乡古镇被列入"中国世界文化遗产预备名单"，锦溪古镇位列其中。

（一）古镇格局

锦溪镇湖荡密布，河港纵横，是典型的鱼米之乡。古镇格局完整，风貌古朴，街巷水系肌理清晰，空间尺度宜人。古镇河道长达6千米，形成河湖相通、街巷依水、桥巷相连的典型江南水乡风貌。古镇集宅、墓、寺、湖、水于一体，建筑形式及空间格局充分体现江南独有的文化与风情。

（二）历史水系

古镇河道水系形成于明、清时期，现有历史水系10条，分别为界浦港、油车港、中心市河、锦溪港、王家浜、三图港、菱荡湾、古莲池、五保湖、莲池禅院西河，共同构成锦溪"丰"字形水网结构。

中心市河位于市镇中心，旧时为昆、吴两县界河，市河呈南北走向，长约430米。驳岸上杂叠武康石、青石和花岗石等条石，上有如意、牛鼻、蝙蝠、定胜等形状的缆船石百余枚和形状各异的泄水孔。河上有普庆桥、溥济桥、众安桥等古桥。

（三）代表性建构筑物

锦溪镇是拥有千年历史的江南古镇，文化底蕴深厚，古迹名胜众多，风貌保存依旧。从高处俯瞰，青黑色的屋面此起彼伏，大小院落井然有序，百年以上的古宅随处可见。

锦溪古镇代表性建构筑物共27处，基本保留明清时期江南水乡古镇传统建筑风貌，散发浓郁的江南水乡文化气息。

1. 陈墓区公所旧址

陈墓区公所旧址，江苏省文物保护单位，位于锦溪镇天水街与下塘街交接转角处。现存前后二层楼房，建筑占地面积220平方米，硬山顶，小青瓦屋面，沿河大门处有西式门楼一座，欧式拱券门，是典型的民国建筑。建筑地板、门窗多为木制，保存较好。旧址见证了苏州地区在中华人民共和国成立前乡镇行政机构的历史变迁，具有较高的历史研究价值。

2. 文昌阁

文昌阁，苏州市文物保护单位，位于锦溪镇古莲池畔。

文昌阁原在通神道院，清乾隆三十八年（1773年）移建至莲池禅院内，并立"重建文昌阁记"碑嵌于内墙。移建后的文昌阁为方形四面三层楼阁式建筑，砖木结构，高15.6米，总面积约200平方米，飞檐翘角，阁前置石台，石台上设石栏。登阁远眺，可俯瞰古镇全景。

3. 通神道院

通神道院，苏州市文物保护单位，原名"天庆观"，位于锦溪镇南大街西首。南宋始建，有三清殿、通神庵，后因宋孝宗的题名"笔势腾挪惊凤舞,文光灿斓讶龙飞"，前来观赏御书墨宝者日益增多，故又称通神御院。元时增建正山门，明清时有中岳殿、雷神殿、关帝殿、玉皇殿、文昌阁、斗姥阁等建筑。现存东岳殿及山门，建筑面积200平方米，其建筑精致，用料考究，是锦溪古镇一处重要的人文景观。

（四）历史街巷

锦溪古镇保留一河两街的历史格局，交错相织的街巷弄堂巧妙地把水、路、桥、宅联成一体，布局得宜。锦溪古镇有 11 条历史街巷，分别为盘亭街、三图街、南大街、上塘街、锦溪街、菉荇街、三贤街（交通街）、天水街、下塘街、长棣弄、菱荡湾。

上塘街和下塘街位于古镇中心市河两岸，南起菱荡湾，往北逶迤 430 米，贯穿古镇。河西为上塘街，河东为下塘街，两街合称"老街"，均为石板路面。两街于明末清初渐成规模，是古镇最为重要的商业街。

（五）其他

1. 桥梁

锦溪镇有"三十六座桥，七十二只窑"之称。镇内桥梁主要特点如下。

一是数量众多，形态各异。在锦溪历史上，不足 1.6 平方千米的古镇区内有 36 座古桥，其数量之多，密度之高，在江南水乡实属罕见。高低、宽窄、跨度不同的桥梁形态各异，宛若琴弦，在溪水间弹奏着江南水乡小桥流水的乐曲。

二是历史悠久，保存完整。锦溪保存有 20 多座较为完好的古桥，多座被列为市级文保单位。循着溪水，可以看到各个朝代的古桥横卧河上，可谓"唐宋元明清，从古看到今"。

三是桥名桥联，文化深厚。锦溪每一座桥的桥名都耐人寻味，尤其是镌刻于普庆桥、太平桥、天水桥两侧的精美桥联，与古桥一道向人们展示了古镇深厚的江南水乡文化与桥文化底蕴。

（1）天水桥

天水桥俗称"北观音桥"，位于天水街，南北走向，跨于油车港上。桥始建于明永乐五年（1407 年），清顺治九年（1652 年）重建。单孔拱桥，桥长 17.2 米、宽 2.7 米、净跨 6 米、矢高 3.1 米，除桥拱为青石质地外，其余由花岗石构成。桥体稳重大方，与民居、街道、河埠融为一体。

桥东西两侧桥联尤为醒目，东端是"万恶淫为首，百善孝为先"，西端是"愿天常生好人，愿人常做好事"，体现了百姓善恶分明的做人态度和对美好生活的向往之情。

（2）普庆桥

普庆桥俗称俞家桥，又叫南市桥，位于市河南口处，始建于清雍正十一年（1733年），乾隆年间重修。桥为花岗石质地，单孔拱桥，东西走向，跨于市河上。桥长18.5米，宽2.8米，净跨6米，矢高3.75米，是古镇独一无二的360度全圆形拱桥。有桥联"两岸烟飞通海市，一溪浪涌接澄湖"。2005年12月公布为昆山市第一批控制保护建筑。

（3）十眼桥

十眼桥位于锦溪镇南，架于坟塘港至五保湖口，南北走向，是一座花岗石多孔平板桥。始建于南宋隆兴元年（1163年），重建于清乾隆三十八年（1773年），九墩十孔，桥长52米，宽2.8米，高3米，主孔跨度3.5米。桥墩采用条石整齐叠砌，结构坚固，姿态优美，有"小宝带桥"之称。

2. 河埠头、缆船石、古井

锦溪古镇有河埠头138处，多为条石砌筑，以明清时期遗存为主，分布于"丰"字形河道两岸。古镇内另有缆船石87个，古井9口。

（六）遗产区划（暂定）

遗产区：南至陈妃水冢以南50米水域，东至具庆桥，北至交通街，西至典当弄，面积28.47万平方米。

缓冲区：南至陈妃水冢以南200米水域，东至文昌路，北至普庆路，西至太平路，面积45.50万平方米。

（七）遗产构成

有关锦溪古镇遗产构成见表5。

表5 锦溪古镇遗产构成

遗产要素类型	要素内容
历史水系（10条）	界浦港、油车港、中心市河、锦溪港、王家浜、三图港、菱荡湾、古莲池、五保湖、莲池禅院西河

续表

遗产要素类型	要素内容
代表性建构筑物 （27处）	夏太昌、酒作坊、三图街孙宅、太源里住宅、杨家弄杨宅、丁宅、锦溪牌楼里陈宅、上塘街蔡宅、杨宅、金石篆刻艺术馆、牌楼里蔡宅、庆丰里杨宅、锦溪长寿路杨宅、上塘街俞宅、锦溪陈宅、陆宅、柿园、金宅、府东里陈宅、朱家场住宅、锦溪王宅、陈墓区公所旧址、陈妃水冢、莲池禅院、教堂、陈三才故居、朱雷章故居
历史街巷 （11条）	盘亭街、三图街、南大街、上塘街、锦溪街、菉荇街、三贤街（交通街）、天水街、下塘街、长棣弄、菱荡湾
其他	桥梁（15座）、河埠头（138个）、古井（9口）、缆船石（87个）

五、沙溪古镇

沙溪位于太仓市中北部，处于太湖水网东部冈身之上。濒临长江，与上海接壤，是沟通崇明与苏州的航道上的重镇。沙溪镇域面积132.4平方千米，常住人口14.4万人。2005年被列为"中国历史文化名镇"。2008年江南水乡古镇被列入"中国世界文化遗产预备名单"，沙溪古镇位列其中。

沙溪早在唐代已形成村落，元代形成市集，明代成为商贸重镇。清末民初工业起步，新式教育推行，沙溪呈现开风气之先的气象。

（一）古镇格局

古镇保留"一河两街三桥一岛"的格局。开凿于宋代的老戚浦河穿镇而过，河南、塘北两条老街沿戚浦河两岸傍水而设，街道与河道并行，呈"川"字形贯穿全镇，义兴桥、庵桥、新桥三座石拱桥贯连河南、塘北，"一岛"则是1954年开挖新戚浦河截断水流而形成的橄榄状小岛。

（二）历史水系

沙溪河网密布，开凿于宋代的戚浦河（现称老戚浦河）贯穿古镇，和横沥河交汇形成沙溪古镇"十"字形水系格局。

老戚浦河是沙溪形成和发展的命脉。宋景祐二年（1035年）苏州知府范仲淹为排泄西部阳澄湖低洼地区积水,同时满足农田灌排需要,兴修了茜泾、下涨、浒浦、白茆、戚浦五大浦。明代中叶后戚浦河成为沟通崇明与苏州一带的主航道,古镇居民的生活用水、交通往来、商业贸易无不依靠戚浦河,两岸民居沿河而筑,逐步形成街市。

(三) 代表性建构筑物

沙溪古镇临水建筑和古镇街区具有鲜明的清末民初风格。沙溪老戚浦河两岸的古宅民居,错落有致,鳞次栉比,绵延1.5千米。临水民居设河棚间、水码头,隔三户五户就有水弄堂,棚下水桥石级有驳岸式和条石悬挑式,形态纷呈,古朴苍老。

沿街建筑多为商铺,一般都有前后三进,临街多为二层楼,底楼为店铺,沿用宋代建筑的风格,大多挑梁出檐,不用木柱支地,仅以斗拱支撑房檐与墙体。古镇还保留古代防御体系的历史遗存,如巷门、桥门、更楼等。

1. 龚氏雕花厅

龚氏雕花厅现为江苏省文物保护单位,位于沙溪古镇中市街60号,建于清乾隆年间,是沙溪古镇最有代表性的古建筑之一。据《太仓志》记载,龚氏雕花厅为清乾隆年间富商龚氏所建宅院的留存部分。

雕花厅坐北朝南,面阔三间8.8米,进深9.2米,为砖木结构,面积约为110平方米。梁木刻满柔美的缠枝花浮雕,梁架上雕刻形态各异的仙鹤,有静立状,有跃跃欲飞状,有翩翩起舞状。四角机下对称刻有象、狮、虎、豹四兽,既有辟邪之意,又象征着吉祥。雕刻工艺精湛,运用深雕、浅雕、圆雕、透雕等各种手法,云彩蝙蝠、凤凰麒麟、吉象灵兽、奇花异果都栩栩如生,形态优美。大梁雕刻的包袱锦堪称"江南一绝"。

2. 吴晓邦故居

吴晓邦故居现为江苏省文物保护单位,位于沙溪镇西市街,建于1927年,占地面积600多平方米,是一幢双层欧式建筑,有客厅、主卧室、储藏室、卫生间、用膳房、厨房等12间,房顶建有瞭望台,可观望沙溪全景。吴晓邦是我国新舞蹈艺术的奠基者、开拓者和实践者,杰出的一代舞蹈大师,曾任中国舞蹈家协会主席、中国艺术研究院舞蹈研究所所长。

(四) 历史街巷

沙溪古街隐匿于建筑群之中,古街区民居密集,布局合理,东西为街市,长1.5千米,南北为巷弄,不计其数。老街与老戚浦河并行,垂直如线,呈川字形贯穿全镇。由于沙溪商贸繁荣,街集合了市的功能。

邱家弄又名沙溪一线天,由两旁相邻建筑群山墙相隔而形成,因其风墙高耸,抬头望天,天成一线,是以名之。

两旁墙壁苍然古朴,长达137米,宽为1米,入口处有一段长约4米的路用石材铺就,余则为泥地。弄底部西侧墙壁下部用花岗岩块石砌筑,长约10米,高近1米。弄原为两宅之间的界弄,具有深、古、隐、窄、高5大特点。

(五) 其他

1. 桥梁

沙溪古镇有古桥3座,位于老戚浦河之上,均为单孔石拱桥,其中以庵桥最具特色。

庵桥长21米,宽2.7米,横跨老戚浦河东市街段。桥北堍嵌入北岸古宅之中,并建有独特的拱形桥门洞,起安全防盗作用,在江南古桥中颇为少见。因门洞对准原长寿庵山门,故称庵桥。该桥始建于宋代,当时为木桥。清康熙年间重建易石,并于清光绪年间重修,现基本保持清代风貌,是苏州市文物保护单位。

2. 河埠头、缆船石、古井

沙溪古镇有河埠头55个,多为条石砌筑,以明清时期遗存为主,大多分布于老戚浦河两岸。古镇内另有缆船石32个,古井1口。

(六) 遗产区划 (暂定)

遗产区:沿老戚浦塘和西市街、中市街向南北两侧延展,北至糖坊弄,东至姚泾路,南至河南街以南,西至曹家祠堂西界,面积32.40万平方米。

缓冲区:东至镇东路,南至新戚浦塘,西至南院路,北至新北路,面积76.34万平方米。

（七）遗产构成

有关沙溪古镇遗产构成见表6。

表6 沙溪古镇遗产构成

遗产要素类型	要素内容
历史水系 （2条）	老戚浦河、横沥河
代表性建构筑物 （17处）	孙泰隆老花行、胡聚丰酒店、沙溪西天丰银楼、元昌和店铺、万春楼茶馆旧址、沙溪新祥泰百货店、裕兴昌店铺、凤和楼、新华书店旧址、吴晓邦故居、沙溪花篮厅、龚氏雕花厅、王伟生古宅、陆京士故居、曹家祠堂、黄氏民宅
历史街巷 （14条）	西市街、新桥弄、西门街、北弄、太平街、中市街、庵桥巷、水弄堂、高真堂弄、邱家弄（沙溪一线天）、东市街、雷家弄、河南街、东门街（暗弄）
其他	桥梁（3座）、河埠头（55个）、缆船石（32个）、古井（1口）

六、黎里古镇

黎里又称"黎川""黎花里""禊湖"，位居苏浙沪之要冲，自古文化昌盛，商贾云集，素称鱼米之乡。镇域面积258平方千米，常住人口17.76万（2017年）。黎里唐时为村落，南宋成为集市，明弘治年间升格为江南大镇，在明清两代，人口稠密，市场繁荣，不仅是商业中心，也是文化中心，是乡绅、士大夫聚居之处。

2014年被列入"中国历史文化名镇"。2008年江南水乡古镇申报世界文化遗产，黎里古镇为典型例证之一。

（一）古镇格局

黎里境内河道纵横，湖荡密布，古镇保持了明清时期格局，全镇傍水成街，倚水成市，以"丁"字形市河为轴，115条弄堂呈鱼骨状分布。街巷河道两侧明清建筑鳞次栉比，古朴典雅，留存至今的明清、民国历史建筑近16万平方米，是保存较好的江南水乡古镇。

(二) 历史水系

黎里河流为太湖水系一部分,来自浙江天目山水系及太湖水系的河流,由西向东,经平望莺脰湖、雪湖,到黎里与平望交界的杨家荡、牛斗湖,从望平桥进入市河黎川,流经全镇各条水道。始建于元代的市河全长 2 000 余米,东西向称为横市河,南北向称为南北市河,在杨家桥位置相交,形成古镇"丁"字形水系骨架,是黎里最为重要的水路通道。河上横跨 17 座古桥,驳岸和河埠嵌有数量众多的缆船石,这些缆船石造型各异,生动形象,是江南古镇标志性文化符号。

(三) 代表性建构筑物

黎里古镇以市河为主干道,市河沿线是古镇发展的主要轴线。全镇傍水成街,倚水成市,明清时期建筑随处可见,这些建筑沿着主要河道及街巷垂直布置。其中市河两侧以店堂铺面为主,连甍接栋,数不胜数。厅堂楼阁门头不甚张扬,内部却庭院深深,雕梁画栋,砖雕石刻,韵味十足。

1. 柳亚子旧居

柳亚子旧居,全国重点文物保护单位,原名"赐福堂",位于黎里镇中心街 30 号,是清乾隆时期直隶总督、工部尚书周元理私邸。1922 年至 1927 年,柳亚子居住于此,1987 年辟为柳亚子纪念馆。

旧居共有五进,包括茶厅、大厅、起居楼、磨剑室书斋、藏书楼等。第五进藏书楼最有特色。藏书楼东西两厢与前楼相通,形成走马堂楼。厅前有砖刻门楼,所雕娇凤穿牡丹、狮子滚绣球,玲珑剔透,形象生动,中有"天赐纯嘏"题额。二楼居中五间用于藏书,西首箱橱间有"复壁"(暗室),1927 年柳亚子被军警包围,即是在此"复壁"内躲过了军警搜查。

柳亚子(1887 年至 1958 年),初名慰高,后更名弃疾,同盟会会员,南社创始人之一,曾任孙中山临时大总统秘书,中华人民共和国成立后曾任中央人民政府委员,全国人大常委会委员。

柳亚子是一位以诗歌为武器的政治诗人,是忠贞的爱国主义者,坚定的民主主义革命者,一生写下诗词 7 000 余首,他的诗词洋溢着强烈的爱国主义、民主主义激情,具有鲜明的战斗性。

2. 周宫傅祠

周宫傅祠，江苏省文物保护单位，位于黎里南新街庙桥弄18号，始建于清乾隆六十年（1795年），初为祭祀工部尚书周元理而建的专祠，共三进。 道光元年（1821年），周元理孙周光纬续建后三进，前后轴线略有偏移。 现周宫傅祠前后共六进，占地1 500多平方米，建筑面积780多平方米，前三进是祭祀周元理的专祠，第四进是周家祭祀祖先的场所，五、六两进为周氏义学，晚清及民国年间，黎里民众在此祭孔。 周宫傅祠是江南罕见的集"御祭、祭祖、祭孔"三祭合一的祠堂。

3. 端本园

端本园，苏州市文物保护单位，始建于清乾隆年间，同治年间重建。 端本园位于黎里古镇中心街68号大观弄底，为邑中名园，原有曲廊、荷池、回廊、假山、亭、榭、楼、轩等建筑，因年久失修，仅存双桂楼，六角亭及部分假山、回廊。 2012年古镇对端本园进行修复，园约900平方米，园中有曲桥荷池、假山厅堂、双桂楼、平波轩、伴月廊，花木扶疏，错落有致，尽显苏州园林小中见大之妙趣。

双桂楼面阔三间16.5米，进深8.48米，硬山顶，因园中植有金桂、银桂各一株，故楼名"双桂楼"。

（四）历史街巷

明代中期以前，黎里以市河为中心形成一河两岸格局，明代后期，老街由明月桥向南北拓展出400米左右的横街，清代继续向西扩展200米，最终形成"丁"字形镇区。 流经古镇的市河将黎里古镇分为上岸、下岸、横街、南北栅和西栅，内部有九条街道：河北岸（俗称上岸），从东至西依次有东亭街、平楼街、中心街、浒径街、梨花街；河南岸（俗称下岸），依次有九南街、建新街、南新街，另横街西岸有西新街。

黎里古镇的街廊极具特色，无论是"上岸""下岸"，还是镇西"横街"，皆设街廊，总长度近2千米。 所谓街廊，实际是上有顶盖的道路，廊的造型多样，有披檐式、人字式、骑楼式、过街楼等，有高有低，有宽有窄，布局随意，造型简洁，为居民挡风遮雨的同时，也为邻里提供交往、休息、娱乐空间。

除街廊外，黎里古镇的巷弄同样精彩，保存完好的有85条，有明弄暗弄之分，还有双弄、弄中弄以及暗弄接明弄形成的三岔弄。大多以姓氏命名，以"周、陈、李、蒯、汝、陆、徐、蔡"黎里八大姓命名的最多。

（五）其他

1. 桥梁

江南水乡无桥路不通，河多桥也多。黎里古镇内的桥，用于连接河道两侧道路，贯通街市。由于其地处水陆交会处，更是商业繁华之地，自宋元以来，黎里就是吴江的商业重镇，茶馆、酒楼傍桥而设，沿上岸、下岸和横街形成街市。黎里镇区现有10余座形态各异的古桥，横跨市河的古桥有进登桥、道南桥、梯云桥、迎祥桥等。

2. 河埠头、缆船石

黎里古镇有河埠头143个，间隔一二十步就有一座。按造型可分为淌水、单落水、双落水及悬挑式等，淌水式河埠最宽阔，悬挑式河埠最简便。

黎里古镇有缆船石254个，分立柱式和洞穴式两种，三分之一以上雕有纹饰，图案丰富，寓意吉祥，有暗八仙、笔锭、如意、犀角、双桃、双橘、如意得鹿、瓶生蜂猴、瓶生三戟和五色旗等。

黎里古镇有古井3口，分别为罗汉寺井、全真道院井和萧庵井。

（六）遗产区划（暂定）

遗产区：以市河为骨架的两侧区域，北到禊湖道院，南到南栅港，西至市河，东到八角亭，面积33.66万平方米。

缓冲区：南至南栅港，东至小官荡，北至寺后荡，西至望平桥，面积110.83万平方米。

（七）遗产构成

有关黎里古镇遗产构成见表7。

表7 黎里古镇遗产构成

遗产要素类型	要素内容
历史水系（5条）	丁字形市河、西栅、南港河、东风桥—后长荡、梅兰桥—小官荡
代表性建构筑物（13处）	问心堂药店、毛家弄毛宅、丁家弄丁宅、鸿寿堂（含洛雅草堂）、徐达源故居（含写韵楼）、闻诗堂、王家弄王宅（中心街王宅）、禊湖道院和秋禊桥、黎里天主堂、全真道院石柱、周宫傅祠、柳亚子旧居、端本园
历史街巷（74条）	北蔡家弄、朱家弄、汪家场弄、南栅蒯家弄、南栅西岸路、横街路、北栅西岸路、周家弄、闻诗堂弄、西蔡家弄、老医院弄、西徐家弄、彭家弄、陈家湾堂弄、中徐家弄1、中徐家弄2、李厅弄、梨花街、北栅东岸路、范家弄、沈家弄、南徐家弄、庙桥弄、鲍院弄、裘家弄、南蔡家弄、南冯家弄、南丁家弄、南栅东岸路、南新街、老蒯家弄、鸿寿弄、西当弄、祥和弄、新蒯家弄、中丁家弄、中心街胡家弄、周赐福弄、九洲弄、毛家弄、王家弄、毛家池弄、中汝家弄、中心街、哺纺弄、诸葛弄、南新弄、陈家弄、建新街、夏家桥弄、汪家弄、中金家弄、托儿所弄、中蔡家弄、商办弄、邱家弄、唐桥弄、东桥后底、天和里西弄、冯家弄、凌家弄、鲍家东弄、鲍家西弄、花车大兴弄、恒丰泰东弄、三泰弄、恒丰泰西弄、肖家弄、金家弄、永新弄、吴家弄、汝家弄、平楼街、九南街
其他	桥梁（10座）、河埠头（143个）、缆船石（254个）、古井（3口）

七、震泽古镇

震泽，以太湖古名震泽而得名，位于吴江区西南部，与浙江省接壤。震泽镇行政区总面积95.61平方千米，常住人口8.99万人（2017年）。震泽于南宋设镇，明代成为重要的湖丝产销中心，辑里丝誉满天下，明末清初成为经济大镇，至清末民初已是我国最为著名的丝市之一。

震泽是中国蚕丝之乡，2014年被列为"中国历史文化名镇"。2008年江南水乡古镇申报世界文化遗产，震泽古镇为典型例证之一。

（一）古镇格局

震泽地处太湖流域的湖荡平原区，东有北麻漾，北有长漾，西有徐家漾，四周密布着河塘溇港，京杭大运河支流頔塘河穿镇而过。

震泽镇域空间最初以頔塘河为骨架延伸，主街与頔塘河并行，建筑临水而建，至明末清初已基本形成了传统古镇"一河两路"的形态特征；明清时期頔塘河、通太桥河、藕河（现为藕河街）及斜桥河（现为斜桥河街）所构成的水系成为震泽镇区的水系骨架；此后古镇格局始终保持，直至1935年，镇北修建新开河，最终形成了"两河夹镇"的空间架构。

（二）历史水系

震泽河港纵横、漾荡密布。古镇水系以东西向頔塘河为轴，与北侧新兴港（今庄桥河）、通泰港（今通太桥河）以及斜桥河（今斜桥河街）相通，三河汇于后河（今藕河街）及三里塘，成为镇区水系核心架构。位于古镇中心的頔塘河，源出浙江天目山之苕溪，向南汇入江南运河，西接湖州，北达苏州，东通上海，南抵嘉兴，尽收航运之利。作为江南运河的支流，頔塘河是镇内核心水道，其横贯镇区呈东西走向，思范桥至禹迹桥段俗称市河，是明清时期震泽古镇丝业贸易、农副产品交易的重要水上通道。

（三）代表性建构筑物

震泽古镇传统建筑留存较多，建筑临水而筑，沿河形成商业区，頔塘河两侧各类建筑鳞次栉比，有望族宅第，商户店铺，公共服务建筑以及宗教建筑等。震泽建筑以江南粉墙黛瓦建筑风格为主，同时融合徽派和西洋建筑风格。镇内现有全国重点文物保护单位2处：师俭堂和慈云寺塔；江苏省文物保护单位3处：王锡阐墓、香花桥、致德堂；另有苏州市文物保护单位20余处，苏州市控制保护建筑13处，未定级的文物保护点26处。

慈云寺塔为古镇的标志性建筑。师俭堂集河埠、行栈、商铺、街道、宅第、园林于一体，堪称"水乡第一大宅门"。

1. 慈云寺塔

慈云寺塔，为全国重点文物保护单位，位于古镇中心偏东，宝塔街东栅慈云寺内，塔因寺而名，是一座砖身木檐的楼阁式塔，六面五级，总高38.44米，由塔基、塔身、塔刹组成。底层东塔壁筑有花岗石台阶，塔室内设置木梯可拾级而上，自第二层起每层施平座、腰檐，并辟有三面壶门,上下相错。 第四层有楠木刹柱直透顶端,承套塔刹,塔刹约占塔高的四分之一,由铁质覆钵、仰莲、相轮、宝盖、宝珠、受花和铜质宝瓶组成。 铁链分系六角,角端挂有铜铃。

慈云寺塔是吴江境内现存唯一古塔,是震泽古镇的标志性建筑。

震泽八景之一的"慈云夕照"描述的即为慈云寺塔的景观,为震泽八景之最。 每年春秋佳节,夕阳西照之际,登塔北望洞庭,南瞰麻溪,令人心旷神怡。

2. 师俭堂

师俭堂,全国重点文物保护单位,位于宝塔街12号,南临頔塘河,北达三官堂弄,占地面积2 746.54平方米,建筑面积3 534.10平方米。 师俭堂始建于清嘉庆六年(1801年),同治三年(1864年)重建,集河埠、行栈、商铺、街道、宅邸、园林、下房于一体,含厅、堂、楼、阁、亭、廊、轩等建筑样式,兼顾官、儒、商三重使用功能。 主次分明,将园林与住宅融合贯通,形成"西宅东园"格局,建筑装饰精美,门屋、大厅前檐设有云头挑梓梁檩,内部共244幅雕刻,其中砖雕27幅,石雕4幅,木雕213幅,是一处能够反映晚清工商绅士坐行经商时代特点和江南水乡地方特色的代表建筑。

师俭堂共六进,面阔均为五间。 一进沿頔塘河筑有条石河岸,并置1.6米宽双坡级河埠。 二、三进夹宝塔街。 三进中间筑有木雕门楼。 四进中三间为敞厅,前廊设船篷轩,边间设月楼。 天井左右为厢房,南墙筑有砖雕门楼。 第五进中三间为厅堂,前廊设船篷轩,天井左右为厢房,南墙筑有砖雕门楼。 第六进厅堂用雕花隔扇分为三间。 天井左右为厢房,南墙筑有砖雕门楼。 北天井东建有三层更楼。 房架结构:一、二、三进为四界圆作大梁抬架;四、五、六进为四界扁作雕花大梁抬架。 各进均为硬山顶,哺鸡脊,筑有马头封火墙,并逐进抬高。 五、六进东侧为占地420平方米的三角形花园"锄经园",园内有黎光阁、假山、半亭、梅花亭、四面亭、曲廊和益寿轩等。 其中黎光阁和益寿轩为二层楼房。 三至六进西侧为备弄及辅房,辅房有伙房、磨房、杂房、柴房等。

3. 江丰农工银行旧址

江丰农工银行旧址,苏州市文物保护单位,坐落于震泽古镇中部,位于上塘中大街银行弄文武坊 26 号。建于民国十一年（1922 年），由邑绅施肇曾发起创设。建筑坐北朝南，面阔五间 18.2 米，进深 8.5 米，占地 154.7 平方米，该建筑窗口窄小，门框装饰为半圆形拱券并逐层挑出，门柱为高大的爱奥尼亚柱式，是一座具有典型罗马式建筑风格的双层洋楼。

江丰农工银行是中国近代第一家民营股份制银行，当时日本机器缫丝业兴起，逐渐成为国际生丝的最大供应商，江丰银行以扶持震泽城乡蚕丝各业为宗旨，对当地蚕丝行业的新生做出了积极贡献。

4. 致德堂

江苏省文物保护单位，位于下塘中市，梅场街 34 号，由震泽富商徐帘青建于清宣统二年（1910 年），集米行、丝经行及家宅于一体。原为六进，占地 1 650 平方米，现存后四进。因街市在北侧，除第五进内宅花厅面临花园而坐北朝南外，其余建筑皆坐南朝北。

致德堂与师俭堂隔頔塘河相望，与师俭堂一样，致德堂也是前行后宅，整体呈现出亦商亦儒的风格。其中第三进楼厅，面阔三间，悬匾"致德堂"和"松筠小筑"，厅内枋木、长窗雕刻梅、兰、竹、菊等图案及《西厢记》人物故事。宅内砖、石、木雕精美华贵，泥塑水作惟妙惟肖，加上局部"西洋"元素点缀，是当时江浙一带"西风东渐"、经济繁荣的一个缩影，是江南水乡建筑中西合璧的典型代表。

（四）历史街巷

震泽的街巷沿着主河道向外延伸，逐渐形成街市。頔塘河两侧为主要商业街，通过南北向的支巷向外扩散，横跨頔塘河的桥梁则将南北区域相连，为古镇区居民往来的主要路网。

頔塘河东端的宝塔街为进镇通径，曾是东北郊乡民、蚕农、经户上街的必经之路，市行密集，是震泽最为繁华的街道之一。横贯东西的砥定街和梅场街是镇内主要街道，两条街道分别向南北衍生出便民巷道，大小巷弄穿插其中。民国初期，镇上丝行、丝经行、茧行、桑叶行林立，这两条街道是主要的贸易街道，时至今日，这两条街道沿线仍遍布各类店面，人流如织。

1. 宝塔街

宝塔街长368米，宽2.7~6.3米，东起禹迹桥，西至斜桥。位于震泽古镇区东栅砥定社区。宝塔街为震泽镇繁华街道之一，市廛密集，店铺鳞次。街巷地面铺装延续原有材质，为石板铺路，基本保留明清时期的历史风貌。

2. 砥定街

砥定街长361米，宽8米，东起斜桥河，西至通太桥，位于古镇北侧。砥定街旧名底定坊，后名底定街，因毗邻底定桥而得名，为镇上最繁华的街区。清中期至近代，震泽丝市兴旺，全镇丝行集中于此，向东延伸至斜桥，"底"字被"砥"字取代，其意为"中流砥柱"。

3. 梅场街

梅场街长340米，宽6.5米，东起报恩桥，西至北新桥，位于古镇中部。梅场街旧名东德兴坊。民国二年（1913年），教育家沈秩安在镇南庄字圩义冢圈地建小学，广收贫苦子弟入学。此处原是埋尸场所，教育家沈秩安在此广植梅花，美化环境，将其雅化为梅诗场，因梅诗场位于街坊范围内，遂更名为梅场街。

（五）其他

1. 桥梁

震泽古镇桥梁通常与河埠头结合设计，体现出古镇居民的亲水特性，营造出"小桥、流水、人家"的江南水乡古镇景观。禹迹桥及思范桥为其中典型。

（1）禹迹桥

苏州市文物保护单位，位于宝塔街东首，跨颊塘河，清康熙五十四年（1715年）始建，乾隆四十四年（1779年）重建。单孔石拱桥，南北走向。花岗石拱圈，纵联分节并列砌筑，青石金刚墙，北堍分东西两向石级踏步。桥全长43.50米，桥面宽4.30米，跨径10.45米。

禹迹桥因纪念大禹治水而得名。桥身两侧各镌刻一副楹联，东侧为"善政惟因，不易大名仍禹迹；隆时特起，重恢古制值尧巡"。西侧为"市近湖滣，骈肩无俟临流唤；地当浙委，绣壤应多题柱才"。书法艺术和雕刻工艺均独具特色。

（2）思范桥

苏州市文物保护单位，位于西栅，跨頔塘河，元至正年间（1341年至1368年）始建，清同治五年（1866年）重建，与东侧禹迹桥遥望，桥梁形制与禹迹桥相仿，单孔石拱桥，南北走向，花岗石构筑，有43级台阶。桥全长34.2米，桥面宽4.9米，跨度为12.2米。

思范桥为纪念春秋越国大夫范蠡而建。桥身两侧各镌刻一副楹联，西侧为"苕水源来，阅尽兰桡桂楫；荻塘波泛，平分越尾吴头"。东侧为"禹迹媲宏模，望里东西双月影；蠡村怀古宅，泛来南北五湖船"。

2. 河埠头、缆船石

震泽古镇有河埠头70个，多为条石砌筑，按功能可分为日常生活埠头、交通停靠埠头、卸货埠头；按造型可分为单落水、双落水、混合式等。古镇内另有缆船石19个，古井1口。

（六）遗产区划（暂定）

遗产区：北到藕河街南侧，东至禹迹桥，南至市河南侧，西至思范桥，面积30.54万平方米。

缓冲区：北到新开河北岸，东至分水墩，南至仰家鸳鸯厅，西至頔塘河，面积73.27万平方米。

（七）遗产构成

有关震泽古镇遗产构成见表8。

表8 震泽古镇遗产构成

遗产要素类型	要素内容
历史水系 （3条）	市河、庄桥河、通泰河
代表性建构筑物 （14处）	致德堂、敬胜堂、懋德堂、宝书堂、凝庆堂、师俭堂、正修堂、耕香堂、一本堂、尚义堂、积善堂、余庆堂、江丰农工银行旧址、慈云寺塔
历史街巷 （14条）	宝塔街、砥定街、三官堂弄、梅场街、花山头弄、潘家扇弄、禅杖浜、银行弄、四宜轩弄、城隍庙弄、文武坊、司前弄、太平街、太平西街
其他	桥梁（2座）、河埠（70个）、缆船石（19个）、古井（1口）

第五章 苏州运河价值

中国大运河是世界上开凿时间最早、利用时间最长、规模最大、科技含量最高的一条人工运河。流经北京、天津、河北、山东、安徽、河南、江苏、浙江八省（直辖市），沟通海河、黄河、淮河、长江、钱塘江五大水系。中国大运河包括隋唐运河、京杭运河、浙东运河，全长近3 200千米，其中京杭运河约1 797千米，是中国古代最重要的南北交通大动脉，具有极其重要的政治、军事、经济、文化地位，对国家政权巩固、经济文化交流发展、社会文明进步产生过深刻影响，做出过重大贡献。

大运河沿线城市历史条件、经济基础、文化背景、社会状况不尽相同，各具特色。加强沿线城市运河价值研究，是大运河文化保护传承利用的一项基础工作，对大运河文化带建设具有重要意义。

第一节　大运河的遗产价值

2014年，中国大运河被列入《世界遗产名录》。江南运河是中国大运河重要的一段，也是开凿时间最早的河段。春秋晚期，吴国为北上争霸，开凿了从苏州经无锡、常州抵达长江的人工运河，这是江南运河的原始基线。三国时期，孙吴政权为加强与太湖地区的联系，开凿了从南京到苏州的人工运河，这是江南运河的雏形。隋炀帝大业六年（610年）重新疏凿和拓宽长江以南运河古道，形成沿用至今的江南运河。

江南运河北接长江，经镇江、常州、无锡、苏州、嘉兴到杭州，全长约400千米。从世界文化遗产角度考察，中国大运河有其突出的普遍价值。

一、是代表人类创造精神的杰作

中国大运河是人类历史上水利工程的杰出代表，起源古老、规模宏大、连续发展并在不同时代应对不同环境进行改进。它是人类智慧、决心和勇气的真实反映，是人类创造力的杰出实例，体现了古代中国的技术能力和对水文科学的掌握。

大运河创造性地将零散分布的、不同历史时期的区间运河联通为一条统一建设、维护、管理的人工河流，这是人类最伟大的规划设计之一。大运河跨越五大流域与浩瀚国土，克服巨大水位高差与复杂地形，穿越时空，至今仍生生不息。大运河的选线、定位、施工与维护在当时的历史时期和科技条件下是一个奇迹。

大运河为解决高差问题、水源问题而形成的重要工程实践是开创性的技术实例，是世界水利工程史上的伟大创造。大运河具有相对独立的工程技术体系，独特的自然环境与社会制度为大运河工程技术的创造发明提供了条件，产生了具有鲜明特点的工程类型与管理形态。以多闸联动节制航道水量、以梯级船闸解决运河水位高差而设计的一系列工程实例，体现了同一时期古代水利工程的最高成就。

大运河是超大规模、持续开发的巨系统工程，是人类农业文明时代工程技术领域的天才杰作。大运河是综合地形地貌、水利科学、社会经济、政治文化等要素的集成性工程，是勘查、测量、规划、设计、决策、施工、使用的集成过程，通过经济保障、组织管理、运行调度的集成方式，实现了漕运、灌溉、排洪等综合功能。大运河是协调水、人、自然三者关系的系统性工程。为了保障大运河稳定运行而建立的与之配套的工程管理、河道管理、运输管理制度，在长达十几个世纪的时间里发挥了重要保障作用，实现了大运河长距离运输的目的，并使大运河发挥了多种相关的衍生功能，包括防洪排涝、供水、灌溉等。大运河的管理制度在各个历史朝代持续地适应了自然条件与政治经济要求的变化，对大运河的运行保障起到了极为重要的作用。

二、为现存的或已消逝的文明或文化传统提供特殊的乃至独特的见证

大运河见证了通过漕运系统管理运河这一独特文化传统的盛衰变迁。漕运系统管理包括皇家对漕粮、盐、铁的垄断运输、存储以及相应的征税体制。大运河促进了历代王朝的稳定，大运河沿岸经济和城市的发展见证了一个伟大农业文明的功能核心，见证了水道网络的发展在这方面所起的决定性作用。

漕运是大运河修建和维护的动因，大运河是漕运的载体。大运河线路的改变明显地受到政治因素的牵动与影响，见证了中国政治中心和经济中心改变所带来的不同的漕运要求。

漕运作为重大的国家事务受到历代政府的高度重视。与漕运相关

的一切制度颁布、设施建设、人员配备、物资投入等都体现了高度的国家意志。 为了维持大运河的持续畅通，保障政治军事中心的长期稳定，中国历代政府不遗余力对大运河进行持续维护，耗费了巨大的财力、物力与人力，充分反映出大运河作为漕运首要运输通道的政治意义。

大运河沿线现存的河道、水工设施、配套设施是漕运制度这一已消逝的文化传统的最有力见证。 与之相关的大量历史文献和出土文物进一步佐证了大运河与漕运的密切关系。 20 世纪初以来，漕运已经淡出历史，但大运河现存的大量遗产，例如河道、水工遗存、码头、仓窖遗址、官署等，都是运行了一千多年的漕运制度的直接载体，见证了一个以农业立国的封建帝国的制度文明成果。 在中国历代文献中，都有关于漕运运行和管理的详细记录，这些详细的记录体现了中国历代政府对漕运的重视和依赖，反映了大运河与漕运之间紧密的联系。

漕运的需求深刻影响了都城与沿线工商业城市的形成与发展，围绕漕运而产生的商业贸易促进了大运河沿线地区的兴起、发展与繁荣，这些也在大运河相关遗产中得到呈现。

大运河沿线的众多城镇，由于漕运的影响而逐渐发展成为工商业发达的地区性中心聚落。 位于大运河与长江交叉口的扬州，自隋至清，一直是大运河沿线的要地。 扬州在唐代是全国最发达的商业都会，在元代则成为重要的国际性都会，明清时由于盐业的发达而更加繁荣。苏州的历史与公元 7 世纪江南运河的开通息息相关。 宋代的苏州城更由于以水系为脉络、河道为骨架，塑造了杰出的双棋盘格局，将大运河之水引入家家户户门前，形成了独特的"水陆平行、河街相邻"的住居模式，农业、丝织业的发达加之漕运带来的便利和商贸机会，使苏州在宋代即被誉为"人间天堂"。 明清时期，苏州成为工商业发达地区。北方的天津、南方的宁波均是大运河与海运的交汇点，它们也由此成为历史上全国南北货物的集散地与重要的对外港口城市。

大运河沿岸的多处相关遗产，例如城市街区、商业设施等，均见证了漕运对城市聚落形成发展的推动作用及其对区域经济和贸易的影响。其历史街区是运河影响城市发展的佐证。 在水运交通便利、商业发达经济繁荣的地区逐渐产生的会馆、商行等商业设施，反映了大运河沿线经济和文化的繁荣，见证了大运河带来的思想、文化、技艺的交流和汇集。

三、是一种建筑、建筑群、技术整体或景观的杰出范例

大运河是世界上使用时间最久、空间跨度最大的运河，被列入《国际运河古迹名录》，作为世界上"具有重大科技价值的运河"，是世界运河工程史上的里程碑。

大运河见证了早期水利工程的卓越发展，是工业革命开始之前的一项重要技术成就。大运河许多建筑与当时环境的多样性和复杂性完全契合，这为人类应对复杂的自然环境提供了一个基准。大运河充分体现了东方文明的技术能力，它包含了重要的、创新的水利技术实例，体现了堤岸、河坝和桥梁的特殊建筑技术以及对石头、素土和混合材料（如黏土和稻草）的独创而精巧的利用。

大运河解决了在严峻自然条件下修建长距离运河面临的地形高差、水源供给、水深控制、会淮穿黄、防洪减灾、系统管理等六大难题，保证了大运河的长期持续通航。它是人类农业文明技术体系之下最具复杂性、系统性、动态性、综合性的超大型水利工程。大运河自首次挖掘至今，一直在不断修建和更新，保持了技术的适应性与先进性。

四、与具有突出的普遍意义的事件、文化传统、观点、信仰、艺术作品或文学作品有直接或实质的联系

自公元7世纪起，大运河是中国经济和政治统一的有利因素，也是一个主要的文化交流地带。它创建并维持的生活方式和运河沿岸居民特有的文化，在很长一段历史时期内影响了中国很大一部分地区和人口。大运河体现了中国古代的大一统哲学观念，并曾是中国这个传统农业大国实现统一和团结的重要因素，对国家大一统局面的形成和巩固起到了重要的作用。

大运河促成了中国东部、中部的大沟通和大交流，并与陆上丝绸之路和海上丝绸之路的重要节点——洛阳、宁波相联系，成为沟通陆、海丝绸之路的内陆航运通道，在文化交流方面产生了深远的影响。大运河是一条文化河流，它不仅直接串联起南北，沟通了黄河与长江，而且间接地连接起更为广阔的空间，对中国文化大格局的形成具有十分重要的作用，同时它也是联系古代中国与世界的桥梁，是古代东方主要国际交通路线之一。大运河的开通与历代的整修，对于古代中国北方先进生产技术与文化向南传播，具有重要的交通走廊意义。隋唐以后北方与中原地区遭受频繁的战争与灾荒，古代中国的经济中心逐渐转移至江南地区。运河使江南的丝织工艺、陶瓷制造术、建筑术、造纸印刷术、指南针及各种文化书籍大量运往北方，江南物产对北方与中原的生活方式及价值观念产生了深远的影响。同时，雄厚的物质基础也使江南地区成为全国人文荟萃之地及古代中国科举制度下官吏阶层、文人阶层最重要的来源地，大量江南士子或游学或求仕，多由运河北上，把江南社会的文化、风俗、生活方式带往中原与北方。

大运河通过对沿线风俗传统、生活方式的塑造，与运河沿线广大地区的人民产生了深刻的情感关联，成为沿线人民共同认可的"母亲河"。沿运河兴起的城镇，有着鲜明的运河烙印。运河水系与城市水系巧妙连接，形成了独特的"枕水人家"居住模式[1]。

---

[1] 中国文化遗产研究院编《中国大运河》（2019年，未定稿）

第二节　苏州运河的历史价值

中国大运河作为世界文化遗产，其突出的普遍价值超越地区、民族、国家界限，是全人类的遗产。

江南运河是中国大运河的重要组成部分，是开凿历史最早、至今仍在使用的、具有强劲活力的河段。苏州运河是江南运河的中心，全长96千米，列入世界文化遗产的河段71千米。苏州运河资源禀赋独特，价值突出，在中国大运河沿线城市中独树一帜。

一、苏州是中国人工运河开凿的发源地，吴国早期开挖的河道是江南运河的雏形、隋唐运河的滥觞

公元前506年，伍子胥为调遣水军入太湖与楚军作战，也为了给吴国都城提供更加充沛的水源，开凿了胥溪（今胥江），这是中国古代最早开凿的人工运河，比后来吴王夫差北上争霸，于公元前486年开凿的邗沟要早20年。

春秋时期，吴国在都城周边陆续开凿了多条人工运河，加上对原有水系的疏浚、沟通，形成了与外界联系四通八方的水路。见于史载的有胥浦、渔浦、百尺渎等。向西有胥溪，向东有娄江，向南有苏嘉运河，向西北有经浒关至孟河达长江长约85千米的吴古故水道。

吴国开凿的运河为何如此之多？其一，有得天独厚的自然条件。吴国地处江南，沟河纵横，湖荡密布，水域面积超过陆地面积。吴地丰富的水系资源为运河的疏通、勾连、开凿提供了条件。其二，扩张争霸的军事需要。春秋时期吴国战事不断，先后与楚国、越国作战，后又北

上争锋，兵马粮草未动，河道开凿先行。其三，河流是吴人生产生活的需要。吴国是"水乡泽国"，水路是吴人的主要交通通道，"不能一日而废舟楫之用"。其四，长期治理水患积累了经验。历史上吴地湖浸海漫，水患频发，在治水理水的实践中，吴人积累了水利工程的丰富经验。其五，有以伍子胥为代表的一批水利工程人才。

吴国早期人工运河的开凿为隋唐运河第一次南北大贯通提供了重要的基础条件和宝贵的工程技术实践经验。

二、苏州是运河沿线理水筑城、人水相依的城市典范

据赵晔《吴越春秋》记载，公元前514年，伍子胥"相土尝水，象天法地"营建阖闾城，巧妙利用西高东低、北高南低的自然地形地貌，引水筑城。设水、陆城门各八，外有护城河，内有纵横交错的水道，水门沟通内外河流。水从西北入城，东南出城，过水流畅，常年保持洁净水源。

公元7世纪，中国大运河实现第一次南北贯通，苏州城与大运河的关系更加密切，可谓"城河相伴，人河相依"，大运河通过山塘河、上塘河、胥江汇入苏州护城河，并与苏州城内水网河道相连。中国的运河城市中河流有以"中"字形穿城而过的，有以"卜"字形擦城而过的，苏州是唯一一座河流以"围"字形环城而过的城市。苏州的护城河是运河的主航道，城内"三横四直"主干水系是运河的支流，是货物运输向运河集结、向城内输送的水路，前街后河，运河与千家万户相连，城市建在运河之上，人家住在运河之畔。运河滋养了这座城市，带来了千年的繁华富足，使苏州成为名副其实的运河之城。

中国大运河申报世界文化遗产，苏州是沿线唯一一座以古城概念申遗的城市。苏州运河遗产是一个完整的古城，包括以护城河、盘门、平江历史文化街区（含全晋会馆）、山塘历史文化街区（含虎丘云岩寺塔）为核心的七条水系、七个相关点段，是大运河独特城市文化景观的典范。

三、苏州是中国古代的漕粮重镇、丝绸之府，对国家经济社会发展作出重大贡献

在"重农抑商"的中国古代，以苏州为代表的江南城镇，依据人和社会的现实需求，创造性地建立了超越时代的价值观，坚持农、工、商、虞"多业并举"，并且崇尚文化，重视教育，是农耕时代东方文明的一个坐标。

苏州是"国之粮仓"，赋税重镇。据《大明一统志》记载，当时全国税粮总数为2 656万石，苏州一府上交250万石，居全国260多个州府之首，接近明朝总税粮的十分之一。清代，苏州的田赋在江南地区依然遥遥领先。

苏州是丝绸之府，资本主义萌芽的先行之区。吴地蚕桑、丝绸业发达，北宋在苏州设"造作局"，明代设"染织局"，清代设"织造府"，丝绸除供皇家和贵族官僚使用之外，还是重要的对外贸易商品，为国家创造了大量的收入。清同治、光绪年间，苏州丝绸业达到顶峰，有织机6万台，从业人员近40万，每年生产丝绸达136万匹。清末民初，苏州一度成为生丝出口口岸，每年出口22 938担，货值11 893 128关平银。

明末清初，随着苏州丝织业的发展，盛泽、震泽机户日增，机工逐渐从亦耕亦织的农户中分离出来，成为最早的雇佣工人，中国的资本主义萌芽首先在苏州丝织行业出现。

四、苏州运河集航运、治水、城防于一体，见证了中国古代先进水利工程的杰出成就

苏州运河的开挖筑堤大多是在湖荡湿地中进行，松软的地质条件下，要让筑成的河堤经受湍急湖水的长期冲刷，难度极大。吴江塘路就是典型例证，吴江塘路从公元9世纪开始修筑，屡经技术改进，经过数百年实践，直至14世纪才基本稳定，显示了古代人民的毅力和智慧。

塘路兴建，使运河与太湖之间的界限逐渐分明，保证了运河河道的稳定，同时使太湖成为一个相对独立的水系统，提高了蓄水调节能力，控制了太湖水患。同时推动了环太湖流域塘浦圩田系统的建立，保证农作物在旱涝时节的稳定丰收。吴江塘路是太湖流域的重要水利设施，是中国大运河独特的水工程体系。

  桥是运河水陆联系的重要节点，具有通航、过水、纤行功能。苏州运河桥梁设计因地制宜，形式多样，极具地域特色，宝带桥是突出例证。它是大运河沿线现存桥身最长，桥孔最多的薄墩连拱石桥。桥身全长317米，面宽4.1米，桥孔共有53孔，中孔最大，便于通航，也有利于洪水宣泄，保证航道稳定和安全。宝带桥以桥代堤，沟通水陆，宛如玉带般长卧在运河西侧，构成了桥浮于水、桥路一体的独特运河景观。据清末光绪年间不完全统计，苏州运河主航道及两侧共有各个时代、各种造型的古桥梁76座。著名的除宝带桥外，还有垂虹桥、三里桥、七星桥、觅渡桥、吴门桥等。

  水陆城门是运河与苏州古城水上联系的重要枢纽，承载着重要的水上交通和城防功能。

  盘门是一个重要例证，它是我国保存至今最为雄伟、最为完整的一座水陆城门，是我国古代水陆并联城门的杰出范例。水城门是进出古城的一个重要通道，是运河联系城内千家万户的重要节点。盘门水城门采用"面东背水"的抹角做法，避免西来急流的正面冲击，使水流平稳通过，防止船只与城墙碰撞。

  盘门水陆城门还是古代重要的城防设施，是现存同类建筑遗存的孤例，是古代军事城防技术的一大创举。盘门的水陆城门水陆两路均有防御功能。水城门有二道门，城门之间有"月城"，陆城门亦有二道门，中间为"瓮城"，四周高墙壁立，易守难攻。盘门水陆城门与中国其他地区的水陆古城门做法不同，如北京居庸关的陆关、水关城门，其城门与城墙是平行的，而苏州的城门与城墙呈90度角，便于城门之间互相策应，有利于军事防御。这种缜密的城防设计是国内孤例，是城市建筑和军事防御相结合的创造性杰作。

五、苏州运河遗产数量多、级别高、类型丰富、独具特色，是大运河璀璨文化带的精彩节点

苏州各级各类文物保护单位有884处。其中全国重点文物保护单位61处，省级文物保护单位128处，市级文物保护单位695处。此外，还有1 919处"三普"登录点。有国家级非遗项目33项，省级131项，市级243项，位居运河沿线城市前列。

苏州是拥有"双遗产"的城市，"苏州古典园林"和"大运河苏州段"等两项被列入《世界遗产名录》。昆曲、古琴、宋锦、缂丝、香山帮营造技艺、端午习俗等六项列入《人类非物质文化遗产代表作名录》。此外，《近现代中国苏州丝绸档案》被列入《世界记忆遗产名录》。

苏州有独特的遗产体系，城镇村三位一体，体系完整，形态完备。苏州是第一批中国历史文化名城之一，是首个世界遗产成员城市，被世界遗产城市组织（OWHC）授予全球首个"世界遗产典范城市"称号。苏州古镇是江南水乡古镇的杰出代表，现有15个中国历史文化名镇（周庄、同里、甪直、木渎、沙溪、千灯、沙家浜、锦溪、东山、凤凰、黎里、震泽、古里、光福、巴城），5个中国历史文化名村（陆巷、明月湾、杨湾、东村、三山），以及7个中国传统村落和一大批省市级历史文化名镇、名村、控制保护古村落。这些农耕时代的聚落遗产，基于同一自然环境、空间形态和文化类型，择水而筑，注重工商，耕读传家，地灵人杰，是富商巨贾、文人雅士的宜居之地，具有突出的普遍价值。"江南水乡古镇"已被列入"中国世界文化遗产预备清单"，目前正在由苏州牵头联合浙江、上海等地共同申报世界文化遗产。

第三节　大运河保护的当代价值

大运河是巨型活态遗产，沟通融合了京津文化、燕赵文化、齐鲁文化、中原文化、淮扬文化、吴越文化，沿线历史文化资源、自然资源丰富多样，优势明显，至今仍勃发着生机，蕴藏巨大的当代保护利用价值。

一、打造世界遗产保护的中国样板，生动展示中华文化智慧魅力和时代风采

中国是一个遗产大国，统筹推进大运河文化遗产整体性保护、抢救性保护、预防性保护，着力提高大运河沿线文化遗产保护能力、展示水平和传承活力，具有重要的文化价值和示范意义。

大运河沿线水工遗产、运河故道、名城名镇等物质文化遗产超过1 200项，列入世界文化遗产的河道遗产、水工遗存、附属遗存及相关遗产85处，有国家级非物质文化遗产450余项，世界自然遗产1处、世界自然与文化遗产2处，是文化遗产最为密集的区域。

（一）加强大运河及文化遗产系统性保护，提升文化遗产保护水平

按照《保护世界文化和自然遗产公约》的理念方法和《中华人民共和国文物保护法》的相关规定，加强大运河文化遗产本体保护、历史环境保护和文化生态保护。

扎实做好文化遗产保护的基础工作，对遗产构成进行科学研究和认定，完善公布遗产的保护区和缓冲区，建立健全相关档案资料，明确保

护机构和保护措施。不断完善大运河文化遗产的监测管理系统、安全预警系统、展示标识系统。

切实加强对大运河文化遗产本体保护维修，在科学评估的基础上，根据轻重缓急制定保护规划，明确保护目标，排定时间进度，确保大运河文化遗产本体安全。同时重视加强对仍在使用的水工遗存、河道遗存的日常维护，对环境风貌进行综合整治，完善提升大运河文化遗产历史环境质量，充分展示大运河文化遗产的尊严和魅力。

积极实施文化生态保护，依托国家乡村振兴战略、大运河文化带建设战略，引领沿线历史城镇、历史街区、传统村落与运河人居环境的保护和发展。重点保护历史城镇、历史街区、传统村落的格局、形态、风貌，保护各类不同历史时期留存下来的建筑遗存，保护原有的生活方式。大运河古村镇历史文化内涵丰富，具有独特的空间布局、建筑风格和文化传统，是农耕时代聚落遗产的杰出代表，重视和加强大运河古村镇保护利用，是传承地域文化、留住乡愁的重要举措，是历史赋予的责任。

（二）增强文化遗产传承活力，充分发挥教育引领功能

大运河文化遗产包括物质文化遗产和非物质文化遗产，涵盖有形的和无形的要素，是祖先留下的宝贵精神财富，要切实做好"保护、传承、利用"三篇文章。坚持历史的真实性、风貌的完整性、发展的延续性，以敬畏之心和科学态度保护利用好大运河文化遗产。

有计划地开展大运河文化遗产抢救保护工程，让文化遗产、名胜古迹延年益寿，健康存续，传给子孙，留给历史，在此基础上，积极展示大运河文化遗产的永恒魅力和时代风采。

组织力量对运河文明、运河文化、运河精神、运河艺术、运河风情等非物质文化遗产进行系统的挖掘、整理、研究，传承延续运河传统文化，激励民众以古鉴今、传承创新，增强民族自豪感和自信心，使大运河文化遗产成为沿线区域经济社会发展的硬资源和软实力。

（三）阐述文化遗产的当代价值，增强创造性转化、创新性发展的精神动力

积极开展大运河文化价值研究和遗产价值评估，挖掘梳理大运河千

年文化的当代价值和时代特色，推出更多更新更优的科研成果，加快研究成果创造性转化，创新性发展，为展示推广大运河文化提供坚实支撑。

二、传承弘扬大运河文化

推出一批体现大运河文化特点、适合在大运河沿线城市开展的文艺活动，推出大运河沿线剧场，院线联盟，搭建展演平台，促进优秀作品走进群众，打造大运河文化艺术品牌。

加大对运河商贸、历史名人、传统技艺、民间戏曲等的阐释力度，挖掘大运河在数千年历史中形成、凝练、升华的中华优秀传统文化，讲述大运河水上文明史，讲活大运河历史和当代故事，深化全社会对大运河文化的认知，切实增强文化自信。

三、依托运河资源禀赋，实现新旧动能转化，拉动区域经济发展

大运河贯通中国东部地区，资源禀赋独特，集漕运、商贸、经济、文化于一体。经济文化融合发展是大运河的历史传统，是其一大特色。运河流域蕴藏着巨大的发展潜能，培育打造运河新经济、城市新文化、旅游新业态，商机无限，前景可期。

苏州的工艺美术是传统经典产业，玉雕、石雕、核雕、丝绸、宋锦、缂丝、刺绣、制扇、民乐、书画、桃花坞木刻、明式家具等苏工苏作，自古闻名，蜚声海内外。加快传统经典产业转型升级，在保护和传承的基础上，立足现代与未来，实现传统经典产业的创造性转化、创新性发展，必定具有巨大的市场潜力。仅玉石行业，据不完全统计，每年营销在 200 亿元以上。小小的核雕也有大市场，集聚了近万名从业人员。因此，应将这些传统经典产业转型提升，进一步规范市场秩序，建立从业人员诚信体系，管控产品质量，保持新苏工苏作的品质，在保护中传承，在传承中发展，实现传统经典产业的历史性跨越。

依托运河资源，着力打造苏州标志性品牌项目。"江南鱼米之乡"是古代中国的重要地理标志、文化标志，也是一个极具影响力的标志性品牌。 苏州抓住机遇，全力打造这一国家级品牌，既有条件，也是职责所在。 苏州的水乡古镇、古村落数量比较密集，知名度比较高，市政府正在牵头把"江南水乡古镇"申报为世界文化遗产。 在拟申报的11个例证中，苏州独占7席（浙江2席，上海1席，无锡1席）。 国家正在部署推进"大运河国家文化公园"建设，以苏州为中心的江南鱼米之乡理应成为"大运河国家文化公园"最精彩的组成部分。

苏州要抢占先机，重点筹划推进没有围墙的"苏州江南鱼米之乡生态博物馆"建设，力争成为大运河古村镇保护振兴工程国家试点，成为传承地域文化留住乡愁的区域典范。 同时，积极激活推介古镇古村落民宿民舍乡村旅游，培育引导休闲体验观光农业产业。

积极利用运河、太湖等丰富内水资源优势，大力发展水上体育运动，把苏州建成内湖内河水上运动举办地，促进体育与旅游、体育与文化的深度融合，不断满足国内外人士日益增长的体育、健身需求。 做好水文章，形成新品牌，苏州有基础，也有能力和实力。

四、推进运河美好家园建设，让运河遗产成为泽被当代、惠及百姓的民生福祉

大运河连结城乡，但城乡发展不平衡，沿线地区发展不平衡。《大运河文化保护传承利用规划纲要》提出：要强化城乡联动，立足区域资源环境承载能力，利用重点城市各类要素资源聚集的突出优势，树立大运河文化保护传承利用的意识，发挥沿线重要支点城市的示范作用及区域发展辐射带动作用，打造一批以文化旅游、特色产业、水运码头等为主题的运河特色小（城）镇，发掘和培育一批处处有历史、村村有文化的运河村庄，推动运河沿线乡村振兴。

积极推进美好运河家园建设，运用大运河独有的地域、民族、乡土、时代、文化等特色传统元素和符号，改善沿线城乡建筑风貌，留住城乡特有的地域环境、文化特色、建筑风格等基因。

深入推进大运河沿线绿色城市建设，兼顾生态、经济和景观效果，采用本地果树林木花草品种，不断拓展城乡绿化空间，持续绿化美化城市生态环境，实施城乡各类空间综合整治工程。加快推进农村人居环境整治，推进农村厕所革命、生活垃圾分类和污水治理，改善公共环境。

大力改善大运河沿线地区城乡基本公共服务设施条件，促进社会治理创新化、规范化。推动构建共建共享共治社会治理格局，实现政治治理和社会调节、居民自治良性互动，城乡治理和谐有序，切实提升人民群众满足感、幸福感、安全感，真正让大运河文化遗产资源造福人民，惠泽后代。

第六章 苏州大运河文化带建设

大运河文化带建设是党中央、国务院作出的一项重大战略部署,深入挖掘大运河丰富的历史文化资源,保护好、传承好、利用好大运河这一祖先留给我们的宝贵遗产,宣传中国形象,展示中华文明,彰显文化自信,以大运河文化保护传承利用为引领,统筹大运河沿线区域经济社会发展,是顶层设计明确的总体要求和行动指引。

苏州大运河文化带建设是国家大运河文化带建设的一个重要组成部分,深刻领会党中央、国务院战略部署,深入研究挖掘苏州大运河文化带内涵、特质,精准定位,明确目标、任务、路径,是一项十分重要的基础工作,也是做好苏州大运河文化带建设的前提条件。

第一节　大运河文化带建设的战略背景

2014年中国大运河成功列入《世界遗产名录》，其突出的普遍价值超越了地区、民族、国家界限，受到国际社会的共同认可和广泛关注，成为全人类的文化遗产。

中国大运河是一部书写在华夏大地上的宏伟诗篇，展示了我国古代劳动人民的伟大智慧和非凡勇气，传承着中华民族悠久的历史和文明。2017年2月习近平总书记视察京杭大运河北京通州段治理工程时指出，要古为今用，深入挖掘以大运河为核心的历史文化资源。保护大运河是运河沿线所有地区的共同责任。

中央办公厅调研室根据习近平总书记指示精神，经过三个多月的密集调研，撰写了《打造展示中华文明的金名片——关于建设大运河文化带的若干思考》(中央办公厅调研室《调研要报》第48期，以下简称《若干思考》)。《若干思考》从国家战略高度研究建设大运河文化带的重大意义，要求打造文化带，树立文化自信，使之成为中华民族伟大复兴的标志性品牌；打造贯通南北的文化线路，使之成为文化建设的新起点、推动区域经济发展的点睛笔、旅游强国的支撑点、保护运河遗产的硬举措。

2017年6月4日习近平总书记在中央办公厅调研室《若干思考》中批示，大运河是祖先留给我们的宝贵遗产，是流动的文化，要统筹保护好、传承好、利用好。

2019年2月中共中央办公厅、国务院办公厅印发了《大运河文化保护传承利用规划纲要》，清晰勾勒了大运河文化保护传承利用的路线图、任务书和时间表，为大运河沿线发展谋篇布局。

大运河文化带建设，是重大文化工程、生态工程、发展工程，要按照"五位一体"总体布局和"四个全面"战略布局，牢固树立和认真落实"创新、协调、绿色、开放、共享"的新发展理念，紧密衔接"一带一路"倡议及"京津冀协同发展""长江经济带""长三角经济圈"等国家战略，稳步推进大运河沿线文化、生态、经济、社会全面协调可持续发展。

从国际大背景看，中国于 1985 年 12 月正式加入《保护世界文化与自然遗产公约》，1986 年开始向联合国教科文组织申报世界遗产项目，到 2021 年，中国世界遗产总数已达 56 项（其中世界文化遗产 38 项，世界文化与自然遗产 4 项，世界自然遗产 14 项），是全球拥有世界遗产数量最多、类别最全的国家之一。1999 年 10 月中国当选为世界遗产委员会成员，两次承办世界遗产委员会会议（2004 年第 28 届，承办地苏州；2021 年第 44 届，承办地福州），中国已成为全球有影响力的世界遗产大国。

世界遗产事业蓬勃发展的同时，面临的问题和危机也日益突出，无序开发、过度商业化、保护不力等问题普遍存在，文化多元性、生物多样性面临严峻挑战，保护与发展、保护与民生的关系问题受到普遍关注，世界遗产相关规则、专业性、公平性引起各界思考和讨论。

中国是世界遗产大国，中国大运河是历史跨度最长，体量规模最大，涉及地区、人口、文化、经济最广，保护发展最为复杂的一项遗产。中国政府从国家层面，致力于大运河遗产保护传承利用，建设大运河文化带，把保护放在首位，突出大保护，并努力统筹保护传承利用之间的关系，将中国大运河建设成世界级的文化之河、生态之河、经济之河，为国际社会提供可资借鉴的世界文化遗产保护发展的中国例证。

第二节　苏州大运河文化带建设

苏州大运河文化带建设是中国大运河文化带建设的一个重要组成部分，高质量做好苏州大运河文化带建设不仅需要全面深刻了解和把握国家战略背景、战略意图，还要深入研究苏州运河资源禀赋，结合苏州实际，精确定位，做到既有地方特色，又有国家站位，使其真正成为大运河文化带建设最精彩一段。

一、苏州运河资源特点

（一）苏州运河是中国运河开凿最早的河段

苏州段河道开挖于春秋时期，公元前506年，伍子胥为调遣水军与楚军作战，也为了从太湖给吴国都城补充更多充沛的水源，率众开凿了胥溪（今胥江），这是中国古代最早开凿的人工运河。比吴王夫差北上争霸、于公元前486年在扬州开凿的邗沟要早20年。

（二）苏州运河是世界内河货运强度最大的河段

苏州运河每年货物运输量在1.8亿吨左右，居世界第一位，远超同样负有盛名的荷兰阿姆斯特丹运河（8 787万吨）。苏州运河在古代、近代、现代保持发展活力，持续繁荣，为区域经济带来强劲拉动。

（三）苏州是中国大运河沿线唯一以古城概念申遗的城市

苏州大运河遗产地图勾勒了苏州古城与大运河独一无二的依存关系。大运河通过山塘河、上塘河、胥江等河道经盘门、阊门等水城门与苏州古城水网连为一体，城内"三横四直"骨干水系是运河的支流河道，联结古城千家万户。苏州有七条河道（苏州段在用运河、山塘河、上塘河、胥江、护城河、平江河、觅宝段运河），七个点段（盘门、平江历史文化街区、全晋会馆、山塘历史文化街区、虎丘云岩寺塔、宝带桥、古纤道）被列入《世界遗产名录》。古城苏州历史文化遗产是大运河文明的重要载体，水城苏州是大运河城市文化景观的独特代表，是古代建筑与水利技术融合的杰出典范。

二、苏州大运河文化带建设原则

（一）国家站位原则

大运河文化带建设是国家重大项目，应从国家高度深入研究苏州运河的价值与特点、基础与条件，精准定位，既有地方特色，又有国家高度，成为大运河国家叙事中的一段精彩篇章。

（二）保护优先原则

共抓大保护，不搞大开发，按照真实性、完整性保护要求和大运河活态遗产特点，坚持保护治理优先，加大大运河各类遗产保护维修、历史环境、生态环境整治修复力度，构建大运河遗产保护新格局。

（三）协调发展原则

坚持以文化为引领、以人民为中心，统筹文化遗产保护与经济社会协调发展，着力强化文化遗产保护传承，推进河道水系治理管护，加强生态环境保护修复，推动文化和旅游融合发展，促进城乡区域统筹协调，创新保护传承利用机制。

（四）因地制宜原则

立足苏州实际，结合苏州运河资源禀赋，因地制宜，量力而行，注重特色和品质，避免同质化，呈现"最江南""最苏州"的独特韵味。

（五）项目带动原则

以顶层设计为指导，以三级规划（国家、省、市）为依据，深化落地性研究，研究确定系统性实施项目，把有国家意义的项目和地方特色项目结合起来，把综合性工程与专项工程结合起来，把近期实施的项目和远期规划的项目结合起来，以项目带动苏州大运河文化带建设落地生根、开花结果。

三、苏州大运河文化带建设重点研究

苏州大运河文化带建设重点集中在两个方面：一是研究制定高水准的保护传承利用规划，二是讨论确定一批能够形成亮点的实施项目。

(一) 关于保护传承利用规划

规划是纲领性文件，是苏州大运河文化带建设的依据。大运河文化保护传承利用规划涉及文化遗产保护、城乡建设、国土空间利用、水利资源管控、生态环境保护、经济社会发展等多个方面，不能按照一般城市规划体系来做，要在城市规划的基础上，融合文化遗产保护利用规划、国土空间利用规划、城乡发展规划、水利资源保护利用规划、生态环境保护规划、旅游发展规划以及经济社会发展规划，促成战略性规划与综合性策划的结合。

苏州大运河文化带建设规划编制要依据上位规划，既要有较高站位，又要深入研究苏州运河的资源特点，既与上位规划有效衔接，又能体现鲜明的地方特色，形成亮点，真正把苏州大运河文化带建设成最精彩的一段。

目前，各层次规划编制的路径是自上而下，省级规划依据国家《规划纲要》编制，市级规划依据国家和省级规划编制。这一编制路径无疑是正确的，但还需要有一个自下而上的过程，这个过程主要解决两个问题：一是合规性审查。三级规划是一个完整的系统工程，既要环环紧扣，又要各司其职。二是质量管控。由于各地社会状况、经济基础、文化背景、人才条件等各不相同，对大运河文化带建设认识存在差异，规划编制的水平很难整齐划一，不平衡在所难免，需要从国家层面进行综合管控，防止各行其是，偏离主题目标。

(二) 关于实施项目

第一，首先要有国家站位，要遴选确定既有地方特色又有国家意义的项目，既要避免"小而不亮"，又要防止"大而不当"。

第二，要有系统性，大运河文化带建设是一个系统性工程，涉及文化遗产、水利交通、生态环境、城乡发展等多个方面，实施项目要有系统性安排，兼顾各方，统筹研究，系统设计，突出重点。

第三，要量力而行，顺势而为。苏州大运河文化带建设涉及相城区、高新区、姑苏区、吴中区、吴江区五个区和望亭、浒关、枫桥、横塘、松陵、平望、震泽、盛泽八个沿河集镇，各地情况不一，项目确定应根据自身条件量力而行，顺势而为。

第四，鉴于项目的重要性，应先评估后实施。规划建设的项目必须进行评估公示。评估应高一个层级，重大项目可直接由国家相关部门组织评估。评估人员应包括相关专家、政府人员、社会人士以及利益相关者等。评估通过后应向社会公示，充分听取意见，认真吸收合理建议，修改完善履行审批程序后方可实施。

四、苏州大运河文化带建设难点研究

苏州大运河文化带建设难点主要在：统筹协调和空间管控。

（一）统筹协调

统筹协调涉及各个方面，有区域之间统筹、保护与发展统筹、串珠成线统筹、三区联动统筹等，解决这些难点的关键是统筹把握好大运河文化的三个层次：

第一是大运河遗存承载的文化。主要是大运河相关遗存代表蕴含的文化，以大运河沿线遗存的"物"为基础，是大运河千年历史的真实印记。对这一层次的文化，要树立正确的保护理念，摸清资源家底，建立记录档案，划定保护空间，提升保护水平，严控开发强度，保护各类遗产的真实性、完整性。通过对这些遗存承载文化的挖掘和展示，使人充分了解运河沿线具有突出地域特征和时代特征的各类文化事项，系统认知周边城乡与运河关系的发展脉络，深刻领略大运河伟大非凡的历史。

第二是大运河活态伴生的文化。主要是与大运河相关的以各类非物质文化遗产和传统习俗等为代表的文化，以大运河相关的"人"为基础，其载体是大运河沿线的手工技艺、工程技术、戏曲文艺、生活习俗、传统节日、餐饮习惯、礼仪规制等，是时至今日仍在影响着沿线居民日常生活的文化力量。对这一层次的文化要加强记录保存,取其精华,传承精髓,倡导教育实践,强化古为今用,重塑活态传承,创新发展社会环境和文化空间。

第三是历史凝练的文化。主要是大运河在数千年历史中推动南北融合、东西交汇、中外交流的过程中逐步凝练、升华形成的文化精髓和价值观念,体现中华民族精神特质,其载体是大运河沿线人民所具有的伦理道德、理想信念、情感性格,以及开放包容、兼收并蓄的文化态度,天人合一、和谐共生的思想智慧。对这一层次的文化,要强化精神内涵挖掘,结合时代条件,加以传承和发扬,赋予新的时代含义和文化价值,与时俱进,传承创新,使人们能深刻认识和理解、自觉传承和弘扬大运河这一宝贵遗产所蕴含的丰富哲学思想、人文精神和科学知识,讲好大运河故事,传播中国声音,真实、立体、全面阐释展示大运河的过去、现在和未来,展示以大运河为代表的中华文化永久魅力和时代风采。[1]

(二) 空间管控

大运河两侧各2 000米核心监控区的空间管控是大运河文化保护传承利用的关键,也是难点之一。江苏省人民政府为统筹推进大运河文化遗产保护和生态环境保护提升、沿线各名城名镇保护修复、文化旅游融合发展、运河航运转型提升,为大运河沿线区域经济社会发展、人民生活改善创造有利条件,保护好、传承好、利用好大运河文化遗产,研究制定《大运河江苏段核心监控区国土空间管控暂行办法》。苏州应以江苏省暂行办法为基本,结合苏州实际,切实细化落实核心监控区各项管控措施。

首先,明确管控范围,划定分区。将苏州大运河两岸2 000米以内划定为核心监控区,包括相城区、高新区、姑苏区、吴中区、吴江区部分地区,核心监控区面积约284平方千米。

核心监控区划分为三区:滨河生态空间(区)、建成区(城市、建

---

[1] 中共中央办公厅、国务院办公厅:《大运河文化保护传承利用规划纲要》(中办发[2019]10号)。

制镇）、其他区域。三区之间有交叉重叠，细分为6类：

遗产区，运河岸线向外5米；

缓冲区，遗产区外30米；

滨河生态空间建成区，运河岸线向外1 000米；

滨河生态空间非建成区，运河岸线向外1 000米；

核心监控区建成区（滨河生态空间之外部分），滨河生态空间向外1 000米以外运河岸线外2 000米以内；

核心监控区非建成区（滨河生态空间之外部分），滨河生态空间向外1 000米以外运河岸线外2 000米以内。

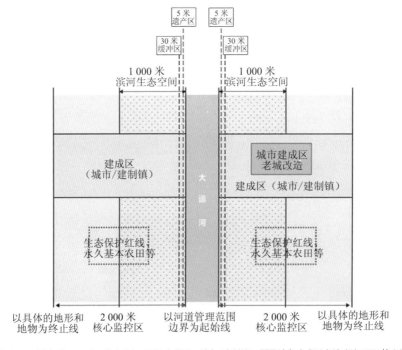

苏州大运河核心监控区示意图

其次，实行分类管控。大运河遗产保护区域内，严禁不利于文化遗产安全及环境保护的相关项目的建设；已对文化遗产及其环境产生影响的设施，应限期治理；鼓励推进和文化遗产有效保护、提升文化遗产展示水平、促进文化遗产活态利用等相关的项目建设。

滨河生态空间实行正面清单管理，可以建设的项目包括：军工、外交、基础设施、公共事业、纳入国家和省大运河文化带建设规划的项目，以及国家和省政府同意的其他项目。

核心监控区其他区域（滨河生态空间外区域）实行负面清单管理制度。禁止大规模新建、扩建的项目包括：房地产，大型及特大型主题公园，高风险、高污染、高耗水产业和不利于生态环境保护的工矿企业，对大运河沿线生态环境可能产生较大影响或景观破坏的项目，不符合国家和省关于生态保护红线、永久基本农田、核心监控区管控相关规定和要求的项目。

建成区应加强建筑高度管控，限制各类用地调整为大型工商业、商务办公、住宅商品房、仓储物流设施等项目用地。

再次，规划引导，全面管控建设强度。积极开展国土空间整治修复、空间形态与风貌引导，注重工商文化、革命文化的传承弘扬。苏州运河段要体现崇文重教、农商并重、典雅精致的吴文化特征，突出以水工、水乡聚落为特色的文化保护传承。

"共抓大保护、不搞大开发"，保护是前提，是第一位的。但也不能简单理解"不搞大开发"就是不开发。对大运河文化带进行适度的建设开发是需要的，关键是合理控制开发强度，优化项目配置。要依据国家、省、市各级规划和《大运河江苏段核心监控区国土空间管控暂行办法》的相关要求，紧扣保护与发展主题，围绕生态、民生、社会、就业、文旅融合、经济转型、产业结构提档升级等重点领域，适度开发建设，优化项目配置，形成特色亮点，带动文化遗产保护与经济社会协调发展。

五、建设愿景

大运河文化带建设愿景：建成继古开今的璀璨文化带，山水秀丽的绿色生态带，享誉中外的缤纷旅游带。

具体落实到三个方面：文化遗产保护的中国样板；南北通联、区域拉动的经济引擎；惠及百姓、造福后代的民生福祉。

文化遗产保护的中国样板：截至2021年，全世界文化遗产共1 154项，其中运河类遗产97项，著名的有法国米迪运河、加拿大丽都运河、荷兰阿姆斯特丹运河。中国大运河时间最早、规模最大、科技含量最高，是世界运河的典范。保护传承利用大运河遗产，使之成为中国样板，向世界展示中国特色的文化遗产保护利用成果和经验，既有条件，更有必要。

南北通联、区域拉动的经济引擎：运河是中国古代国家的大动脉，具有政治、军事、经济、文化方面的重大战略地位。建设大运河文化带，激发大运河新的生机活力，同样具有重要的战略意义和当代价值。

惠及百姓、造福后代的民生福祉：大运河文化带建设具有多个层面，有国家层面，也有民生层面，所谓共享大运河就是让沿线地方老百姓有获得感，感受大运河作为世界文化遗产带给他们的惠泽和荣誉。

大运河文化带建设最终愿景就是增强大运河的生命力、影响力，将其打造成为举世闻名的、可持续的、具有示范意义的世界文化遗产保护利用的中国范例。

基于国家愿景定位，苏州大运河文化带建设愿景：文化遗产保护展示理念领先，水平一流，堪称典范，传承利用，推陈出新，使苏州大运河焕发新的生机活力，形成品牌，成为中国大运河文化带建设最精彩的一段。

第三节　大运河国家文化公园苏州节点研究

建设大运河国家文化公园是中央全面深化改革委员会第九次会议作出的重大决定,是大运河文化带建设国家重点项目,有示范引领作用。大运河国家文化公园是一个新命题、新概念,跨区域、跨领域,加上运河沿线资源禀赋、社会条件、经济基础不平衡,大运河国家文化公园建设具有一定的复杂性和探索性。

一、国家文化公园内涵

国家文化公园是国家基于保护重要文化资源、展示国家文化精华,并以为历史研究、文化传承、公众教育和人们休憩提供服务为目的,依托重要文化遗产,由国家划定、管理并向公众开放的公共文化区域。[1]

国家文化公园三个关键词:国家、文化、公园。国家是主体属性,表现为由国家主导、体现国家意志;文化是内涵属性,也是本质属性,强调国家文化的标识性和引领性;公园是空间属性,公共属性,表达的是全民共享的公益性质。国家选择具有突出意义、重要影响、重大价值的文物和文化资源,实现保护传承利用,发挥文化教育、公共服务、旅游观光、休闲娱乐、科学研究功能,形成具有特定开放空间的公共文化载体,集中打造中华文化重要标识,具有重大意义和时代价值。

国家文化公园是国家重大文化工程,空间跨度巨大、时间维度漫

---

[1] 孙华:《国家文化公园初论——概念、类型、特征与建设》,《中国文化遗产》2021年第5期。

长、跨区域、跨领域、跨文化，高质量建设国家文化公园必须具有国家高度、历史维度、国际角度。

二、国家文化公园建设原则

（一）保护优先，强化传承原则

严格落实"保护为主、抢救第一、合理利用、加强管理"的方针，真实完整保护传承文物和非物质文化遗产。突出活化传承和合理利用，与人民群众精神文化生活深度融合，开放共享。

（二）文化引领，创新特色原则

坚持社会主义先进文化发展方向，深入挖掘文物和文化资源精神内涵，充分体现中华民族伟大创造精神，焕发新时代风采。

（三）总体设计，统筹规划原则

坚持规划先行，突出顶层设计，统筹考虑资源禀赋、人文历史、区位特点、公众需求，注重跨地区跨部门协调，与法律法规、制度规范有效衔接，发挥文物和文化资源综合效应。

（四）积极稳妥，改革创新原则

突出问题意识，强化全球视野，以中国高度、时代眼光，破除制约性瓶颈和深层次矛盾。着眼长远，立足当前，尽力而为，量力而行，打造符合基层实际，得到群众认可，经得起时间检验，民族性、世界性兼容的文化名片。

（五）因地制宜，分类指导原则

充分考虑地域广泛性、文化多样性和资源差异性，实行差别化政策措施。有统有分、有主有次，分级管理、地方为主，最大限度调动各方积极性，实现共建共享共赢。

三、国家文化公园建设内容

（一）主体功能区建设

国家文化公园应根据文物和文化资源的整体布局、禀赋差异及周边

人居环境、自然条件、配套设施等情况,结合国土空间规划,重点建设4类主体功能区:

一是管控保护区。由文物保护单位保护范围、世界文化遗产区及新发现发掘文物遗存临时保护区组成,对文物本体及环境实施严格保护和管控,对濒危文物实施封闭管理,建成保护第一、传承优先的样板区。

二是主题展示区。包括核心展示园、集中展示带、特色展示点三种形态。核心展示园由开放参观、地理位置和交通条件相对便利的国家级文物和文化资源及周边区域组成,是参观游览和文化体验的主体区。集中展示带以核心展示园为基点,以相应的省、市、县级文物资源为分支,整体保护利用,系统开发提升。特色展示点布局分散但具有特殊文化意义和体验价值,可满足分众化参观游览体验。

三是文旅融合区。由主题展示区及其周边历史文化、自然生态、现代文旅优质资源组成,重点利用文物和文化资源外溢辐射效应,建设文化旅游深度融合发展示范区。

四是传统利用区。在城乡居民和企事业单位、社团组织的传统生活生产区域,合理保存传统文化生态,适度发展文化旅游、特色生态产业,适当控制生产经营活动,逐步疏导不符合建设规划要求的设施、项目等。

(二)关键领域基础工程

聚焦关键领域,集中实施一批标志性基础工程。

一是推进保护传承工程。实施重大修缮保护项目,对濒危损毁文物进行抢救性保护,对重点文物进行预防性主动性保护。完善集中连片保护措施,加大管控力度,严防不恰当开发和过度商业化。提高传承活力,分级、分类建设完善爱国主义教育基地和博物馆、纪念馆、陈列馆、展览馆等展示体系,建设完善一批教育培训基地、社会实践基地、研学旅行基地等。利用重大纪念日和传统节庆组织形式多样的主题活动,因地制宜开展宣传教育,推动开发乡土教育特色资源,鼓励有条件的地方打造实景演出,让大运河文化融入群众生活。

二是推进研究发掘工程。加强大运河文化系统研究,突出"千年运河"整体辨识度。构建与国家文化公园建设相适应的理论体系和话语体系。整理挖掘沿线文物和文化资源所承载的重大事件、重要人物、重点故事。

三是推进环境配套工程。修复国土空间环境，发挥自然生态系统修复治理和水土流失治理、水污染防治项目作用，加强城乡综合整治，维护人文自然风貌。推进绿色能源使用，健全标准化服务体系。推出国家文化公园形象标志，串珠成线、连线成片，打造广为人知的视觉形象识别系统。

四是推进文旅融合工程。对优质文化旅游资源推进一体化开发。打造一批文旅示范区，培育一批有竞争力的文旅企业。推动开发文化旅游商品，扩大文化供给。推出参观游览联程联运经典线路，推动组建文旅联盟，开展整体品牌塑造和营销推介。

五是推进数字再现工程。加强数字基础设施建设，逐步实现主题展示区无线网络和第五代移动通信网络全覆盖。利用现有设施和数字资源，建设国家文化公园官方网站和数字云平台，对文物和文化资源进行数字化展示，对历史名人、诗词歌赋、典籍文献等关联信息进行实时展示，打造"永不落幕"的网上空间。依托国家数据共享交换平台体系，建设完善文物和文化资源数字化管理平台。

(三) 主要工作任务

一是修订制定法律法规。深化大运河沿线文物和文化遗产保护法律问题研究和立法建议论证，推动保护传承利用协调推进理念入法入规，制定大运河保护条例。

二是编制建设保护规划。对辖区内文物和文化资源进行系统摸底，编制分省份规划建议。按照多规合一要求，结合国土空间规划，编制大运河国家文化公园建设保护规划。

三是实施文物和文化资源保护传承利用协调推进基础工程。围绕文物和文化资源保护传承利用协调推进目标，聚焦保护传承、研究发掘、环境配套、文旅融合、数字再现等关键领域，系统推进重点基础工程建设。

四是完善国家文化公园建设管理体制机制。构建中央统筹、省负总责、分级管理、分段负责的工作格局。强化顶层设计、跨区域统筹协调，健全工作协同与信息共享机制，在政策、资金等方面为地方创造条件，省级设立管理区，统筹协调、承上启下开展建设。

四、大运河国家文化公园苏州节点

大运河国家文化公园是国家重要文化工程，具有重大战略引领意义，苏州应抓住机遇，研究提炼既有地方特色又有国家意义的节点，将其纳入大运河国家文化公园体系之中，使之成为大运河国家文化公园的重要组成部分，这对苏州经济社会可持续发展、乡村振兴、城市影响力提升意义重大。

大运河国家文化公园是在文化遗产学理逻辑下的系统集成，是一个巨系统，由若干个子系统支撑，这些子系统（节点）不是简单的文物、遗产点的罗列，而是意义重大、主题明确、不同类型、不同区域的重要项目的集成。既有区域层面的特色，又有国家层面的意义，能够具有辨识度、经典性，成为大运河文化国家标识、世界遗产典范。

基于上述学理逻辑和苏州运河遗产资源禀赋，苏州节点可以"江南水乡城镇聚落"作为主题，积极争取纳入大运河国家文化公园体系之中，成为独具特色、意义重大的节点。

（一）列入节点依据

第一，以苏州为代表的江南水乡城镇聚落与运河相伴相生、互为依存、关系紧密。春秋时期，吴国在江南开凿了多条运河，是中国最早的人工运河，是江南运河的雏形，隋唐运河的滥觞。依托运河主干线及其纵横交错的水网体系，以苏州为中心的江南市镇群迅速崛起，因运河而生、因运河而兴。商贸发达的江南市镇持久维护了运河的安全和通畅，激发了运河的生机活力。

第二，苏州是中国古代重要的漕粮征集地和启运地，对维护国家政权巩固稳定作出过积极贡献。经过持久有效的开发，到宋代，以苏州为中心的江南地区已成为中国的经济中心，史称"苏湖熟，天下足"。顾鼎臣称"苏松常镇嘉湖杭七府,供输甲天下"，为"东南财赋重地"。据《大明一统志》记载，全国有260多个府州，税粮总额26 560 220

石，苏州府为 2 502 900 石，占全国税粮总数的近十分之一，位居首位。

第三，苏州运河城镇遗产资源独特，蕴藏巨大经济活力，具有通古达今的时代价值。苏州是江南市镇最密集的地区，有中国历史文化名镇15座（周庄、同里、甪直、木渎、沙溪、千灯、沙家浜、锦溪、东山、凤凰、黎里、震泽、古里、光福、巴城），还有一大批省级历史文化名镇。这些农耕时代的聚落遗产，基于同一自然环境、空间形态和文化类型，择水而筑、注重工商、耕读传家、地灵人杰，是富商巨贾、文人雅士宜居之地，也是资本主义萌芽的先行之区，具有突出普遍价值。苏州正在牵头将江南水乡古镇申报世界文化遗产，在列入申遗的11个古镇中，苏州独占7席（周庄、同里、甪直、锦溪、沙溪、黎里、震泽）。

第四，苏州是运河城市景观遗产的杰出代表，是运河沿线唯一以"古城概念"申遗的城市，纳入遗产目录的七条水系、七个点段，涵盖了整个古城。苏州还是世界遗产城市组织首个中国成员城市，2018年，被世界遗产城市组织授予全球"世界遗产典范城市"称号。

第五，江南水乡城镇聚落，不仅是一个地理标志，还是一个文化品牌。小桥流水人家的文化景观，富裕精致的舒适生活，是东方人心中的"诗意江南""人间天堂"，是农耕时代东方文明的一个坐标，也是全人类亘古不变的共同价值追求。江南水乡城镇聚落，其突出的普遍价值超越地区、民族、国家界限，是全人类的遗产，以"江南水乡城镇聚落"为主题，构建大运河国家文化公园的独特节点，既有区域特色，又有国家意义。

第六，大运河国家文化公园苏州节点——江南水乡城镇聚落，学理上符合国家文化公园的相关标准，主题鲜明、意义重大；实践上有较好建设基础。江南水乡古镇申遗已推进多年，遗产保护、环境整治、基础设施建设已具备良好开放基础；苏州古城是住建部设立的国家唯一历史文化名城保护区，又是国家文物局公布的国家文物建筑保护利用示范区，示范意义重大。国家层面，与国家乡村振兴战略相契合，有利于进一步激发苏州运河沿线城镇巨大的经济潜能，推动区域经济社会全面高质量发展，使苏州成为新时代的诗意江南、人间天堂，成为大运河文化遗产保护利用的中国样板、世界典范。

（二）内容构成

江南水乡城镇聚落是大运河文化的特殊见证，也是大运河文化保护传承利用的重要载体。其内容丰富多样，结构庞大，是一个综合性系统项目，包括保护展示、环境整治、解读普及、特色发展、宜居共享，五位一体，相辅相成。

1. 保护展示工程

遗产本体保护。围绕江南水乡城镇聚落遗产要素，加强遗产本体保护，对区域内文物保护单位、一般不可移动文物、传统桥梁、廊棚、驳岸、水埠、古井等建筑物、构筑物进行全面勘查，编制保护方案，按程序分类实施。通过保护遗产本体、提高文物完好率，更好地保护聚落遗产的真实性和完整性。

非物质文化遗产传承保护。对城镇聚落内的民风民俗、传统戏曲、传统技艺等非物质文化遗产进行全面调查，按照突出特色、突出生态保护的原则，进行系统保护、传承、展示和利用。同时，加强对历史地名、方言、老字号的保护，延续地方传统文化和生活方式。

塘浦圩田和桑基鱼塘生态保护。塘浦圩田生态系统是江南先民与湖泊湿地环境持续互动的杰出范例，桑基鱼塘是江南地区充分利用土地和物产资源而创造的一种高效循环生态系统，促进了种桑、养蚕、渔业良性发展，加强塘浦圩田及桑基鱼塘系统性保护研究，特别的人工圩岸、基田遗址遗迹的考古研究，促进这一独特的利用自然环境发展工程实践在新时期更大范围地推广应用。

运河水网保护。江南水乡城镇聚落沿河沿湖而建，适应改造当地湖泊湿地环境，形成以水网体系为基础的独特城镇形态。加强江南水乡城镇聚落运河水网格局保护，逐步恢复历史河道，保护和延续这一世界内陆湖泊湿地环境中独特的集约型土地利用模式，推动当地生产和水上运输业，加强江南地区与内陆、海外的经济商贸交流。

水乡地区生活体验区建设。江南水乡城镇聚落结合自身特色和遗产价值，建设水乡生活体验区，对江南水乡人居环境、建筑形式、商贸特征、工艺特色、人文故事、民间艺术和民风民俗进行全方位展示，讲好运河与城镇聚落故事。

2. 环境整治工程

传统风貌保护。整体保护水乡城镇聚落原有布局和历史环境，保持街巷尺度，维护临水而筑的独特景观，延续人水相依的人地关系。全面整治城镇全域环境风貌，加强卫生治理，提高居住品质，使江南水乡城镇聚落成为宜居宜游的典范。

水系水质提升。保持既有河湖水系，逐步恢复重要历史水系，加强水系综合治理，定期开展河道清淤工程，严格管控污水排放，全面改善提升河湖水系水质。

慢行系统建设。积极改善水乡城镇交通生态系统，优化道路布局规划，建设旅游健身慢行步道，引导居民和游客采用"步行+公交""步行+自行车"等慢速出行方式，恢复水乡城镇原有生活节奏，创设慢行生活新方式。

规范形象标识建设。研究编制与水乡城镇风貌协调的视觉形象标识规范。制定文物遗产标识、旅游导览、道路标志、店招店牌等各类标识系统的规格、形式、色彩及安装标准。全面提升江南水乡城镇聚落的视觉形象品质。

3. 解读普及工程

校园教育普及。利用水乡城镇各类学校的阵地优势，借助每年的"文化遗产日""国际博物馆日"，开展大运河和江南水乡城镇聚落遗产的宣传普及活动，研究编制各类遗产读本，系统传播推介文物文化遗产知识，并利用各类遗产资源，积极开展研学活动。组建文化遗产保护志愿者队伍，定期培训，开展各种形式的交流志愿活动，让更多的青年、学生关心关注，支持参与文化遗产保护行动。

城镇遗产数字化云平台建设。利用大数据技术，研究制定城镇遗产数字化开发标准，建设数字化云服务平台。结合江南城镇规划，布局公共文化设施，接入云服务平台，结合VR（虚拟现实）和AR（增强现实）等技术，宣传普及江南水乡城镇聚落相关文化遗产知识。开发水乡城镇APP（应用软件）、微信公众号、专题网站等各类数字终端服务，实现遗产知识的实时更新和即时互动。

专题品牌建设。注册江南水乡城镇聚落商标，设计江南水乡城镇聚落形象标识。与专业机构合作，开展江南水乡城镇聚落专题纪录片拍摄，在央视等平台播放，打造地方艺术品牌，提升周庄、同里等古镇实景演出品质，进一步扩大影响力和吸引力。

遗产阐释标识系统建设。根据江南水乡城镇聚落遗产价值、特点和类型，开展遗产阐释与标识系统设计，建立由引导系统、解说系统和互动系统组成的遗产阐释标识系统，扩展阐释的深度和广度。

4. 特色发展工程

特色产业规划。根据江南水乡城镇聚落的资源禀赋，确定有地域特色的产业定位，坚持差异化发展方向，避免同质化倾向。从目前的特色优势和基础条件分析，周庄可定位为"艺术小镇"、甪直定位为"生态小镇"、同里定位为"园林小镇"、沙溪定位为"诗歌小镇"、锦溪定位为"博物馆小镇"、震泽定位为"丝绸小镇"、黎里定位为"创意小镇"、千灯定位为"人文小镇"、凤凰定位为"美食小镇"、平望定位为"运河小镇"、浒墅关定位为"休闲小镇"、盛泽定位为"商贸小镇"。

特色文创产品。充分挖掘江南水乡城镇聚落文化遗产内涵特色，积极研发文化遗产衍生产品，推动传统文化遗产资源与现代生活相融合，让文化遗产更多更好地赋能助推区域经济社会发展，实现文化遗产保护的拓展、延续、孵化、转换，形成特色鲜明、富有时代活力、具有市场竞争力的文化创意产品体系，满足公众日益增长的美好生活需要。

特色文化旅游。整合江南水乡城镇聚落文化遗产资源，设计特色文化遗产研学旅游线路，组织相关活动，为国内外游客、青少年、遗产爱好者、社会团体、专业机构提供多层次、全方位、可定制的文化产品。推进遗产酒店建设，提升文化旅游品质。

5. 宜居共享工程

基础设施提升。结合水乡城镇特点，依据保护规划，研究制定基础设施改造方案，完善城镇电力、燃气、通讯、排污等基础管网设施，全面提高水乡城镇现代化功能，让传统城镇融入现代生活，进一步提升水乡城镇宜居度，促进江南水乡城镇聚落可持续发展。

公众参与与公众治理。建立水乡城镇原住民参与公众治理机制，保障原住民的基本权益,让文化遗产保护及周边环境保护成为所在社区、原住民以及其他利益相关人的共识,使江南水乡城镇聚落遗产保护、展示和利用工作得到公众最大程度的参与和支持。

原住民扶持。 建立就业指导、技能培训、租金减免和生活补助等相关机制,鼓励原住民在老城镇居住、就业和创业,鼓励原住民延续传统服饰、民风民俗、传统礼仪、饮食习惯等原有生活方式,鼓励非物质文化遗产原生态保护和展演,培育传承江南水乡城镇聚落原有生活方式。

6. 江南鱼米之乡生态博物馆建设

根据国家文物局《大运河文化带文物保护利用专题研究报告》,建设生态博物馆,展示古村镇历史生活场景,是留住农耕文明记忆,表达古代人民对美好生活向往的有效手段,也是促进区域经济发展,造福百姓的重要举措。 作为鱼米之乡代表的江南水乡古镇,已被列入国家申报世界文化遗产预备名单,目前正在由苏州牵头积极推进申遗各项工作。 建设江南鱼米之乡生态博物馆,作为大运河国家文化公园苏州节点的一个重要环节,对展示江南水乡历史文化、传播世界城镇类文化遗产价值、助推江南区域经济社会发展有重要意义。

江南鱼米之乡生态博物馆依据保存较好的稻田、桑基、水网、城镇等农耕时代人类遗存基础,全面保护展示江南农耕文明,重点突出教育、生态、休闲、产业和文旅融合特色,探索以古镇为核心的国家文化公园模式,创新生态博物馆建设新方式,从而成为国家大运河文化带的亮点工程。

江南鱼米之乡生态博物馆拟以"1+N"为基本架构:"1"指一个核心展示区,拟选址运河之畔、太湖之滨的吴江㘰港作为生态博物馆的核心展示区,保护展示江南水乡自然风貌和人文生态,推动农业创意产业发展,促进文化与旅游结合,探索没有围墙的生态博物馆建设新方式。"N"是以相关江南水乡古镇为分馆,结合各自特色,设立生态体验区。可先选择一批较成熟的古镇作为生态博物馆体验区,作出示范,形成具有推广价值的经典案例,逐步复制到其他水乡古镇,形成运河聚落生态博物馆片区,对江南水乡城镇聚落独特布局形态、诗意的人居环境、众多的遗产遗存以及非物质文化遗产进行全方位展示利用。

第七章 苏州运河资源价值挖掘与利用

苏州运河资源是系统性资源，主要包括物质文化遗产资源（含文化遗产点段，文物保护单位，城、镇、村聚落遗产等）、非物质文化遗产资源（含传统文艺美术等）、水资源、农业生态资源等。苏州运河资源类型多样，价值较高，蕴藏巨大的开发利用潜能。加强苏州运河资源价值研究和应用研究，着力培育运河新经济，积极叙述传播引领江南文化，把苏州文化遗产潜在价值转化成现实优势，助推苏州经济社会高质量发展，是苏州运河资源研究的核心价值所在。

第一节　苏州运河资源价值挖掘

苏州运河资源价值主要是文化价值、经济价值和生态价值。

一、文化价值

中国大运河作为世界文化遗产，其关联的资源系统中文化价值是第一位的。

(一) 历史文化价值

从遗产构成来看，大运河遗产主要包括河道、桥梁、闸坝等水工设施以及运河名城、名镇、名村、各类文物建筑、古遗址等大运河关联遗产，具有历史运河、文物古迹、文化线路、文化景观、文物保护单位等多重属性，是重要的文化资源宝库。苏州运河流经的区域是吴文化中心、江南文化核心，具有独特的历史文化价值。

(二) 研究展示价值

苏州运河及其关联资源具有跨时空、跨地域、多门类、多层次特点，有重大研究和展示传播价值。从研究角度看，既有多学科学术研究价值，又有重要应用研究价值。从系统展示角度看，既有传统展示内容，如名胜古迹、古村古镇、非遗民俗、水上游线等，又有创新型展示方式，如运河考古、水工遗存、文化景观、文化线路、农业遗产、中华老字号等。

(三) 精神情感价值

以苏州运河为中心的江南运河流域，是古代富贵风流之地，中国人的精神家园。以苏州为代表的江南，因小桥流水人家的文化景观、富裕精致的舒适生活和耕读传家的区域风尚，成为东方人心中的诗意江南、人间天堂。

二、经济价值

苏州运河独特的资源禀赋具有巨大的经济价值。

（一）运河自身的经济价值

苏州运河是中国历史上开凿最早的河道，也是至今仍在使用的最繁忙的河段，苏州运河全长96千米，被称为"黄金水道"，是大运河全线经济活力最强的河段，货物年运输量1.8亿吨左右，每年直接运输收益达360亿元，大宗货物以建筑材料和煤炭为主，强劲拉动其他产业，每年为地方经济贡献GDP约1 800亿。

（二）遗产点经济价值

苏州列入大运河遗产名录的有七条水系七个点段，加上关联遗产点，共380余处，是苏州核心旅游资源。据不完全统计，苏州运河遗产相关点段年营收近160亿元，其中虎丘云岩寺景区年收入约1.5亿元。

（三）非物质遗产经济价值

苏州现有国家级非遗项目33项，省级131项，市级243项，其中相当一部分是传统经典产业，如刺绣、宋锦、缂丝、红木家具、御窑金砖、玉雕、木雕、石雕、民族乐器、香山帮营造技艺等。其中仅玉石行业每年销售额就在200亿以上，核雕从业人员近1万人，年产值约12亿。

（四）水资源经济价值

苏州拥有丰富的水资源，除大运河外，还有其他河、湖、港、汊组成的庞大水系网，水域面积约3 607平方千米，占苏州总面积的42.5%，这些水资源主要有三大功能：一是水产养殖，养殖面积约2 160平方千米，年经济收入120亿元；二是农田灌溉，为农作物和果蔬提供水养分，促进农副业的稳定丰收；三是水上运输，苏州境内现有万吨级码头超过100个，货物运输量近1.8亿吨，经济效益约360亿元。

(五) 农业资源经济价值

受运河水系和太湖水系滋养,苏州地区农业发达,被誉为"鱼米之乡""天下粮仓"。现有耕地 1 633 平方千米,约占苏州总面积的 19%,粮食总产量 87.5 万吨,农业资源综合经济效益超 200 亿元。

三、生态价值

苏州是东方水城,是城水共生、人水相依的城市典范。苏州运河生态价值包含自然生态价值和人文生态价值。

自然生态价值:苏州运河是南北骨干水系的主动脉,也是江南地区水生态重要廊道;运河及关联水系东西渗透、全域覆盖,形成众多类型的湿地群,对江南气候的形成稳定产生重要影响;东南季风、亚热带气候和以运河、太湖为主的水资源共同构成江南特有的湿润生态,极大改善了江南地区的自然环境。

人文生态价值:水对苏州的影响是多方面的。首先是人居环境方面,苏州是水城,村镇是水乡,民居建筑依水而建,城水相融,人水相依。其次是人的心智方面,水的灵动对苏州人的心智产生深刻影响,"智者乐水""一方水土养一方人"。苏州读书人多、状元多,与水长期共处、互动,水应有潜移默化的作用。最后是艺术方面,苏州园林营造离不开水,所谓"假山真水";百戏之祖昆曲源自"水磨腔",舞动的长袖称"水袖",优雅的曲调,婉约的唱词,似水流动。

第二节　苏州运河新经济培育

苏州运河资源蕴藏巨大发展潜能，培育打造运河新经济、城市新文化、旅游新业态，商机无限，前景可期。

一、文化遗产旅游研学产业

文化遗产是苏州旅游的核心资源，文化遗产地是中外游客重要的旅游目的地。苏州拥有园林遗产、大运河遗产、江南水乡古镇遗产以及昆曲、古琴、宋锦、缂丝等世界非物质文化遗产，是名副其实的世界遗产城市。苏州的世界文化遗产都与大运河有着密切的关系。中国大运河申遗成功，苏州应是最大的受益者，有七条水系、七个点段被列入《世界遗产名录》，是大运河沿线唯一以古城概念申遗的城市。2018年11月，苏州被世界遗产城市组织授予全球首个"世界遗产典范城市"称号，这一独特的资源禀赋，加上国家正在积极推动的大运河文化带建设重大工程，给苏州文化遗产旅游研学寻求新突破、迈上新台阶提供了新的契机，苏州应抓住机遇，乘势而为，创造性转化，创新性发展，实现文化遗产旅游研学业的新跨越。

应打造、打响新的旅游品牌。文化遗产是全球旅游热点，诗意江南是东方人的精神家园，世界遗产典范城市是苏州的金字招牌，大运河是中华文明的亮丽名片，这些有核心竞争力的品牌优势叠加，给苏州赋能，是苏州的幸运，也是苏州发展旅游研学产业的底气。

应设计新的景点、新的项目。旅游强调新、奇、特。苏州有不少经典传统旅游项目，如园林游、"三古一湖"游（古城、古镇、古村落、太湖）等，要在原有项目基础上，根据游客新的需求，着力设计开发新的旅游项目，紧扣大运河遗产主题，融知识性、思想性、趣味性于一体，讲好苏州运河故事，更好地服务广大游客。

精心策划以大运河遗产为主题的研学线路。旅游是多层次、多需求的，从游览观光到休闲体验，再到研学教育，随着游客对旅游主题性、知识性、教育性要求越来越高，研学旅游作为一种新的旅游形式，越来越受到市场欢迎，加上受国家"双减"政策影响，研学旅游刚刚起步，有巨大的市场拓展空间。苏州应超前谋划，抢占先机，以大运河为纽带，串珠成线，以点带面，统筹大运河遗产资源，开发培育世界文化遗产研学游、大运河故事特色专题游、诗意江南体验游、运河村镇人家参访游、非遗项目传承游、江南文化研学游、水文化研学游、吴文化研学游等，以及个性化设计、私人定制的专题旅游项目，汇聚形成各具特色的精品线路，充分满足广大人民群众不断增长的精神文化消费需求。

二、传统经典（工艺美术）产业

苏州传统工艺美术久负盛名，以"精、细、雅、巧"的鲜明地域风格享誉海内外。苏州传统工艺美术具有文化与物质、文化与商品双重属性，大多数被列为非物质文化遗产代表性项目，同时又是苏州传统经典产业，具有超越非物质层面的商品经济属性。

苏州传统工艺美术门类齐全。全国工艺美术有11大类，苏州拥有10大类3 000多个品种，2014年被联合国教科文组织授予"手工艺和民间艺术之都"称号。苏州的传统产业大多分布在运河之畔、太湖之滨，并通过大运河运输畅销四方。历史上苏州传统工艺有过辉煌的过去，由于时代的变迁，人的消费观念变化，加上传统工艺自身存在的问题，苏州传统经典产业面临不少困难，处于有待突破的瓶颈期。

苏州传统工艺富有浓厚的人文底蕴，有巨大的市场潜能。大运河文化带建设有一项重要的战略目标就是加快运河沿线新的产能转换，培育新的经济增长点，为区域经济复兴赋能。苏州传统经典产业应抓住大运河文化带建设契机，跳出传统的思维模式和经营方式，与时俱进，在创新转型上下功夫,实现传统经典产业新突破,再现苏州传统工艺美术的新辉煌。

创新产品类型,拓展多元化市场。打破以生产艺术欣赏品为主的现状,根据不同产业自身特点,创新设计产品类型,要特别重视生活日用品以及有原创特色旅游产品的设计研发,传统产业与大众生活及苏州旅游发展应紧密结合,为产业化发展奠定市场基础。

创新产品题材,适应现代生活。突破传统工艺题材,结合苏州地域特色,鼓励各门类传统工艺,继承传统,推陈出新,积极寻找具有时代感和表现力的新兴载体,运用现代美学原理,以时尚化、艺术化为方向,进行合乎文化与传统工艺发展规律的创新,满足更多人群特别是年轻人的文化消费需求。

创新经营模式,重视营销策略。改变过去埋头制作,轻视研发设计、营销和售后服务环节的状况,抓好全产业链、高附加值环节管控。由被动等客上门变为主动营销推介,掌握市场主动权,积极寻求新的消费市场,拓展传统产业的生存发展空间。通过打造集中销售基地,结合景区景点及旅游服务设施设立特色商店,在重点消费城市设立经营点,构建电子商务平台,拓展网络销售等多种形式,建立多层次、多渠道的传统产业产品销售网络,扩大品牌影响力。对高品质、高附加值的传统工艺产品应坚持使用传统工艺,个性化、作坊化,强调作品的原创价值。对大众型、普及型、消费型工艺产品,积极探索传统工艺与现代工艺相结合,为传统产业实现规模化发展创造条件。[1]

三、水上运动体育产业

积极利用运河、太湖等丰富内水资源,大力发展水上运动体育产业,把苏州建成内河内湖水上运动目的地,促进体育与旅游、体育与文化、体育与经济的深度融合发展,不断满足国内外人士日益增长的体育

---

[1] 庄建伟、相秉军:《传承优秀文化 复兴传统产业——苏州历史文化名城转型发展的重要环节》,《城市规划》2014年第5期。

健身需求。做好水文章，形成新品牌，打造新业态，苏州既有基础也有能力。

苏州内水资源十分丰富，既有大运河（含胥江、护城河等运河故道）、望虞河、吴淞江等线型水资源，又有太湖、金鸡湖、石湖等湖泊型水资源，全域拥有适宜开展水上运动的优质河流200多条，湖泊近百个，水质状况好，气候适宜，类型多样，是发展水上运动体育产业的独特资源。

苏州水上运动有良好的基础。金鸡湖大型龙舟赛项目，护城河皮划艇项目、深潜项目，石湖水上运动基地，环秀湖水上运动会，菱湖湾水上俱乐部等，已经有了较好的社会影响力和品牌美誉度。

水上运动项目有良好的政策扶持引导。2021年国务院印发《全民健身计划（2021—2025）》，明确提出到2025年，全民健身公共服务体系更加完善，人民群众体育健身更加便利，健身热情进一步提高，各运动项目参与人数持续提升，经常参加体育锻炼的人数比例将达到38.5%，带动全国体育产业总规模将达到5万亿元，促进体旅进一步融合，通过普及推广冰雪、山地、水上、马拉松等户外运动项目，拓展体育旅游产品和服务供给。

苏州制定的《苏州市体育产业发展"十四五"规划》提出，到2025年，全市体育产业总规模将达1 500亿元，积极打造体育产业新业态，拓展体育产业新空间，依托苏州自然生态资源，强化全市体育产业资源整合和产城融合，合理布局足球、冰雪、山地、水上等运动项目产业，形成"一核三带一集群"的体育产业发展新格局。

苏州水上运动产业项目有较大发展空间，需要进一步重视、培育和提升，应把本土性与国际性结合起来，公众普及与名人效应结合起来，赛事项目与关联产品展示展销结合起来，政府引导与市场运作结合起来，水上运动与苏州水文化阐释、传播结合起来，打响苏州水上运动产业新品牌，实现苏州体育产业项目新突破。

四、休闲农业产业

休闲农业是传统农业发展到一定历史阶段的产物。休闲农业以农村、农业生态资源为基础，以参观、体验、休闲等方式，让来访者游览田园景观、熟悉农业事项、品尝农家美食，了解民风民俗，从而获得身心愉悦和新的知识。苏州休闲农业产业做大做强有得天独厚的条件和巨大发展空间。

第一，有独特的休闲农业资源。苏州自古就是著名的鱼米之乡，从魏晋南北朝开始，江南地区得到开发，隋唐运河的开通，加快了南方经济发展，到宋代，出现"苏湖熟，天下足"的繁荣局面，明清时期，以苏州为中心的江南地区是天下粮仓，是中国农耕时代的一个坐标。苏州农业遗产资源丰富，除大量的塘浦圩田、桑基鱼塘外，现有基本农田近2 000平方千米，分布于近百个古镇古村落，其中有中国历史文化名镇15个（周庄、同里、甪直、木渎、沙溪、千灯、沙家浜、锦溪、东山、凤凰、黎里、震泽、古里、光福、巴城），中国历史文化名村5个（陆巷、明月湾、杨湾、东山、三山），中国传统村落14个，还有一大批省市级历史文化名镇名村和控制保护古村落。这些农耕时代的聚落遗产，基于同一自然环境、空间形态和文化类型，具有重要的自然生态价值和文化景观价值，是发展休闲农业独特的资源基础。

第二，有良好的社会经济基础。研究表明，从世界范围看，城市人均GDP超过6 000美元，即进入休闲时代。2021年，苏州GDP达到2.27万亿元，人均远超6 000美元，苏州发展休闲农业产业有雄厚的社会经济基础，潜力巨大，前景可期。

第三，有积极的政策支持。休闲农业是农业功能拓展、业态类型创新、乡村价值挖掘的新业态，对乡村振兴、带动农民就业增收意义重大，国家、地方分别出台了一系列政策文件，支持培育休闲农业产业升级发展。

国家方面：2018年中共中央、国务院印发《乡村振兴战略规划（2018—2022年）》，这是全面推进乡村振兴战略的五年规划，是统筹谋划和科学推进乡村振兴战略的行动纲领,部署了一系列重大工程、重大计划、重大行动,制定了积极的扶持政策和保障措施。

同年,国家发改委、财政部等13部门联合印发《促进乡村旅游发展提质升级行动方案(2018—2020年)》,对乡村旅游提质升级的制约因素进行系统破解,引领推进农村人居环境整治、乡村公共服务提升、美丽乡村建设。

2019年国务院印发《国务院关于促进乡村产业振兴的指导意见》,明确乡村产业应植根于县域,以农业农村资源为依托,以农民为主体,以农业一、二、三产业融合发展为路径,大力发展地域特色鲜明、创新创业活跃、业态类型丰富、利益联结紧密,提升农业、繁荣农村、富裕农民的新型业态。

同年文旅部、中国农业银行办公室印发《关于金融支持全国乡村旅游重点村建设的通知》,提供1 000亿元意向性信用额度,支持重点村文化和旅游资源开发、生态与传统文化保护、公共服务与旅游配套设施建设,以及乡村民宿、观光度假、农事体验、乡土美食、文化创意等文化和旅游产品的研发推广。

地方方面:2020年江苏省人民政府印发《省政府关于促进乡村产业振兴推动农村一、二、三产业融合发展走在前列的意见》,提出到2022年,全省基本建成优质稻麦、绿色蔬菜、特色水产、休闲农业等8个产值千亿元级产业,建设一批休闲农业示范县、美丽休闲乡村和主题创意农园,休闲农业点超10 000个,主题创意农园500个,休闲农业精品线路100条。

2019年苏州市农业农村局、苏州市财政局印发《苏州市辖区休闲农业财政奖补项目实施意见的通知》,要求加快促进农业和文化、旅游产业的深度融合发展,全力推进生态休闲农业提档升级,提质增效。

2020年苏州市委、市政府印发《苏州市探索率先实现农业农村现代化三年行动计划(2020—2022年)》,明确提出到2022年,全市建成共享农庄(乡村民宿)100个,乡村旅游精品线路60条,休闲农业和乡村旅游接待人次达8 000万,各类休闲农业营收超55亿元,并在资金、用地、税收、人才等方面给予积极政策扶持。

第四，具有良好产业基础。苏州休闲农业起步于21世纪之初，经过20多年探索发展，已经有了一定的产业基础。据统计，到2021年，苏州累计建成共享农庄（乡村民宿）77个，休闲农业基地（含农家乐、农业示范园、农业主题公园、果蔬采摘园等）2300多个。此外，有国家森林公园5个，国家湿地公园4个，省级森林公园3个，省级湿地公园7个，AAA级以上休闲农业景点19个。具一定知名度的休闲农业项目主要有：三山岛休闲农庄、碧螺春生态茶园、太湖湿地公园、荷塘月色休闲基地、巴城蟹坊和万亩葡萄园、凤凰水蜜桃基地、树山梨采摘园等。

苏州大力发展休闲农业产业有基础有条件，但需要提档升级，提质增效。苏州休闲农业点开办大多是自发的，相互模仿，功能单一，整体水平不高。应从乡村振兴、可持续发展战略高度，强化规划引领，合理布局，均衡发展，防止低端、雷同、无序扩张。应制定相关政策，实施有效监管，设置准入门槛，制定公布正、负面清单，加强从业人员培训，建立常态化考核机制，促进苏州休闲农业在规划指导下均衡有序健康可持续发展。

挖掘内涵，精准定位。休闲农业不同于传统农业，也不同于传统旅游业，更不是简单的"农家乐"。休闲农业是在传统农业的基础上，根据现代人精神文化生活新需求打造的一种新业态。应加强研究，深入挖掘休闲农业内涵要义，摸索这一新兴业态的内在规律，精准定位，行稳致远。休闲农业应以农村农业原有生态系统为依托，阐释传播农业农事常识、乡村民风民俗、文物掌故等历史文化知识，使游客在品尝本土原味美食、体验农家生活、感受身心愉悦的同时，获得新的知识。应紧紧围绕"看什么""听什么""吃什么"三个重要环节，正确定位，丰富业态内涵，完善业态结构。

塑造特色品牌，坚守"原真""原味"乡村本色。苏州休闲农业是农民适应旅游市场新需求自发形成的。由于旅游的流动性强，不少项目，特别是餐饮项目，特色不明显，品牌意识差，满足于一次性消费。休闲农业要做强做优可持续发展，关键是要有特色品牌。特色品牌的根本是"原真""原味"的乡村本色。景观是原来的，食品是有机的，价格是公道的，人是纯朴的。要能让游客看到农村真实的生活，听到新鲜有趣的故事，吃到记忆中的饭菜味道。品牌不是广告做出来的，是消费者口碑塑造起来的。

立足本土需求，兼顾域外市场。苏州休闲农业应首先立足于本土市场需求。苏州现有人口超过1 300万，有450多万个家庭，这是很大的一个消费群体。本土需求中，要重点关注中小学生群体，一方面，中小学生需要学习乡土知识、农业知识，学校也有社会实践课程安排需求，另一方面，一个学生能带动一个家庭，从而拉动休闲农业本土市场快速发展。本土市场做好了，自然会辐射出去，带来域外市场需求，由内而外，良性发展。

资源共享，利益兼顾。休闲农业产业开发，主要利用的是乡村公共资源，先行开发的、位置好的（如沿街、临水、交通便捷、资源独特等）获利相对较多。应当建立必要的补偿机制，平衡村民之间利益关系，防止新的贫富两极分化和因公共资源分配利用不公而产生的新的社会矛盾。

五、乡村康养产业

康养产业是依托特定资源，运用自然、技术等多种手段，以服务人的健康为主要目的的新兴产业，它是经济社会发展到一定阶段的必然产物，有广泛的社会需求和市场。

康养产业的类型多样，常见的主要有：森林康养、阳光康养、高山康养、湖海康养、沙滩康养、温泉康养、中医康养、运动康养、音乐康养、宗教康养、乡村（田园）康养等。乡村（田园）康养融自然、人文于一体，是近几年来颇受欢迎的一种康养类型。

苏州乡村康养产业资源条件得天独厚，在乡村振兴、健康中国、大运河文化带建设等多重利好政策叠加的大背景下，有望成为乡村经济发展一个新的增长极。

根据《"健康中国2030"规划纲要》，到2030年我国健康服务业总规模将达16万亿，乡村康养有万亿级市场预期。

中国是传统农业国，乡村是中国人的根和魂，是情感归宿、精神家园。乡村康养产业有极大的普适性，是潜力巨大的蓝海市场。

苏州乡村康养产业目前处于培育期，应研究制订中长期产业发展规划。准确定位，明确目标，合理布局，盘活存量资源，制定产业引导指南，研究政策保障措施，促进苏州乡村康养产业健康有序发展。

充分利用独特资源优势，提升产业品牌价值。苏州乡村是"梦里水乡""醉美乡村"，既有山、林、湖、田等多种自然资源，又有古镇、古村、名胜、古迹等历史文化遗产资源，既有充沛的自然养生要素，又有丰富的文化养心要素，自然与人文合二为一的独特资源，是苏州乡村康养产业的金字招牌。

重视差异化集聚，坚持特色发展。苏州乡村康养产业是一个大课题，应研究各地资源特点和条件，坚持差别化特色发展，避免产业项目重复单一，缺乏竞争力。有发展潜质的项目有三山岛湖岛康养、东西山茶道康养、太湖湿地康养、金鸡湖运动康养、张家港凤凰温泉康养、大阳山山居康养、阳澄湖美食康养、吴江田园康养等。

注重一、二、三产业融合发展。乡村康养产业是一个多元化集聚型产业，立足的是一产，支撑的是二产，运作的是三产，实现一、二、三产业高度融合是乡村康养产业的内在要求，因此必须打破传统产业的技术边界、市场边界、资本边界，创新融合发展，打造以乡村康养产业为核心的产业集群，实现集聚裂变效应。

重点关注老年康养市场，积极培育中青年康养市场。不同年龄段有不同的康养需求，苏州康养产业应在重点关注老年康养刚需市场的同时，积极培育中青年康养市场，一方面中青年工作压力大，亚健康现象普遍，有内在的康养需求，另一方面，中青年有康养消费的习惯和能力，而且能带动家庭康养消费，这是一个有待培育开发的潜在市场，应当积极地加以引导和拓展。

第三节　江南文化的叙述、传播与引领

江南文化与大运河有着密切关系，研究大运河遗产资源，江南文化是一个重要节点。研究提炼江南文化的核心价值，并加以积极地叙述、传播，具有重要的学术意义和时代价值，也是苏州作为江南文化核心代表的使命和担当。

一、江南文化与大运河

江南的早期开发开始于春秋时期，运河的开凿也开始于春秋时期，吴国开挖的早期人工河道有多条，吴古故水道是其中重要的一条，据《越绝书·吴地传》记载："吴古故水道，出平门，上郭池，入渎，出巢湖，上历地，过梅亭，入杨湖，出渔浦，入大江，奏广陵。"吴国这条早期的人工水道是江南运河的前身。隋唐运河实现第一次南北大贯通，江南文化与大运河的关系更加紧密，相互依存，相互影响。

大运河对江南文化的影响体现在：一是水生态滋养。大运河不只是一条航道，它是一个遍布江南全域的水网系统。水生态滋养的直接贡献是保障农作物的稳定丰收，这是江南鱼米之乡形成的重要条件，也是江南文化形成的物质基础。二是发达水路带来的便捷交通赋能江南地区经济社会发展。水路是古代重要交通线路，运河及其支流水系是江南地区完整的高速路网体系，有力促进了江南地区商贸经济的发展，这是江南文化形成的经济背景。三是大运河有促进交流互鉴的媒介作用。大运河是南北互联的大动脉，不仅具有重要的政治、军事、经济意义，还有极其重要的文化意义。大运河是重要的物资运输线，也是古

代重要的信息高速公路,为原本相对闭塞的江南打开了视野,启发了思想,激活了智慧,这是江南文化基于交流互鉴而形成的一个深层次因素。

江南文化对大运河的影响体现在:一是长达1 400多年对大运河的精心维护以及在此过程中所反映的坚毅精神、精细态度和智慧方式,保证了大运河长期稳定畅通、舟楫无恙。二是繁忙的漕粮运输给大运河注入强大生机活力,并由此带动沿线商贸经济繁荣。三是江南的文化、人才北上交流,跨越时空,赋予了大运河不同一般的文化意义。

二、江南文化价值特征

江南是一个古老而有无限活力的美丽家园,它存续了数千年,也持续发展繁荣了数千年,是人类文明进程中的一个奇迹。

江南文化是一个独特的地域文化,它植根于太湖流域水乡平原,融合吴越文化特质,赓续绵延,生生不息,至今仍焕发勃勃生机。对江南文化的深入研究有较高的学术价值,更有重大的时代意义。

江南文化价值研究应当坚持广视域、多维度的学术原则,把它放到特定的时空范围,运用历史学、地理学、经济学、社会学、文化学、民俗学等多学科进行系统考察,提炼概括其内在的逻辑关系,辩证全面地分析江南文化的价值特质。既要重视对其积极的核心价值研究,又要能看到它的时代局限性,通过客观理性研究,积极扬弃规避其中的消极因素,使江南文化更好更健康地传承赓续。同时要用发展的眼光研究江南文化,激发江南文化的时代活力,用江南文化赋能区域经济社会新发展新跨越。

江南文化的核心价值主要体现在以下几个方面。

(一) 超越时代的财富观念

粮食是人类赖以生存的基础,直接影响国家政权的巩固。历代统治者始终把农业放在首位,"重农"是封建王朝基本国策,也是农业社会的一般法则。农业能解决生存问题,不能解决发展问题,社会的进步和人的发展需要一定的财富做基础。史学家司马迁敏锐指出:"夫用贫求富,农不如工,工不如商,刺绣文不如倚市门。"这一经济活动规律,并不容易被一般百姓洞悉和掌握。在重农抑商的中国古代,大多数地区黎民百姓被牢牢控制在土地上,他们"春耕夏耘,秋获冬藏,伐薪樵,治官府,给徭役。春不得避风尘,夏不得避暑热,秋不得避阴雨,冬不得避寒冻,四时之间,亡日休息"。

江南人依据人和社会的现实需求,创造性确立超越时代的财富观念,坚持农工商虞多业并举,产业多元,经济结构合理,使社会财富和家庭(个人)财富有了较好较快的积累。

农业是江南地区的基础产业。江南有得天独厚的自然条件,土地肥沃,雨量充沛,四季分明,适宜农耕。魏晋南北朝时期,由于北方战乱,大量人口南迁,为南方带来了先进的生产工具和技术,促进了江南地区农业大开发。隋唐宋元时期,江南人还创造性构筑全域范围塘浦圩田系统,调节季节性水资源,保证农作物旱涝时节稳定丰收。到宋代,形成"苏湖熟,天下足"的繁荣局面,江南地区已成为名副其实的天下粮仓。

手工业是江南地区传统产业,与农业发展密不可分。早期形态主要是家庭手工业,有地域特色的手工业主要有蚕桑业、丝绸业、纺织业、织绣业、营造业、造船业、刻书业、制茶业、腌制业等。到明代,苏州手工业发展进入转型期,手工业分工精细化、人员专业化、规模扩大化,开始早期工业化进程。早期工业化最突出的标志是一部分人从农业中分离出来,成为雇佣工人。最有代表性的行业是丝织业,据《吴江县志》记载:"至明熙宣间,邑民始渐事机丝,犹往往雇郡人织挽;成弘而后,土人亦有精其业者,相沿成俗。"盛泽是江南丝绸业中心,绸业集中在市河两岸,明代约有千百余家,到清同治、光绪年间,盛泽共有织机八千余台,年产绸货约九十万匹[1],震泽的"辑里丝"誉满天下,是出口的大宗货物,光绪六年(1880年),震泽出口"辑里丝"5 400担,占当年全国生丝出口总量十五分之一[2]。

---

[1] 彭泽益:《中国近代手工业史资料(1840—1949)》第二卷,中华书局1962年版,第72页。
[2] 樊树志:《江南市镇:传统的变革》,复旦大学出版社2005年版,第502页。

商业的兴盛是农业、手工业发展到一定阶段的必然产物，是实现农产品、手工业产品以及其他商业产品价值转化的媒介，是社会财富、家庭（个人）财富积累的重要手段。商业与农业、手工业相互依存，从盛泽镇的经济结构可见一斑。"惟在镇之丰歉，固视乎田之荒熟，尤视乎商客之盛衰。盖机户仰食于绸行，绸行仰食于商客。而开张店肆者即胥仰食于此焉。"

到19世纪初，经济发达的江南东部地区手工业地位超过农业，农业、手工业、商业从业人员也随之发生结构性变化，原来的农业人口向手工业、商业集聚转移，手工业、商业发达的地区，工商从业人员是农业人口的2.5倍。[1]

随着市场经济日趋活跃，工商业蓬勃发展，江南地区进入经济社会繁荣的黄金时代，各地商帮纷纷涌起。苏州出现了"洞庭商帮"，因善于经营被称为"钻天洞庭"。财富的快速增长带动了社会强烈的奢侈需求，奢侈需求和其他社会多层次需求进一步促进社会消费能力提升，也进一步激活社会经济增长的内在动力。法国社会学家维尔纳·桑巴特研究认为，奢侈消费对于资本主义产生、成长具有重要意义，"奢侈促进了当时将要形成的经济形式，即资本主义经济的发展。正因如此，所有经济'进行'的支持者，同时也是奢侈的大力提倡者。"[2]明人陆楫亦认为"奢能致富"，他说："予每博观天下之势，大抵其地奢则其民必易为生，其地俭则其民必不易为生者也……今天下之财赋在吴越。吴俗之奢，莫盛于苏……盖俗奢而逐末者众也……要之，先富而后奢，先贫而后俭。"

虞业即水产业和林果业等。司马迁在《史记·货殖列传》中引《周书》曰："农不出则乏其食，工不出则乏其事，商不出则三宝绝，虞不出则财匮少。"虞业即山泽之利。江南地区河湖水域甚广，又有众多山脉林源，水产品、山货（包括鲜果、坚果）丰饶，是江南地区可资利用的

---

[1]《上海特别市嘉定区农村实态调查报告书》，《上海满铁调查资料第33编》，1940年，第6页。

[2] 维尔纳·桑巴特：《奢侈与资本主义》，王燕平、侯小河译，上海人民出版社2021年版，第150页。

巨大财富。

农工商虞在江南经济中是一个相互联系的整体，逻辑起点是农业，由于自然条件独特，加上江南人善于经营，农业产品除了缴纳税粮和满足自给外出现剩余，为农业商品化创造了条件。手工业与农业相伴而生，随着手工业发展，特别是丝织业普遍使用机器后，工业产品量增质优，为商品贸易繁荣发展奠定了基础。而虞业本身就是高度商品化的产物。农工商虞在江南形成良性贯通，相互依存，相互激发。江南地区工商业发展有两个重要内在因素，一是随着人口数量增长，农村剩余劳动力大量向手工业、商业分流转移，极大地促进工商业快速发展；二是消费特别是高端消费（奢侈消费）刺激了社会对财富的追逐，促使更多的人从事工商业，通过买卖生意获取更多财富，满足生活和发展的更高需求。

江南地区通过农工商虞多业并举，成功积累了巨额财富，在对国家做出重大贡献的同时，也为个人发展奠定了良好基础。

(二) 崇文重教的文化取向

崇尚文化、重视教育的社会风尚是江南文化的一个显著特点。勤劳智慧的江南人通过农工商虞多业并举，使社会财富和家庭（个人）财富有了较好的积累。有了一定的条件之后，江南人把关注点转移到文化教育，这种转变有经济社会发展的内在逻辑，更是江南人的一种"心智觉醒"。

一个区域的特质是由该区域民众的整体性特征决定的，是由一定的社会背景和递延传统决定的。春秋时期，吴地言偃北学归来，开始在南方传播孔子学说，史称"道启东南，文开吴会"。魏晋南北朝时期，苏州相继出现一大批著名文学家、史学家、哲学家、书画家。陆机是其中杰出代表，他的《文赋》对中国古代文艺理论发展产生重大影响。宋代名臣范仲淹在苏州首创"庙学合一"新体制，进一步推动文化教育的繁荣。明清之际，苏州是全国的经济中心，也是文化中心。清人汪琬曾说，苏州有两样特产：一是梨园弟子，二是状元。这是对苏州崇文重教文化传统带有诙谐性质的诠释，反映出苏州与其他城市不一样的气质。

1. 书院、义学

苏州较大规模的教育机构是官学,即府学和县学,主要有苏州府学、长洲县学、元和县学、吴县县学、常熟县学等。除此之外,苏州城乡遍布书院和义学。

书院是一种特殊的教育机构,它属民间私学性质,但受地方政府资助较多,兼有教育、研究、藏书等功能,常有名儒硕学执掌书院,影响较大。宋代是苏州书院开启阶段,经过元代、明代发展,到清代达到鼎盛。据不完全统计,清代苏州共建有书院63座,其中吴县13座,长洲4座,元和3座,常熟16座,昆山5座,太仓5座,吴江17座,最著名的是紫阳书院、正谊书院和娄东书院。紫阳书院的掌院:沈德潜、彭启丰、钱大昕、石韫玉、俞樾、潘遵祁等。正谊书院的掌院:吴廷琛、朱珔、冯桂芬、吴仁杰等。娄东书院的掌院:沈起元、毛泳、秦大成、卢文弨、段玉裁等。这三座书院因有名家执掌主持,四方学者云集,盛极一时。

私塾义学是民间主要的基础教育形式,这类教育一般规模不大,但数量较多,主要有启蒙义塾(桂和坊)、丽泽社学(丽泽坊)、阊门义学(吴县北)、范氏义塾(天平山)、蒙养义塾(祥符寺)等。

2. 藏书、刻书

读书是苏州人长期以来养成的习惯,藏书自然成了一部分人的嗜好。据《中国私家藏书概述》统计,中国历代藏书名家共4 715人,其中苏州404人,列全国城市第一位。

晋唐时期,苏州涌现众多藏书名家,陆澄藏书众多,世称"硕学",编有《地理书》等著作。顾野王、陆龟蒙、徐修矩等藏书亦丰,并据私人藏书,编撰大量传世之作。

宋元时期,吴地家藏万卷书者有贺铸、孔元忠、龚昱、卫湜、叶茵、袁易、徐元震等,吴县叶梦得藏书3万余卷。

明清时期,苏州出现了一大批有影响的藏书家和藏书楼,如常熟杨彝的凤基楼、钱谦益的绛云楼、昆山徐乾学的传是楼、常熟瞿氏的铁琴铜剑楼、苏州顾文彬的过云楼、潘祖荫的滂喜斋、叶昌炽的治腐室等。铁琴铜剑楼为清代四大著名藏书楼之一,瞿氏历五世递藏,拥有大量宋元珍本。

苏州人好读书，是因为他们懂得读书是修身养性、安身立命的根本。正如清人孙从添所言："故书籍者，天下之至宝也。人心之善恶，世道之得失，莫不辨于是焉。天下惟读书之人而后能修身，而后能治国也。是书者，又人身中之至宝也。"

读书藏书之风盛行，带动了刻书业的发展。苏州是我国古代刻书业发祥地之一，早在唐末五代时期就有了较好的基础，宋代苏州刻书业有了进一步发展，出现了郑定、陆元大等著名刻书家。明清时期，苏州是刻书业中心，享有盛名，"书肆之盛，比于京师"。明胡应麟《少室山房笔丛》云："余所见当今刻本，苏常为上，金陵次之。""凡刻之地有三：吴也，越也，闽也……其精吴为最……其直重，吴为最。"苏州在全国刻书业中的地位可见一斑。

常熟毛晋的汲古阁，刻书、抄书，数量之多，版本之优，书品之精，堪称天下无双。毛氏藏书8万余册，一生刻书600多种，经史子集无所不包，刻版多达109 567块。多刻宋版书，创造性发明影抄法，字画、纸张、乌丝、图章，追摹宋刻，与宋刊无异。毛晋刻书影响最大的是《十三经》和《十七史》以及范成大《吴郡志》。[1]

吴县席氏为刻书世家，康熙年间，席启寓花三十年时间，刻成《唐诗百名家全集》，开席氏刻书之始。清中期，玄孙席世臣创"扫叶山房"，承续刻书之业，所刻之书行销天下，名传四方，较著名的有《十七史》《大唐六典》《贞观政要》《新五代史》等。

3. 状元、进士

苏州文盛多状元。据不完全统计，自隋开科取士以来，全国共有进士约11万人，状元504人，苏州有进士3 902人[2]，状元50人，清代共有状元114人，苏州有26人，占全国状元总人数22.8%，是名副其实的状元之乡。苏州状元是一道风景，有连中三元的状元（钱棨），祖孙状元（彭定求、彭启丰）、父子状元（归仁泽、归黯）、叔侄状元（翁

---

[1] 曹培根：《"芸香浓处多吾辈 广觅同心叙古欢"——苏州城乡私家藏书的传统与历史文脉传承》，《图书情报研究》2017年第4期。

[2] 由于古代行政区划变化较大，加之籍贯考订困难，苏州进士数量统计有多种说法。

同龢、翁曾源)、翁婿状元(陆润庠、洪钧)、兄弟状元(归俌、归系),凡此种种,不一而足。文震孟考中状元的故事,反映出苏州读书人的坚韧意志,他花29年时间考了10次才考中状元,对现代的年轻人而言仍是一个有益的励志教材。

4. 文学艺术

苏州的文学艺术与苏州经济社会发展相适应,与崇文重教价值取向相一致。

(1)文学

秦汉六朝是苏州文学发轫期,出现过严助、朱买臣、陆机、张翰等文学家,其中以西晋陆机文学成就最高,他出身吴郡望族,是著名的文学家、书法家,文学作品形式多样,题材丰富,水平甚高,对后世影响较大的代表作有《君子行》《长歌行》《吴趋行》《文赋》等。

隋唐宋元是苏州文学承前启后的重要时期,随着大运河南北开通,江南经济持续繁荣,文学活动空前活跃,成就斐然。唐代苏州号称"雄州",韦应物、白居易、刘禹锡三位大诗人先后出任苏州刺史,他们不仅勤于政务,还留下了大量诗篇,推动促进苏州文学的繁荣。北宋时期,著名政治家、文学家范仲淹出任苏州知府,他首创苏州"庙学合一"新体制,重视教育,崇尚文化,吴地文风更盛往昔。他的散文《岳阳楼记》是千古流传的名篇。元代文学之士以顾瑛为代表,他是昆山"玉山凤"文人群体的领袖人物,据统计,玉山文人群体创作的与玉山雅集相关的诗作在5 000首以上。[1]

明清时期是苏州文学全面繁荣时期,以高启、杨基、张羽、徐贲为代表的"吴中四杰"是明初诗坛的主体力量,是明代有重要影响力的作家。随后吴宽、王鏊、归有光、王世贞、冯梦龙等一批文学大家相继出现,各领风骚,尤以冯梦龙成就最高,其有代表性的"三言二拍"是中国白话短篇小说的经典。清代以钱谦益为代表的虞山诗派、以吴伟业为代表的娄东诗派影响较大。此外,沈复的《浮生六记》、褚人获的《隋唐演义》、曾朴的《孽海花》等名家名作名噪一时。据《江苏艺文

[1] 王卫平主编:《江苏地方文化史·苏州卷》,江苏人民出版社2019年版,第103页。

志·苏州卷》统计，自先秦至清末，苏州作家有 9 000 多人，著述作品达 30 000 余种。

（2）书画

苏州书画艺术源远流长，流派纷呈，名家众多。两汉至隋时期有曹弗兴、顾恺之、陆探微、张僧繇、顾野王、郑法士、孙尚子等。唐宋时期有张璪、张旭、杨惠之、米芾、龚开、郑思肖等。元代以黄公望、倪瓒最为著名。明清时期是苏州书画艺术的高峰期，在中国古代艺术史上占有重要地位。以沈周、文征明、唐寅、仇英为代表的"明四家"开创的"吴门画派"，继承宋元文人画风，注重思想入画的写意表达，追求清新淡雅、情趣高远的绘画风格。"吴门画派"是一个流派特征鲜明的绘画群体，影响巨大，人数众多。除"明四家"外，影响较大的还有祝允明、王宠、张灵、陈淳、文彭、周之冕、周天球、李流芳等。"吴门画派"以苏州为中心，包容南北，传承古今，引领明代画坛一百多年，影响中国画坛近六百年。清代苏州书画承明代鼎盛余绪，影响依旧。清初王时敏、王鉴、王原祁、王翚的绘画被推为正宗，称"清四王"，其后有"小四王"（王昱、王愫、王玖、王宸）、"后四王"（王廷元、王廷周、王鸣韶、王三锡），清代苏州有著录的书画家达 300 余人。

（3）昆曲

昆曲是苏州戏曲艺术的代表，最能反映苏州城市文化气质。

昆曲起源于元末明初苏州昆山、太仓一带，原称"昆山腔"，是集方言、歌舞、音乐于一体的古老戏剧品种，因有文人雅士参与和创作，昆曲唱词文采绚丽、华美典雅，曲调委婉细腻、清新优美。早期的代表人物有顾坚、魏良辅、梁辰鱼等，主要曲目有《浣纱记》《牡丹亭》《长生殿》等。昆曲被誉为"百戏之祖"，对京剧以及其他几乎所有剧种都产生过重要影响。

昆曲艺术之所以能居于中国戏曲至尊地位，不仅是因为明中叶到清中叶昆曲全盛期苏州戏班曾经盛行京都，风靡天下，也不仅是因为清中期到近代昆曲衰变期在全国各地络绎形成了众多的昆曲支派，更具决定意义的原因是其长期以来在文学、音乐、表演、排场乃至于戏曲理论、行业规范等诸多方面对于后起剧种所起的广博无私的滋养哺育作用。

中华戏曲文化以此为基础构建起迥异于西方戏剧系统的独特艺术规范和美学观念,从而直接导致了戏曲专业在当今延及未来的发展局面,其影响之深远是无与伦比的。[1]

(三) 精致优雅的生活方式

一般来说,生活方式是由社会经济状况和文化普及程度决定的。苏州人的生活方式与社会经济发展水平相适应,加之地域文化、习俗、风尚的传承影响,形成了独具特色的苏式生活方式。苏式生活主要特征是精致优雅,这种精致优雅体现在生活的方方面面。

第一是园林,园林原本是住宅的附属部分,但它是主人表达思想情趣的地方,因而有超乎寻常的讲究。有条件做大型园林如拙政园、留园、网师园等的,往往要延请名家高手主持营造,主人也会全程参与,把自己的思想情感融入其中。营造园林本质上是一种特殊的文化消费,打造的是一种理想的生活方式,身处城市,能享有自然之趣,人生的种种情愫能在自家的庭园得到排遣和寄托,这是一种品质生活的体现。苏州园林的四大要素:叠山、理水、建筑、植被,强调的是自然与人工的合二为一,所谓"虽为人作,宛若天开",不仅是说造园技艺的巧夺天工,更是表达道法自然、天人合一的理想境界。

苏州园林是苏州人的一种生活方式,大有大的做法,小有小的安排,实在没有空间,普通人家也会在小院、天井放置些石头,挖个水池或打口水井,种些花木或盆景,山(石)、水、植被这些园林基本要素是必须要有的。

第二是工艺,无论是居住的建筑,还是居家的陈设,抑或是使用的器物,无一不精致考究,文气不俗。香山帮营造技艺、明式家具、刺绣、丝绸、宋锦、缂丝、玉雕、石雕、砖雕、木雕等,苏工苏作,精致文雅,闻名天下,亦为宫廷所珍赏,而这些都是苏州人生活中的寻常之物。

第三是评弹,苏州评弹形成于明末清初,是评话和弹词的合称,以苏州方言说唱,流行于江苏南部、上海和浙江北部等吴语地区。苏州

---

[1] 周秦:《苏州昆曲》,苏州大学出版社2004年版,第201页。

评弹的形成兴盛与商品经济发展、新兴市民阶层的文化需求紧密相连，在江南文化环境影响和吴文化熏陶下，苏州评弹逐渐形成通俗、儒雅、富有诗意的风格特征，能满足各阶层的审美情趣，成为又高级又通俗的真正艺术。[1]

评弹融入了苏州人的生活，鼎盛时期，书场茶馆遍布城乡，听书成为苏州人的一种生活方式。一杯清茶，闭着眼睛，苏州人能听得出曲调流派、水平高低。在中国很少有一座城市像苏州那样，有一种雅俗共赏的曲艺如此深入千家万户，融入生活之中，影响苏州和苏州人的整体文化素养和生活品质。假如苏州没有评弹，苏州就不可能拥有如此丰富、深入民间的历史文化积累，苏州的传统文化就没有如此鲜活的传承与呈现；假如苏州没有评弹，苏州就缺少自己的江南水乡音乐形象，中国音乐地图就缺席了江南水乡音乐的版块；假如苏州没有评弹，所谓苏州人的生活方式将是何等的乏味枯燥。[2]

第四是美食，饮食是一种习惯，也是一种文化，更是一种生活方式。苏州的饮食堪称美食，十分讲究，主要特征如下。

一是强调时令性，不时不食。苏州是著名的鱼米之乡，稻米、鱼虾、鲜果等食材十分丰富，季季不同，时时出新。传统饮食素来讲究因时制宜。清代顾禄所撰《清嘉录》是苏州风土岁时地志专著，书中记录的饮食随季节时令而变化，内容丰富翔实，称得上是苏州美食的时令宝典。不时不食有两种情况：一是应季节而食，保持绝对新鲜和最佳口感，如明前碧螺春，深秋大闸蟹等；二是因节令而食，不同的节令有不同的食品，如酱汁肉和冬酿酒，吃酱汁肉就知道是清明到了，喝冬酿酒便知是冬至夜了。清明、冬至一过，苏城就再也见不到这两样东西，其实酱汁肉、冬酿酒一年四季都是可以做的吃的，但苏州人就是不做不吃。

二是讲究选料做工。苏州传统美食以"生、活、鲜、嫩"为选料原则，宁缺不滥，制作讲究刀功、火功、做功，以炖、焖、煨、焐为主，

---

[1] 王卫平主编：《江苏地方文化史·苏州卷》，江苏人民出版社2019年版，第369页。
[2] 朱栋霖：《假如苏州没有评弹》，《文艺报》2011年12月28日。

兼用炸、爆、熘、炒、煸、煎、烤、蒸等烹调手段，精工细作。

三是讲究色香味形意。色是植物天然色素，香是花木药材的芳香，味是纯粹鲜美的原味，形是独具匠心巧夺天工的制作，意是文化情感方面的表达。苏州美食不仅带来味觉的满足、视觉的愉悦，更是心灵情感层面的文化盛宴。

（四）持续强大的传承活力

文化具有一定的延续性、传承性，江南文化的延续传承超乎寻常，千百年来赓续延绵，持续强大，原因如下。

一是有持续繁荣发展的经济支撑，这是江南文化赓续传承的物质条件。文化属于意识形态、上层建筑，它的传承发展需要一定的经济基础。从魏晋南北朝江南开发，到唐宋明清社会经济的持续繁荣，以苏州为代表的江南地区是天下粮仓、赋税重地、商贸重镇，是中国古代经济中心，为江南文化赓续传承提供了雄厚的物质条件。

二是江南文化自身具有强大的传承优势。文化传承有一个"去粗存精"的过程，在这个过程中，作为"精华"的部分必定是作为具有强大生命力的基因被传承复制。江南文化中超越时代的财富观念、崇文重教的文化取向、精致优雅的生活方式是人类心智的觉醒，超越时空，具有强大的生命力。

三是江南文化在传承过程中不断创新发展的能力。文化传承向来不是无条件的，更不是一成不变的，取其精华、去其糟粕是人类社会发展进步的基本法则。江南文化在传承发展过程中，始终秉持因地契时的灵活态度和融入当下的创新精神。既赓续江南文化优秀文脉，又能放下包袱，面对现实，面向未来，创造性转化，创新性发展，不断丰富发展江南文化内涵，赋予其时代性，体现了强大的创新能力。一种文化如果没有发展创新必定会萎缩消亡。

江南文化也有一定的时代局限性，主要表现在：

分散性。江南是典型的农业社会，随着农业发展有了传统手工业和商业，农业、手工业和商业生产过程中的分散性特征，必然会对整个社会层面带来影响，人们习惯依靠经验，强调个体力量，缺乏合作精神，各自为政，不相往来。个体发展相对较好，整体力量表现薄弱。

偏安性。基于江南优越的自然条件，殷实的经济基础和昌明的人文环境，江南人有较强的偏安意识，安于本土，安于现状，自我满足，自得其乐。大多不愿"跳高摘桃"，更不愿离开故土创业发展，相对保守，缺乏进取精神。

自娱性。江南人有自己的活法，有自己的乐趣。作为一种个体生活方式无可厚非，但作为社会人，如果过于陶醉于自己的生活，自娱自乐，就一定会有害无益。兴趣和爱好是成就专业的基础，视角过低，脱离实际生活的自娱，不仅影响个人发展进步，也会给社会带来人才资源的浪费。

三、历史启示与当代思考

研究苏州运河资源与江南文化价值特征，目的是博古通今，古为今用，为当代服务。应通过研究寻找以苏州为中心的江南地区社会发展历史逻辑和精神谱系，从中获得历史启示和文化滋养，立足当代，面向未来，积极叙述传播江南文化，并在江南文化传承发展中留下有价值的当代印记。

（一）人地互动，顺应自然，改造自然，是江南人勇气和智慧的体现

江南早期为蛮荒之地，水患一度成为远古时代太湖流域最严重的自然灾害。江南人以巨大的勇气疏导东江、娄江、松江三条主要水道，排泄太湖泛滥的洪水，由西向东流入东海，"三江既入，震泽（太湖古名）底定"，由此江南地区开始稳定发展。春秋时期，吴国为争霸开凿了江南运河，并以此为基础，利用数量众多的自然河道，加以疏浚、开凿、沟通，建立遍布全域的水路体系，为吴国崛起和经济社会发展奠定了基础。隋唐大运河开凿贯通后，江南运河与太湖在汛期常常河湖不分，运河通航受到严重影响，江南人从隋唐开始直到元代，以坚韧不拔的顽强精神，用近六个世纪的时间，修筑塘路，治理太湖水患，结束河湖不分的历史，保证了国家大动脉的安全畅通。

在修筑塘路治理太湖水患的过程中，由于塘路阻隔，在太湖流域、

运河之畔形成了为数众多的塘、池、沟、汊,江南人以他们的勤劳和智慧,对这些季节性蓄水系统加以改造利用,因地制宜,因势利导,建立了遍布全域的塘浦圩田系统,涝时蓄水,旱时灌溉,把汛期泛滥的洪水加以有效收储管控,变季节的临时性为可控的长年性,保证农作物在旱涝节时稳定丰收。

(二) 超越时代的价值追求是江南人领先理念和务实作风的反映

中国是传统的农业国家,农业是国家政权巩固的根基,"以农为本"是历代王朝的基本政策。重视农业可为人的生存提供基本保障,然而社会进步和人的发展需要强大的经济基础。社会财富和家庭(个人)财富积累单单依靠农业远远不够。江南人突破传统,敢为人先,依据社会发展的基本规律和人的现实发展需求,坚持农工商虞多业并举,形成超越时代的财富观,从而使江南社会财富和家庭(个人)财富得到快速增长,为社会繁荣和人的发展奠定了坚实的经济基础。

富裕起来的江南人把财富转向文化和教育,崇尚文化重视教育成为江南地区的风尚和传统,这种"崇文重教"的文化观与农工商虞多业并举的财富观一样具有超越时代的价值,它反映了江南人的一种心智,一种超前的文化自觉。

有了一定的经济条件和文化素养,以苏州为代表的江南人逐渐形成精致优雅的生活方式,这种精致优雅的生活观具有超越时代的意义,是一种品质生活,是人的本质回归。

(三) 服务国家,多作贡献,是江南人的使命担当

江南地区有得天独厚的自然条件,加上江南人的勤劳智慧,创造了巨大的社会财富,使苏州成为国家税粮征集重镇,为国家政权巩固和社会发展作出了重要贡献,江南赋税甲天下,苏州赋税甲江南。明清时期苏州以仅占全国约1%的耕地,提供超过10%的漕粮、税赋。据《明会典》统计,苏州每年交纳漕粮697 000石,占全国漕粮的17.4%,内廷征缴的"天庭玉粒"(白米)每年21万余石,苏州一府交纳62 600多石,占白粮总数近1/3。

苏州自古人才荟萃,多为国之栋梁,历史上有状元50人,进士3 900多人,宰相、帝师60多人。据《中国大百科全书》统计,明清时

期全国人才最多的32个城市贡献著名的思想家、政治家、文学家、史学家、书画家等共557人，苏州有144人，超过32个城市总和的1/4。

苏工苏作雅致细巧，自古享有盛名。明清时期，苏州民间手工艺占全国半壁江山，海内视苏工苏作为时尚，名家之作，虽出重金，也很难得。宫廷珍视苏工苏作，明代紫禁城就是苏州蒯祥带领香山帮匠人设计营造的，故宫博物院馆藏文物中，明清苏作占有很大的比例。

（四）经济文化交流互鉴是江南社会发展的不竭动力

历史上江南地区规模较大的经济文化交流有两次：一次是魏晋南北朝时期，这一时期北方战乱，大批北方士族和平民纷纷南迁，为南方带来了先进的生产工具和劳动力，促进了江南地区第一次大开发。第二次是宋室南迁，宋室南迁使中国的政治中心、社会重心随之南移。封建社会人口是重要的经济资源，大规模的人口南迁，使全国人口结构发生重大变化，南方地区人口比重接近全国人口的2/3，人口密度更是超过其他所在地区。北方人口迁入为南方地区的进一步开发提供了大批人才资源和劳动力资源。在南宋政府的鼓励下，南方大量荒山闲地得到开垦，同时根据新的社会需求，麦子、粟米等北方作物种植面积迅速扩大，丰富了南方农作物种植种类，改善了江南地区的农业结构。

除此之外，还有两个重要的交流现象值得关注。一是一批唐代名士诗人担任苏州郡守，他们勤于政务，造福百姓，文采风流，传播吴中，给苏州社会、经济、文化带来全新气象，并对后世产生深刻影响。据统计，先后在苏州担任郡守的有120多人，最杰出的代表是韦应物、白居易和刘禹锡，他们三人在苏州留下了"苏州刺史例能诗"的千古佳话，受到苏州人的爱戴和敬仰，尊称"三贤"并建祠纪念。二是以徽商晋商为代表的外埠商帮进入苏州。苏州与徽州地缘相近，文化相通，自古联系密切，徽商在苏州影响最大的是各类商号，遍布城乡，主要是米行、布店、茶社、钱庄等，著名徽商潘麟兆在苏州商号众多，产业甚广，鼎盛时期，观前街几乎一条街都是潘家产业，号称"富潘"。晋商在苏州影响仅次于徽商，山西商人会馆——全晋会馆原在山塘街，太平天国之后迁至城东中张家巷，规模宏大，现已被列入《世界遗产名录》。外埠商帮纷纷进入苏州，进一步推动了苏州与全国各地的经济文化交流，促进苏州商贸经济的繁荣。

（五）社会安定，安居乐业，是江南社会发展的前提条件

魏晋南北朝时期，北方战乱，南方安定，大量北方人口南迁，促进了江南地区的开发与和平发展，此后一千余年，江南地区社会稳定，风调雨顺，人民安居乐业，社会经济持续发展，出现繁荣千年的盛世时光。十九世纪中叶爆发太平天国运动，苏州一度成为重要战场。受战争影响，苏州经济遭到严重创伤，太平天国前，苏州人口高峰时期达150多万，太平天国后，人口降至17万左右。经济活动受到严重影响，太平天国前，苏州有织机12 000多台，太平天国后只剩1 800多台。丝织业是苏州的核心产业，受此影响，苏州不再是全国经济中心。上海开埠之后苏州快速发展，一跃成为全国经济文化中心。

主要参考书目

志书

[1] 陆广微：《吴地记》，曹林娣校注，江苏古籍出版社1999年版。

[2] 范成大：《吴郡志》，陆振岳点校，江苏古籍出版社1986年版。

[3] 卢熊著，苏州市地方志办公室编：《洪武苏州府志》，广陵书社2015年版。

[4] 王鏊：《正德姑苏志》，上海书店1990年版。

[5] 翁广平等撰，吴江市平望镇人民政府、吴江市档案馆编：《平望志（三种）》，广陵书社2011年版。

[6] 雅尔哈善等：《乾隆苏州府志》，清乾隆十三年刻本。

[7] 李铭皖、冯桂芬等：《同治苏州府志》，江苏古籍出版社1991年版。

[8] 曹允源、李根源：《民国吴县志》，江苏古籍出版社1991年版。

[9] 钱陆灿等纂，杨振藻、高士鸃修：《康熙常熟县志》，江苏古籍出版社1991年版。

[10] 陈和志等：《乾隆震泽县志》，江苏古籍出版社1991年版。

[11] 丁元正等：《乾隆吴江县志》，江苏古籍出版社1991年版。

[12] 苏州市地方志编纂委员会编：《苏州市志》，江苏人民出版社1995年版。

[13] 王祖畬：《宣统太仓州志》，1918年刻本。

[14]盛泽镇地方志办公室编:《盛泽镇志》,江苏古籍出版社1991年版。

[15]《平望镇志》编纂委员会编:《平望镇志》,上海社会科学院出版社2019年版。

[16]《震泽镇志》编纂委员会编:《震泽镇志》,中国矿业大学出版社1999年版。

[17]《横塘镇志》编纂委员会编:《横塘镇志》,上海社会科学院出版社2004年版。

[18]苏州高新区浒墅关镇人民政府,江苏省苏州浒墅关经济开发区管理委员会编:《浒墅关志》,上海社会科学院出版社2005年版。

[19]《枫桥镇志》编志领导小组编,徐双林主编:《枫桥镇志》,上海社会科学院出版社2005年版。

[20]《望亭镇志》编纂委员会编:《望亭镇志》,苏州大学出版社2007年版。

[21]《松陵镇志》编纂委员会编:《松陵镇志》,广陵书社2013年版。

[22]周德华、吴江市丝绸工业公司编:《吴江丝绸志》,江苏古籍出版社1992年版。

[23]《苏州河道志》编写组:《苏州河道志》,吉林人民出版社2007年版。

著作

[1]袁康、吴平:《越绝书》,上海古籍出版社1985年版。

[2]赵晔:《吴越春秋》,徐天祐音注,江苏古籍出版社1999年版。

[3]朱长文:《吴郡图经续记》,金菊林点校,江苏古籍出版社1986年版。

[4]顾禄:《清嘉录》,王迈点校,江苏古籍出版社1999年版。

[5]顾震涛:《吴门表隐》,甘兰经等校点,江苏古籍出版社1999年版。

［6］王謇：《宋平江城坊考》，张维明校理，江苏古籍出版社1986年版。

［7］姚承绪：《吴趋访古录》，姜小青校点，江苏古籍出版社1999年版。

［8］同济大学建筑工程系建筑研究室编：《苏州旧住宅参考图录》，同济大学教材科1958年版。

［9］刘敦桢：《苏州古典园林》，中国建筑工业出版社1979年版。

［10］罗哲文编：《中国古代建筑》，上海古籍出版社1990年版。

［11］董鉴泓：《中国城市建设发展史》，台北：明文书局1984年版。

［12］童寯：《江南园林志（第二版）》，中国建筑工业出版社1984年版。

［13］贺业钜：《考工记营国制度研究》，中国建筑工业出版社1985年版。

［14］曹子芳、吴奈夫编：《苏州》，中国建筑工业出版社1986年版。

［15］段本洛、张圻福：《苏州手工业史》，江苏古籍出版社1986年版。

［16］贺业钜：《中国古代城市规划史论丛》，中国建筑工业出版社1986年版。

［17］顾颉刚：《苏州史志笔记》，王煦华辑，江苏古籍出版社1987年版。

［18］吴良镛：《城市规划设计论文集》，北京燕山出版社1988年版。

［19］董宙宙编：《苏州历史、文化、经济》，上海人民出版社1990年版。

［20］武进：《中国城市形态：结构、特征及其演变》，江苏科学技术出版社1990年版。

［21］陈泳：《城市空间：形态、类型与意义：苏州古城结构形态演化研究》，东南大学出版社2006年版。

［22］柯建民、金家骏等编：《古坊保护》，东南大学出版社1991年版。

［23］孟建民：《城市中间结构形态研究》，河海大学出版社1991年版。

［24］张荷：《吴越文化》，辽宁教育出版社1991年版。

［25］石琪编：《吴文化与苏州》，同济大学出版社1992年版。

［26］王其亨编：《风水理论研究》，天津大学出版社1992年版。

［27］吴庆洲：《中国古代城市防洪研究》，中国建筑工业出版社1995年版。

［28］黄浩编：《中国传统民居与文化：中国民居第四次学术会议论文集》（第四辑），中国建筑工业出版社1996年版。

［29］汪德华：《中国古代城市规划文化思想》，中国城市出版社1997年版。

［30］段进：《城市空间发展论》，江苏科学技术出版社1999年版。

［31］金学智：《苏州园林》，苏州大学出版社1999年版。

［32］王景慧、阮仪三编：《历史文化名城保护理论与规划》，同济大学出版社1999年版。

［33］王卫平主编：《江苏地方文化史·苏州卷》，江苏人民出版社2019年版。

［34］刘石吉：《明清时代江南市镇研究》，中国社会科学出版社1987年版。

［35］樊树志：《明清江南市镇探微》，复旦大学出版社1990年版。

［36］樊树志：《江南市镇：传统的变革》，复旦大学出版社2005年版。

［37］彭一刚：《传统村镇聚落景观分析》，中国建筑工业出版社1992年版。

［38］小田：《江南乡镇社会的近代转型》，中国商业出版社1997年版。

［39］王卫平：《明清时期江南城市史研究：以苏州为中心》，人民出版社1999年版。

［40］陈晓燕、包伟民：《江南市镇：传统历史文化聚焦》，同济大学出版社2003年版。

［41］王建革：《水乡生态与江南社会：（9—20世纪）》，北京大学出版社2013年版。

［42］陈国灿主编，陈国灿、姚建根著：《江南城镇通史·宋元卷》，上海人民出版社2017年版。

［43］王家范：《明清江南史丛稿》，生活·读书·新知三联书店2018年版。

［44］崔晋余编：《苏州香山帮建筑》，中国建筑工业出版社2004年版。

［45］贺野：《再识吴门画派》，古吴轩出版社2004年版。

［46］张英霖编：《苏州古城地图》，古吴轩出版社2004年版。

［47］张英霖：《苏州古城散论》，古吴轩出版社2004年版。

［48］诸汉文：《古吴文化探源》，古吴轩出版社2004年版。

［49］史建华等编著：《苏州古城的保护与更新》，东南大学出版社2003年版。

［50］阮仪三：《姑苏新续：苏州古城的保护与更新》，中国建筑工业出版社2005年版。

［51］陈桥驿主编：《中国运河开发史》，中华书局2008年版。

［52］陈其弟著，苏州市地方志办公室编：《志说苏州》，古吴轩出版社2021年版。

［53］汤钰林编：《苏州文化遗产·非物质文化遗产·1》，文汇出版社2010年版。

［54］尤嘎·尤基莱托（Jukka Jokilehto）：《建筑保护史》，郭游译，中华书局2011年版。

［55］《苏州运河史》编纂委员会编，王国平主编：《苏州运河史》，古吴轩出版社2020年版。

［56］苏州市文物局：《大运河苏州古城段遗产研究报告》，文物出

版社 2016 年版。

［57］苏州市文物管理委员会办公室等编：《江南水乡古镇民居保护整治导则》，江苏凤凰文艺出版社 2020 年版。

［58］尹占群：《文化遗产保护：基于视角、理念和方法》，文物出版社 2021 年版。

论文

［1］王新庆、王志红、韩素华等：《苏州古城区排水防涝历史研究》，《给水排水》2016 年第 2 期。

［2］谢湜：《明前期江南水利格局的整体转变及相关问题》，《史学集刊》2011 年第 4 期。

［3］吕珍、周云、史建华：《运河古道与苏州古城发展》，《档案与建设》2020 年第 5 期。

［4］陆祖康、邱晓翔、相秉军等：《苏州古城控规编制的理论与方法研究》，《城市规划》1999 年第 11 期。

［5］陈泳：《古代苏州城市形态演化研究》，《城市规划汇刊》2002 年第 5 期。

［6］林林、阮仪三：《苏州古城平江历史街区保护规划与实践》，《城市规划学刊》2006 年第 3 期。

［7］刘彬、杨忠伟、封振华：《苏州古城平江历史街区"街巷-河流"空间复合研究》，《苏州科技学院学报》（工程技术版）2012 年第 3 期。

［8］臧公秀：《地图所见古代城市空间结构的规划学分析——以苏州古城图为例》，《人文杂志》2015 年第 9 期。

［9］张艳云：《苏州历史文化街区可持续发展策略分析——以山塘街为例》，《农村科学实验》2019 年第 33 期。

［10］顾燕新：《苏州古桥的历史内涵》，《苏州教育学院学报》2003 年第 1 期。

［11］潘娴：《论苏剧的通俗性及其价值》，《戏剧之家》2021 年第

27期。

［12］张子牧：《浅析新时代苏州评弹的传承与发展》，《北京城市学院学报》2020年第1期。

［13］黎学锐、高健：《传播媒介视角下苏州评弹的传承与发展》，《出版广角》2021年第2期。

［14］王松：《苏州吴歌保护与传承的现状及前景探析》，《苏州科技大学学报》(社会科学版)2018年第4期。

［15］吕淼：《吴歌及其当代文化价值研究》，《艺术科技》2021年第13期。

［16］诸炜：《"非遗"语境下古琴传承与保护的考察——以虞山琴派为例》，《人民音乐》2011年第10期。

［17］郭瑾蓉：《民间习俗中的江南丝竹——历史、文献与发展》，《当代音乐》2022年第2期。

［18］陈俊杰：《中国茶传统技艺与文化传承——以碧螺春为例》，《食品工业》2019年第6期。

［19］孙志国、王树婷、张敏等：《洞庭山碧螺春茶的地理标志与文化遗产》，《江苏农业科学》2011年第6期。

［20］张冉：《浅谈苏州水文化与苏州餐饮的联系》，《现代商业》2018年第35期。

［21］戴欣佚：《苏州甪直水乡妇女服饰变迁与保护》，《长江大学学报》(社会科学版)2012年第12期。

［22］张可辉：《"五湖"考释》，《中国地名》2006年第12期。

［23］王建革：《从三江口到三江：娄江与东江的附会及其影响》，《社会科学研究》2007年第5期。

［24］张修桂：《太湖演变的历史过程》，《中国历史地理论丛》2009年第1期。

［25］袁慧：《春秋时期吴越"五湖"之战地名新释》，《地域文化研究》2020年第5期。

［26］崔建利：《2014年中国大运河研究综述》，《中国史研究动态》2015年第5期。

［27］缪启愉：《太湖地区塘浦圩田的形成和发展》，《中国农史》1982年第1期。

［28］李俊奇、吴婷：《太湖流域塘浦圩田水利体系对海绵城市建设的启示》，《给水排水》2018年第8期。

［29］李奕仁、沈兴家：《桑基鱼塘的兴起与式微——从"处处倚蚕箔，家家下鱼筌"说起》，《中国蚕业》2021年第4期。

［30］白帅敏：《论苏州大运河生态现状及对策》，《中国水运》（下半月）2019年第11期。

［31］黄佳慧、薛媛媛、卢仁杰：《2008—2017年苏州沿江三市主要入江支流水质变化特征》，《环境监控与预警》2019年第2期。

［32］李旭文、季耿善、杨静：《苏州运河水质的TM分析》，《环境遥感》1993年第1期。

［33］陈绍良：《江南运河苏州段改道工程对苏州水网水量水质特性的影响》，《江苏水利科技》1994年第1期。

［34］许朋柱、秦伯强：《太湖湖滨带生态系统退化原因以及恢复与重建设想》，《水资源保护》2002年第3期。

［35］汪频：《苏州市水环境综合治理研究》，《水利发展研究》2005年第3期。

［36］伍燕南：《苏州河道水污染原因及其防治对策分析》，《苏州科技学院学报》（自然科学版）2006年第1期。

［37］史永松、刘德启：《苏州市外城河水质变化趋势及对策研究》，《环境科学与管理》2008年第6期。

［38］杨金艳、唐晓春：《苏州市地表水水质变化趋势分析》，《江苏水利》2010年第3期。

［39］徐勇、沈建强：《苏州市区主要供水水源地水质状况及趋势分析》，《治淮》2011年第12期。

［40］李义禄、张玉虎、贾海峰等：《苏州古城区水体污染时空分异特征及污染源解析》，《环境科学学报》2014年第4期。

［41］周杰灵、惠富平：《夏原吉苏松治水得失评析》，《农业考古》2014年第6期。

［42］陆健刚、钟燮、刘颖等：《苏南运河苏州段水环境容量及水质达标性计算》，《水电能源科学》2015 年第 7 期。

［43］贡恩东、卢波：《联结千年水脉 融创城市客厅——苏州市大运河综合整治规划》，《华中建筑》2016 年第 3 期。

［44］朱威、周小平、蔡杰：《太湖流域水环境综合治理及其启示》，《水资源保护》2016 年第 3 期。

［45］严佳：《苏州市水环境治理对策及探究》，《科学中国人》2016 年第 9 期。

［46］刘俊杰、高鸣远：《苏南运河水环境保护与思考》，《治淮》2017 年第 12 期。

［47］岳晓红、陶娟、吴昊：《太湖流域水环境存在问题的研究》，《中国水运》(下半月) 2017 年第 3 期。

［48］付江波、赵文信、胡红勇等：《苏州市古城区河道水质时空变化分析与评价》，《水利科技与经济》2019 年第 2 期。

［49］廖轶鹏、周钰林、范子武等：《夏季引流条件下苏州古城区河网水质变化研究》，《水利水运工程学报》2019 年第 5 期。

［50］季永兴、刘水芹：《苏州河水环境治理 20 年回顾与展望》，《水资源保护》2020 年第 1 期。

［51］蒋笑影、夏霆、潘新星等：《苏州湖泊水源地水质时空变异特征》，《中国农村水利水电》2020 年第 9 期。

［52］汪雨豪、李家国、汪洁等：《基于 GF-2 影像的苏州市区水质遥感监测》，《科学技术与工程》2020 年第 14 期。

［53］祖国峰：《苏州推动环太湖区域环境污染协同治理对策研究》，《环境保护与循环经济》2021 年第 6 期。

［54］贡瑞金：《苏州系统治水的实践与启示》，《水利发展研究》2020 年第 3 期。

［55］陆鼎言：《对"水质型"缺水城市实行分质供水的探讨》，《水资源保护》2001 年第 4 期。

［56］官剑颖：《苏州水资源可持续利用初探》，《水利建设与管理》2010 年第 5 期。

[57]陈亦晶:《苏州城市水资源现状及可持续利用研究》,《绿色科技》2012年第5期。

[58]石莎、范子武、乌景秀:《苏州古城区水系演变规律及水动力改善研究》,《人民长江》2017年第9期。

[59]王雨村,何江夏:《绅士化视角下苏州古城保护与发展探究》,《规划师》2017年第6期。

[60]杨新海:《苏州古城保护的观念更新》,《苏州科技学院学报》(社会科学版)2003年第2期。

[61]汪长根、周苏宁、徐自健:《现代化进程中的古城保护与复兴——苏州古城保护30年调研报告》,《中国文物科学研究》2013年第4期。

[62]俞绳方:《杰出的双棋盘城市格局——"苏州古城风貌"研究之一》,《江苏城市规划》2006年第4期。

[63]虞林洪、金炜琛:《保护 利用 发展——关于苏州古城保护的若干思考与对策》,《江苏城市规划》2014年第8期。

[64]贡恩东、卢波、朱锋:《新时期历史城区控规修编的探索与思考——以苏州古城控规修编为例》,《江苏城市规划》2016年第6期。

[65]相秉军、顾卫东:《苏州古城传统街巷及整体空间形态分析》,《现代城市研究》2000年第3期。

[66]徐倩、郑曦:《山水城市建构溯源:苏州山水体系与区域风景系统发展》,《风景园林》2015年第10期。

[67]曹林娣、殷虹刚:《中华王都文化的"化石"——苏州古城的文化价值》,《苏州大学学报》(哲学社会科学版)2005年第2期。

[68]孙剑冰:《从"文化标本"到"文化生活"——以苏州古典园林为资源的社区旅游发展模式研究》,《旅游科学》2012年第4期。

[69]周永博、程德年、胡昕等:《生活方式型旅游目的地品牌个性建构——基于苏州古城案例的混合方法研究》,《旅游学刊》2016年第7期。

[70]李慧:《苏州古城文化旅游融合发展现状及对策研究》,《城市旅游规划》(下半月刊)2018年第12期。

后　记

地方运河能不能称"大运河",这是课题研究过程中遇到的一个概念性问题。从文献资料看,中国古代运河一般称沟或渠,如邗沟、鸿沟、灵渠、通济渠等。史志类文献中有河渠志。运河之名最早出现在宋代,据《宋史·河渠志》记载:"六年正月戊辰,开龟山运河,二月乙未告成,长五十七里。""大运河"之名出现较晚,应在新中国成立之后,通常指运河贯通的全线,如京杭大运河。大运河申报世界文化遗产使用了"中国大运河"这个名称,包括京杭运河、隋唐运河、浙东运河。"大运河"是一个特定的概念,地方运河一般不称"大运河",通常称"运河"或"段",如苏州运河或大运河苏州段。据此学理逻辑,课题采用了"苏州运河"这一概念。有两种情况使用"大运河",一是涉及遗产表述,二是涉及大运河文化带建设。"大运河遗产"和"大运河文化带"是特定概念,约定俗成,所以课题中有"苏州运河""苏州大运河遗产""苏州大运河文化带建设"等不同提法,特此说明。

课题研究的基点是苏州运河资源,研究的目的是更好地服务苏州大运河文化带建设,助推苏州江南文化的叙述、传播和引领。本书第一章、第二章由戈玉兰执笔,第三章、第四章由周敏执笔,导论、第五章、第六章、第七章由尹占群执笔。限于水平,书中仍有许多不足之处,希望学者同人多提宝贵意见,课题组将认真领会,积极吸收。

本课题在研究过程中得到了许多机构、单位和个人的支持和帮助。感谢苏州市社科联的信任,感谢中国文化遗产研究院、苏州市文物局、苏州市方志办、苏州市水务局、苏州市资规局、苏州图书馆、苏州大学图书馆等机构、单位的资料提供,感谢课题评审专家,提出许多中肯有益的指导意见,特别感谢苏州大学出版社李寿春女士、刘冉女士、朱雪斐女士,他们为课题成果出版付出了巨大心血,特此铭记。